한국어로 내려온
New Bible

새로운
성 경

제149권　10부 | 총10부

하얀마음

하나님 말씀 중에서

1. 사랑의 하나님

- 세상을 창조하신 하나님은 모두를 사랑하신다. 인간만 특별히 더 사랑하지 않고, 우주 만물을 다 똑같이 사랑하신다. 그러니 하나님이 창조하신 천지 만물과 화친하고, 미물까지도 소중히 대하라.

- 하나님은 특정 종파나 민족만을 더 사랑하지 않으신다. 자기 자신만 구원받겠다는 욕심을 버리고, 자기 종파만 구원받는다는 편협한 교리에서 벗어나야 한다. 종파를 초월해서, 모두를 사랑하라.

- 원수까지 사랑하라 했으니, 이 세상에 사랑하지 못할 자가 누가 있겠는가? 종파가 다르다고 해서 부모 형제와 원수처럼 지내는 자는 인간의 근본을 모르는 자다. 가장 가까운 가족부터 사랑할 때 남도 진심으로 사랑할 수 있다.

- 한 사람을 원수같이 생각하던 마음에서 사랑하는 마음으로 돌리면, 자기 자신의 마음이 가장 기쁘고 행복하다. 하나님께서는 인간의 마음속에 무거움이 없이 기쁘고 행복한 삶을 살기를 바라신다.

- 이웃을 "내 몸처럼" 사랑하라 했으니, 마지막 한 장 남은 천국의 티켓도 이웃에게 양보하라. 자기 중심적인 신앙에서 벗어나서 남을 위해 살아야 한다.

- 독초도, 약초도, 이단도 사탄도 천사도 다 필요하기에 존재한다. 독초일지라도 극소량을 사용해서 생명을 살릴 수 있고, 약초라 하더라도 남용하면 생명을 잃을 수 있다.

- 세상 모든 것을 명약으로 활용하는 것은 인간의 지혜에 달렸다. 어떤 것이든 어떤 사람이든 적재적소에 꼭 필요한 명약으로 승화시키라.

- 사탄도 이단도 천사도 모두 하나님의 주관하에 존재한다. 진정한 하나님의 백성은 사탄과 마귀까지도 감화시켜서 천사로 거듭나게 한다.

2. 기도

- 하나님은 인간의 생각까지 모두를 다 알고 계신다. 우리의 소원도 이미 알고 계시기에, 소원의 기도를 할 필요가 없다. 우리가 받을 자격이 되면 내려 주신다.

- 죄를 짓고 아무리 회개를 해도 용서받지 못한다. 도둑질한 자는 용서해 달라고 기도하고, 도둑맞은 자는 도둑을 잡게 해 달라고 기도하면, 공의의 하나님은 누구의 편에 서시겠는가?

- 자기가 잘못한 것은 그 사람에게 직접 갚고 용서를 구하라. 그가 용서하면 하나님도 용서하신다. 땅에서 매면 하늘에서도 매이고, 땅에서 풀리면 하늘에서도 풀리는 이치다.

- "회당에서 기도하지 말고 골방에서 기도하라" 했다. 눈에 보이는 골방이 아니라, 골방과 같이 고요한 마음이다. 잡념을 버리고 하나님을 향해 마음을 집중하며, 사랑하고 용서하는 아름다운 생각만 나오도록 하라.

- "두드리면 열릴 것이다." 하는 것은 육의 소원을 위해 두드리라는 것이 아니라, 진리의 깨달음을 얻기 위해 두드리라는 것이다.

- 기도하는 방법: 생활 속에서 수시로 기도하는 삶을 살아야 한다.

- "저의 죄를 용서하여 주옵소서." 하는 회개의 기도를 하라.
- 범사에 "하나님! 감사합니다." 하라. 현재 가진 것에 감사하며, 과욕하지 말라. 자기 노력 이상의 것을 더 갖고자 기도하는 것은 도둑놈심보다. 공의의 하나님은 각자 노력한 만큼 주신다.
- "하나님 뜻대로 살아가겠나이다." 하며 마음의 각오를 다지라.

- 기도는 하나님의 말씀을 받아서 "행하는 것"이다. 하나님이 계심을 굳건히 믿고, 하늘을 향하여 한 점 부끄럼 없이 사는 삶 자체가 가장 위대한 기도이며, 삶이 곧 예배다.

3. 지도자

- 똑같이 사랑한다는 말을 해도, 순수하게 하는 말은 천사의 말이지만, 사기 쳐서 재산을 가로채려고 하는 말은 사탄의 말이다.

- 종교 지도자가 아무리 훌륭한 설교를 해도, 신도의 재물을 거둬서 더 큰 교회를 짓고 자기의 부귀영화를 바라며 설교하면 사탄의 가르침이 된다.

- ▪ "저희 교회는 만원사례요, 믿음은 다 같으니 이웃의 개척 교회에 가서 예배를 드리시오." 하며, 이웃 교회의 부흥을 먼저 생각하여 제 신도를 보내는 종교 지도자가 있다면 그를 따르라. 그가 하나님의 사랑을 실천하는 자다.

- ▪ "부자가 천국에 들어가는 것은 낙타가 바늘구멍을 통과하는 것보다 더 힘들다" 하였거늘, 지금의 교회에서는 부자가 되기만을 기도하고 소원하니, 이는 곧 천국을 포기하고 지옥 행 열차의 티켓을 사는 것과 같다.

- ▪ 예수는 빈손이었다. 종교 지도자가 예수보다 더 호화롭고 편안하게 살아간다면 잘못된 것이다. 부귀영화와 명예를 바라는 자는 절대로 갈 수 없는 좁고 협착한 길이 종교 지도자의 길이다.

- ▪ 종교 지도자는 유리로 비춰 봐 한 점의 부끄러움이 없이 살아야 한다. 의식주도 직접 일해서 해결하고, 예수의 가르침과 행함을 그대로 따라야 한다.

- ▪ 종말은 없다. 지금의 잘못 가는 종교 집단에게만 종말이 있다. 보이지 않는 하나님은 보이는 육의 종말은 관여하지 않으신다. 환경 파괴로 인간이 스스로 멸망을 자초하는 것이다. 종파끼리 싸우기 전에, 무너진 인성을 바로잡고 지구의 몸살을 해결하는 데 뜻을 모으는 게 급선무다.

4. 성전이란

- ▪ 이 세상 자체가 하나님께서 만드신 성전이다. 자연보다 더 아름다운 성전이 있는가? 보이는 건물이 성전이 아니라, 성스러운 마음가짐이 성전이다.

- ▪ 반석 위에 교회를 지으라 했다. 지상의 단단한 돌은 인간이 쪼갤 수 있으나, 마음속의 굳은 결의는 세상 무엇으로도 쪼갤 수 없다. 바르고 굳건한 믿음으로 성경의 가르침을 실천하는 것이 마음의 반석 위에 교회를 짓는 것이다.

- ▪ 손으로 지은 건물의 교회에 모여서 복음을 전하는 것이 아니라, 교회를 개인과 가정에 심어 주어야 한다. 무너지고 부서지는 건물을 짓지 말고, 마음속에 영원히 불변하는 참진리의 교회를 지으라.

5. 십계명

- 십계명은 인간이 죽어서 반드시 통과해야만 하는 열 개의 관문이다.

- 부모를 공경하지 아니한 자는 "네 부모를 공경하라." 하는 제5계명의 관문이 열리지 않으니 구원받을 수 없다.
- 살인, 간음, 거짓, 우상 등의 나머지 계명도 마찬가지다.

- 십계명은 하나님의 친필이다. 모기소리만 한 하나님의 음성이라도 들어 보겠다고 여기저기 찾아 헤매지 말고, 십계명부터 암송하고 지키라.

- 십계명은 영혼을 구원하는 양식이며, 십계명을 지키는 것이 구원을 받는 길이다. 인간이기에 지키고자 노력하고 또 노력한다면 지킬 수 있다.

- 십계명을 지키고 천사처럼 아름답게 살아가는 그 마음 하나면 세상에 이루어지지 않는 것이 없다.

6. 보물

- 하나님은 재물이 아니라 우리의 마음을 받으신다. 사랑을 실천하며 천사처럼 변하는 마음이 하나님께 바치는 보물이다.

- 보이지 않는 하나님께 재물을 바치려 하지 말고, 너희를 길러 준 부모에게 용돈 드리고, 찾아뵙고, 효성을 다하라. 그것이 하나님께 효도하는 것이다.

- 하늘에는 선과 악의 창고가 있다. 자기 창고에 선이 많으면 천국으로 구원을 받고, 악이 많으면 심판받아 지옥으로 간다. 그것이 바로 "선한 일을 행한 자는 생명의 부활로, 악한 일을 행한 자는 심판의 부활로" 나오는 것이다.

- "선악과를 따먹지 말라"는 것은 양심을 지키라는 것이다. 선과 악을 구분할 수 있는 양심을 최초에 인간에게 주셨다. 선한 열매는 취하고, 악한 열매는 버리며, 양심에 비추어 부끄럼 없는 삶을 살아가라.

- 가장 작은 거짓말을 하지 않고, 가장 작은 죄를 짓지 않으며, 가장 작은 선행을 하고, 가장 작은 악행을 멀리하는 것이 율법의 일점 일획도 빠뜨리지 말고 다 지키는 삶을 사는 것이다.

7. 우상

- 박물관에 있는 불상은 하나의 예술품이다. 그 조각품에 대고 제 소원을 빌 때 우상숭배가 된다. 십자가라 하여도 그 앞에서 소원을 빈다면 우상숭배하는 것이며, 하나님께 소원을 빈다면 하나님을 우상으로 전락시키는 것이다.

- 지금 기복신앙에 젖어 있는 모든 사람이 우상 앞에 절을 하고 있다. 조각품을 우상이라며 파괴하지 말고, 네 마음속에 있는 욕심의 우상을 무너트리라.

- 생수를 약초가 먹으면 약을 만들고 독사가 먹으면 독을 만든다. 같은 성경을 봐도 선한 지도자는 신도를 천사로 만드는 데 활용한다. 그러나 욕심이 가득한 지도자는 재물을 거두어들여 제가 부귀영화를 누리는 데 악용한다. 그가 바로 성경을 우상숭배의 도구로 전락시키는 거짓 선지자다.

- 성경을 한 획도 빼거나 더하지 말라는 것은, 그 가르침을 빠트리지 말고 온전히 지키라는 것이다. 성경 속에서 자기에게 유리한 구절만 보는 것은, 자기에게 불리한 구절들을 빼 버리는 것이다. 믿음이 제일이요, 행함은 구원과는 관계없다는 것은 자신에게 유리한 쪽으로 성경을 악용하는 것이다.

- 진정한 종교 지도자는 종파에 관계없이 어떤 종파든 어떤 책이든 접하고 보고 깨우쳐 견문을 넓히도록 인도한다. 참진리를 모르고 자신이 없는 자가 남을 이단이라며 배척하고, 신도들의 눈과 귀를 가린다.

8. 예수

- 예수의 재림은 없다. 예수가 다시 온다 해도, 과연 누가 그를 예수라고 믿겠는가? 예수와 같은 삶의 행함이 곧 예수의 재림이다. 각자 모두가 "재림 예수"가 되는, 차원 높은 믿음으로 가야 한다.

- 예수는 "주여 주여 하지 말고, 아버지의 뜻대로 행하라"고 했다. 예수가 전한 하나님의 뜻이 곧 "길이요, 진리요, 생명"이며, 그 가르침이 예수의 보혈처럼 소중한 것이다. 예수를 믿는 것은, 예수의 가르침을 믿고 따르는 것이다.

- 예수는 낮은 자로서 만백성을 섬기고자 했다. 만나는 모든 사람을 다 하나님이라 생각하라. 돈을 벌수록 겸손하고, 높은 지위를 얻을수록 낮아지라.

- 예수는 종파를 만들지 않았다. 인간이 만든 종교와 인간의 교리를 따르지 말고, 예수를 통해 전한 하나님의 참진리를 연구하고 따르라.

- 예수가 2천 년 전에 만백성을 위해 죽었으니, 지금 이 땅에는 예수의 가르침대로 사는 천사만 존재해야 한다. 예수가 죽어 가면서 바란 것은 만백성이 천사가 되어 예수의 자리를 채워 주는 것이지, 지금과 같이 재물을 바치면서 중언부언 제 소원만을 비는 백성들을 바란 것이 아니다.

9. 구원

- 천사가 사는 천국에는 천사만 갈 수 있으니, 천사 같은 마음을 길러야 한다.

\- "천국 열쇠를 네게 주리니 땅에서 무엇이든지 매면 하늘에서도 매일 것이라" 했다. 땅에서 천사같이 사는 자가 하늘에서도 천사가 되어 천국에 들어간다. 모든 사람에게 천사같다는 말을 듣는 삶을 살아야 한다.

- 천사의 곱고 아름다운 마음은 부모를 공경하고 어른을 어른으로 대접하는 데에서 출발한다. 효도하는 자는 형제와 화목하게 지내기에 가정이 화목해지고, 이웃과 화목해지고, 국가가 화목해지고, 온 인류가 화목해진다.

\- 그러므로 지상의 아름다운 소왕국은 가정에서부터 이루어야 한다.

- 선택된 14만 명만 구원받는 것이 아니라, 천사처럼 변하고자 하는 14만 명을 기초로 온 인류가 천사처럼 거듭나는 영적인 개혁이 시작되는 것이다.

- 천 년에 걸쳐서 하늘에서 이루어진 것같이 이 세상을 낙원으로 만들어, 만백성이 지상의 천국에서 살다가 죽어서 그대로 하늘의 천국으로 들어가는, 영원한 지상 낙원을 건설하는 것이 하나님의 계획이다.

\- 이것이 구약과 신약에 이어 "새로운 성경"으로 역사하시는 하나님의 창조의 완성이다.

- 지금의 믿음으로 구원받을 수 있다면 그 길을 가라. 그러나 자신이 없다면 하나님께서 직접 내리신 160권의 "새로운 성경"을 읽고 구원의 길을 보라!

하나님 머리말씀

이 새로운 성경을 읽는 너희 모두는
이 율법에 따라 행하면 영원히 구원받을 것이니라.

너희 인간이 수년, 수십 년, 평생
성서를 공부하고 기도하는 것은
하늘나라 나의 곁으로 오고 싶은 소망일진대,

몇천 년 전의 너희 인성과 생각이
지금의 너희와는 판이하게 다르니,

꺾여 가고 병들어 가는 너희를 고칠 수 있는 길은,
오늘 내가 선지자에게 내리는 새로운 성경과 같이
너희가 변화되는 것뿐이니라.

나의 예수가 태어난 것처럼
내가 아들 선지자를 선택하여
나의 새로운 성경을 온 세계에 전하고자 하니,

묵은 것은 버리고 새로운 것은 취하여,
너희 모두는
'여호와 하나님! 저의 죄를 용서하여 주옵소서.'
하는 기도문으로 기도하고, 죄를 뉘우치라.

이 새로운 성경은
수천 년간 내려온 성서를 요약한 것이니,
너희는 이 책을 정독하여 쉽게 깨달음을 얻고,
이대로 실천하여 하늘에 오르라.

대역자 머리말

■ 하나님의 율법을 지키는 선지자로 선택을 반도다.

저는 남들처럼 그저 열심히 살아온 평범한 사람이었습니다. 그러나 50대 중반에 사업에 실패하여 많은 부채에 시달렸으며, 건강도 악화되어 눈이 잘 안 보이고, 걷기도 어렵고, 두통이 심해서 잠을 이룰 수 없는 고통의 나날을 보냈습니다. 그때 제가 선택할 수 있는 것은 육의 삶을 끝내는 길뿐이었습니다.

죽기 직전에 그동안에 죄를 지은 이들에게 용서를 빌고 인생을 끝내기로 작정하였습니다. 어려서부터 지은 죄를 빌고 빌다 보니 끝이 없었고, 죽음으로도 그 많은 죄를 용서받을 길이 없다는 생각에 하염없이 눈물이 흘렀습니다. 그 순간 '재래식 화장실의 구더기는 죄를 짓지 않는데, 나는 인간으로서 구더기만도 못한 삶을 살았구나.' 하는 생각이 들면서 괴로움에 몸부림칠 때, 갑자기 하나님의 음성이 들렸습니다.

"나는 여호와 하나님이니라. 너는 십계명을 암송하고 내가 내려 주는 메시지를 받아 책으로 만들어 만백성을 구하라." 하시며, 제 눈을 손으로 문지르게 하시고, 아픈 머리와 다리를 손으로 두드리게 하셨습니다. 그러고 나니 눈도 잘 보이고 걸을 수 있었으며 머리의 통증도 말끔히 낫게 되었습니다. 그때부터 십계명을 암송하고 나면 들려주시는 말씀을 기록하였고, 1999년 8월부터 2004년 7월까지 권당 288쪽, 총 160권을 받아서 "새로운 성경"이라는 책으로 펴내게 되었습니다.

그러한 저에게 죽기보다도 힘든 길이 시작되었습니다. 모든 교인들이 저에게 사탄이요, 이단이요, 악마요, 마지막 시대에 온 거짓 선지자라 하면서 공격하였고, 저를 짐승을 보듯이 대하는가 하면, 편협한 종교 지도자들의 선동으로 신도들이 이 책을 직접 읽어보고 평가할 기회마저 막아 버렸습니다. 그래서 하나님의 말씀을 세상에 내는 데 많은 어려움을 겪으며, 피를 토하는 심정으로 책을 전하고 있습니다.

그러나 아무리 인간의 힘으로 막으려 해도, 하나님의 뜻이 세상에 전해지는 위대한 역사는 계속될 것입니다. 책으로 전해지는 "하나님의 말씀"은 세상 끝날까지 항상 우리와 함께하실 것입니다. 사람은 죽어도, 책에 기록된 말씀은 영원히 남으니까요.

■ 따뜻한 실천

하나님께서는 어려운 사람들에게 삶의 터전을 마련해 주고, 미래를 열어 주는 것을 기뻐하십니다. 어려운 이웃이 스스로 자립할 수 있도록 이끌어 주는 것이 진정으로 이웃을 돕는 것이라고 말씀하셨습니다. 그래서 일자리가 없는 제자들에게 작은 사업장을 만들어 주는 "달란트 사업"을 하고 있습니다. 식당, 반찬 가게 등을 차려 주고, 기존의 어려운 사업장이 자립할 수 있도록 돕고 있습니다(커피숍, 미용실, 의상실 등).

하나님께서는 교회에 나와서 모든 시간과 재물을 쏟기를 원하지 않으시고, 그 시간과 재물을 교육에 투자하여 스스로 미래를 열어 가기를 원하십니다. 그래서 제때 공부하지 못한 제자들에게 학업을 이어 가도록 하였습니다. 중화요리 주방장을 하며 초등학교 검정고시부터 공부하여 2012년에 방통대를 졸업한 36세 남성, 만학도들의 2년제 중학교에 입학해서 2007년에 명지대학을 졸업한 38세 여성, 중학교 검정고시를 시작으로 숭의여자대학을 졸업한 47세 여성 등이 있습니다. 그밖에도 많은 제자들에게 나이를 초월하여 배우고 깨우쳐서 사회 속의 당당한 일원이 되도록 인도하고 있습니다.

학자금 대출로 힘겨워하는 젊은이들을 위해 "따뜻한 바람 장학회"를 발족하여(2016년 12월) 대출받은 학자금 전액을 매월 갚아 주고 있습니다. 또한, 다문화 가정을 위해 "다문화 가족 랜드"를 조성하여, 각종 시설을 무료로 활용하도록 하고 있습니다.

이러한 따뜻한 실천이 아직은 미약합니다. 그러나 책의 수입이 늘고, 저와 뜻을 같이하는 분들이 늘어나면 계속 확대할 것입니다. 지도자로서 신도의 재물을 헌금으로 거둬들여 착복하는 것이 아니라, 하나님께서 기뻐하시는 일에 사용하도록 중매 역할만 하며 살아가고자 합니다. 이런 제가 과연 사탄이고 이단인가요? 하나님께서 기뻐하시는 일이라면, 저에게 사탄이라 하든 거짓 선지자라 하든 굽히지 않고 실천해 나갈 것입니다.

끝으로, 일상의 삶 속에서 "지금 내가 하는 행동이 과연 하나님께서 기뻐하실까, 슬퍼하실까?" 생각하고, 매사에 하나님께서 기뻐하시는 길을 택하기 바랍니다. 교회에 모여서 집단적으로 예배 드리는 것이 아니라, 개인이나 가정 단위로 새로운 성경을 읽어 스스로 깨우치고 그대로 행하면 충분합니다. 그것이 마음속에 성전을 짓고, 신령과 진정으로 예배 드리는 길입니다. 그러면 천국의 문에 들어서게 됩니다.

2017. 2. 1.

하나님 말씀 대역자 김용철

차 례

십 계 명

이 책은 십계명을 암송하고 나면 내려 주시는 "하나님의 음성"을 듣고 그대로 받아쓴 기록입니다. 하나님께서 십계명을 모세에게 내려 주셨지만, 그것은 만백성에게 내려 주신 것입니다. 마찬가지로 이 책의 모든 말씀도 저에게 내려 주셨지만, 만백성 각자에게 들려주시는 말씀입니다. 여러분도 이 책을 접할 때마다 십계명을 암송하고 나서 정독해 주시기 바랍니다.

제일은, 너는 나 외에는 다른 신들을 네게 있게 말지니라.

제이는, 너를 위하여 새긴 우상을 만들지 말고, 또 위로 하늘에 있는 것이나, 아래로 땅에 있는 것이나, 땅 아래 물 속에 있는 것의 아무 형상이든지 만들지 말며, 그것들에게 절하지 말며, 그것들을 섬기지 말라.

제삼은, 너는 너의 하나님 여호와의 이름을 망령되이 일컫지 말라.

제사는, 안식일을 기억하여 거룩히 지키라.

제오는, 네 부모를 공경하라.

제육은, 살인하지 말지니라.

제칠은, 간음하지 말지니라.

제팔은, 도적질하지 말지니라.

제구는, 네 이웃에 대하여 거짓 증거하지 말지니라.

제십은, 네 이웃의 집을 탐내지 말지니라.

나 여호와가 존재함을 믿는 그 자체가 구원의 길에 들어서는 기본이요, 근본이며, 나의 새로운 성경을 가슴에 안고 정독하는 자, 반석 위에 서서 하늘에 오르는 찬란한 빛을 보게 되는 영광을 얻게 됨이니라. 진정 나를 따르고 믿는 자는 감히 사탄이나 마귀도 근접하지 못하느니라.

〈하나님 말씀〉

2004년 5월

11,219 번째 하나님 말씀

2004년 5월 22일 0시 38분

1 사랑하는 나의 아들아!
2 "네, 아버님! 말씀하옵소서."
3 종교 지도자들이 강론을 하는 것이 무
엇이라 했느냐?
4 그것도 나 여호와의 성령이요, 참진리
의 길을 위하여 너희들의 모두를 바
치고 강론해도 모자라고 귀하고 소중
한 시간에,
5 그 종교 지도자가 단상에 서서 '성서
는 가르칠 것이 없으니, 너희들이 이
세상에 살아가는 진보의 세력과 보수
의 세력이 맞붙어 세상이 험악하니,
이 모두가 하나가 되도록 여러분들이
피눈물로써 기도를 해야 될 것이며,
그리하여 그들이 다 하나가 되어야 한
다.' 너희들은 그리 말하지 않느냐?
6 이것이 너희들의 설교의 시간이요, 예
배 보는 시간에 할 수 있는 말이더냐?
7 그리고 '동서남북에 사는 사람들이 모
두가 다 하나가 되어야 하며 너희들
이 하나가 되는 그와 같은 역사를 위
해서 피눈물 나는 기도를 드리라, 신
도 여러분! 기도를 해야 된다, 기도를
하라.' 너희들이 그리하니,
8 그들이 지금 먹고살기도 바쁘며 제가
진리를 깨닫기도 바쁘며 제 가기도 바
쁜 자들에게, 그들이 무슨 능력이 있
기에 그들에게 무슨 진보와 보수요,
너희들이 정치가 어쩌고저쩌고 세상
이 어쩌고저쩌고하니, 요란하고 시끄
러우니 그걸 통일하기 위해서 너희들
이 기도를 하라 하느니라.
9 너희 신도들이 밥 먹고 살기도 바쁜
그들이 무슨 능력이 있으며 무슨 깨달
음이 있다고 해서 그들에게 그와 같
은 것을 기도를 하라 하며,
10 그리고 남북이 갈라졌으니 그 통일을
이루기 위하여 너희들이 피눈물로써
기도를 드려 하나를 만들도록 하라,
너희들이 그와 같은 말을 무슨 자격
으로 하며 무슨 자격으로 기도를 한단
말이더냐?
11 기도하는 자가 무엇이며 기도하는 자
격이 무엇인 줄 너희들은 알겠는가?
12 너희들이 그와 같은 자격이 없는 자들
이 자격이 없는 소리만 하고 있음이니
라.
13 그것이 너희들이 나에게 얼마나 욕되
는 짓이라 했느냐?
14 너희들이 나의 계획 모두를 수정하라
하며 나의 계획을 모두 바꾸라 하는
것이니, 너희들이 그와 같은 사악한
짓을 한다 내가 일찍이 기록하였으니,
15 너희들이 지금도 단상에 서서 그와 같
은 말을 하니, 하늘의 뜻이요, 참진리
를 깨우치는 그와 같은 시간에 과연
그와 같은 기도를 해야 되겠느냐?
16 기도하라, 그러면 너희들이 부귀영화
요, 너희 형제 집안에 부귀영화요, 두
고두고 너희들이 쌓아 놓는 영광이 있
을 것이라 너희들이 그와 같은 소리를

강론이요, 설교요, 기도라고 하고 있
으니,
17 이것이 오늘의 실정이요, 나와는 관계
없으며, 시정잡배들이 그저 구슬치기
하며 돈 따먹기 하는 그 잡기를 하는
것만도 못한 그와 같은 행위를 하고
있는 것이 오늘의 너희들의 종교 집단
의 지도자들이 가고 있는 짓이라는 걸
잊지 말라.

11,220 번째 하나님 말씀

2004년 5월 22일 0시 47분

1 사랑하는 나의 아들아!
2 "네, 아버님! 말씀하옵소서."
3 종교 지도자는 그것이 무엇이더냐?
4 내가 내린 성경이요, 그를 가지고 너
희들이 연구하고 공부하고 또 깨우치
고 연구하고 그 피나는 노력을 했을
때, 나 여호와가 비유의 뜻으로써 기
록해 놓은 성경의 그 의미를 너희들이
알 수 있으며 그 뜻을 알 수 있는 것이
니라.
5 하지만 너희들은 그 노력 속에서 진
실된 나의 뜻을 알려 하지 아니하느
니라.
6 다만, 너희들이 그저 지도자로서 먹고
사는 것에만 연연하며 너희들이 어찌
하면 제왕적으로 살며 제 이름 석 자
를 띄울 것인가, 그와 같이 하여 많은
백성들이 제 앞에 와 설교를 들으며
재물을 바칠까 그것만을 너희들이 생
각하느니라.
7 그러니 참진리의 가는 길을 공부하는
것, 연구하는 것, 그 고달프고 힘든 길
을 가려 하지도 아니하며,
8 피나는 노력으로써 성경에 숨어 있는
그 뜻을 알려고도 하지 않는 것이 오
늘의 종교 지도자 너희들이 가고 있는
형태가 아니더냐?
9 그러니 모든 종교 지도자들이 어렵고
힘든 그 피나는 노력 속에서 내가 성
경에 기록한 그 비유요, 숨어 있는 그
가르침의 뜻을 너희들이 알려고 노력
하면 하늘의 지혜를 얻을 수 있거늘,
10 너희들은 그와 같은 노력은 뒤로 밀어
붙이고, 인간 세상에 육의 편안함을
위해 너희들의 모두를 맞추며, 그리
고 더 편안하고자, 더 영광된 자리를
가고자, 부귀영화를 누리는 곳에 너희
들이 모두를 다 맞추고 있는 자들이
아니더냐?
11 그러니 너희들이 거기에 모두를 맞춰
노력하는 자요, 심지어는 나의 성경을
비유해서까지 지금 너희들이 부귀영
화요, 너희들이 대우받고 살며 너희들
이 제왕적인 자리를 확보하기 위하여
온갖 잔수를 부리고 있는 것이 오늘
의 종교 집단의 지도자 우두머리들이
하고 있는 짓이 아니더냐?
12 그러니 모두 그와 같은 것에 매달려
가니, 나의 본체인 사랑에 대한 실천
과 행함은 너희들이 말하지도 아니하
며 가르치지도 아니하며, 어찌 가는지
깨우쳐 주지도 아니함이니라.
13 또한 너희들 자신도 그를 모르니 무엇
을 가르치겠는가?
14 다만, 모든 교육과 윤리를 너희들이
그저 모두가 다 인간 세상의 너희들을
위해서 하는 짓이요, 그리고 너희들을

위하여 성경까지도 왜곡되게 가르치
는 오늘의 종교 지도자가 되고 있음이
니라.
15 그러면서 너희들이 하는 말이 무엇이
더냐?
16 종교 지도자만 잘 모시고 잘 받들고
그리 열심히 그를 따라가기만 하면,
그를 편안하게 너희들이 받든다면, 너
희들은 구원을 받는 것은 당연한 것이
니 걱정할 것이 없다 그리 나의 백성
들을 유도하고 가르치고 기만하여 끌
고 가는 것이 아니더냐?
17 나의 백성을 이끌어 감도 그러하니,
너희들이 나의 백성들을 구하는 영적
인 자질이 부족한 자요, 영적으로 나
의 피조물 만백성을 거듭날 수 있도록
가르치고 인도할 자격이 전혀 없는 자
들이니라.
18 되려 너희들이 일반 이방인이라는 백
성보다도 기본이 안 되어 있으며, 인
간의 인성이 안 되어 있으며, 인자함
이 없는 사악한 자들이니라.
19 그러니 너희들이 자질이 부족한 자요,
자격이 없는 자요, 단상에 설 능력도
없는 자들이 오늘의 나의 피조물 만백
성들을 우롱하고 있는 이와 같은 현실
이 되었음이니라.
20 하늘의 뜻을 가르치는 선생으로서 자
격이 없는 것은 두말할 것이 없느니라.
21 그러니 내가 성경에 기록하여 전하기
를 소경이 소경을 인도하고 있는 형국
이 지금의 종교 집단이요, 너희들의
형태라 한 뜻을 너희들은 무서운 마음
으로써 받아들여야 될 것이니 그리 알
라.

11,221 번째 하나님 말씀

2004년 5월 22일 0시 51분

1 사랑하는 나의 아들아!
2 **"네, 아버님! 말씀하옵소서."**
3 너희들이 지금 구약이요, 신약의 성서
를 가지고 나의 만백성을 가르침이니,
너희들이 구약과 신약과 내가 내리는
새로운 성경의 그 차이가 무엇인 줄
알겠느냐?
4 너희들이 구약과 신약에는 비유로써
되어 있으며 나의 비밀로써 모두가 거
기에 담겨져 있다 했음이니라.
5 그러니 너희들이 천사와 같지 않은 자
는 그를 알 수가 없느니라.
6 그러나 지금 내가 새로운 성경이요,
이를 나의 아들을 통하여 내려보내는
것은 무엇이더냐?
7 내가 비유를 들어 예를 들어 하나하나
너희들에게 다 풀어서 너희들이 누구
나 읽을 수 있도록 그리 가르치는 것
이니, 그것이 바로 엄청난 차이임을
알라.
8 나의 새로운 성경에서 너희들이 한 가
지를 깨우치며 두 가지를 깨우칠 때마
다 내가 비유를 들며 예를 들어서 상
세히 그 뜻을 풀어서 너희들에게 전함
이니,
9 그게 바로 마지막 시대에 나 여호와가
직접 역사하는 새로운 성경과 구약과
신약의 성경의 차이점이 거기 있음이
니, 그것이 너희들에게는 엄청난 차이
니라.
10 그리해서 이는 읽기만 하고 들여다보
기만 하면 너희들이 바로 설 수 있으

며, 나 여호와의 뜻을 알 수 있으며,
너희들이 행하고 살아야 될 것이 무엇
인가를 알 수 있는 것이 바로 나의 새
로운 성경이니, 얼마나 이것이 너희들
이 귀하고 소중한 내가 내리는 은혜
요, 영광이요, 축복이더냐?
11 그러나 너희들은 이를 보지 아니하며
이를 접하지 아니하려 함이니, 너희들
이 구약과 신약은 그 내용이 비유요,
비밀로 되어 있기에 인봉을 열어 주지
아니하면, 내가 너희들에게 지혜를 내
려 주지 아니하면 보지 못하고 깨닫지
못함이니라.
12 그러나 너희들이 지금 새로운 성경은
누구나 볼 수 있도록 내가 가장 낮은
형태에서 모두를 다 풀어 주었으며 모
두를 다 거기서 역사했거늘,
13 어찌하여 너희들이 이를 보지 아니하
고 하늘에 오를 수 있으며 구원을 받
을 수 있으며 나에게 오를 수 있다 하
느냐?
14 내가 만백성을 죄 속에서 구원하며 너
희들이 거듭나는 똑같은 한 번의 기
회를 줌이니,
15 그리하여 누구나 다 읽으면 깨우칠
수 있도록 이와 같이 내가 모두를 풀
어서 내려 주는 것, 이것이 너희들을
얼마나 사랑하는 것이며 내가 너희들
이 나에게 오기를 얼마나 갈구하는
것인가?
16 이와 같은 깊은 의미를 깨닫도록 하
라, 사랑하는 나의 아들딸들아!

11,222 번째 하나님 말씀

2004년 5월 22일 0시 56분

1 사랑하는 나의 아들아!
2 "네, 아버님! 말씀하옵소서."
3 선택된 너희들이 해야 할 역할과 그리
고 너희들이 감당해야 할 일이요, 그
리고 너희들이 그 모두를 역사하는
것, 너희들이 그 책임을 다하지 못하
며, 나의 새로운 성경을 만들어 법전
을 세상에 전하지 못할 때, 너희들은
어떠한 결과가 오느냐?
4 지금 너희들이 몇천 년 동안 흘러오면
서 내 뜻대로 역사하지 못하며 인간의
교리로써 모두를 가르치고 끌어왔기
에 말세의 시대요, 마지막 시대요, 그
리고 너희들이 말하는 지금의 이 세상
이 험악한 세상이요, 그리고 도둑이
들끓는 그와 같은 세상이 만들어지고
역사했음이니,
5 그와 같은 세상을 바로잡고 너희들이
개혁하지 못하며 그들 속에 물들어 너
희들 또한 그와 같이 쓰러져 간다는
것을 알아야 될 것이니라.
6 그러니 선택된 백성 너희들은 내가 너
희들에게 내리는 새로운 성경이요, 그
속에 내가 기록하여 전한 나의 뜻을
너희들이 읽고 또 읽고 정독하여 그대
로 행하는 그와 같은 삶을 살며, 너희
들에게 명해진 모두를 너희들이 충실
히 행하고 실천할 때,
7 너희들은 이와 같은 세상을 다스릴 수
있으며, 이와 같은 세상을 바로잡을
수 있는 그와 같은 위대한 역사를 이
룰 수 있는 것이니라.

8 그렇지 못하면 너희들도 이들과 똑같
은 세월 속에서 모두가 다 무너지게
된다는 걸 절대 잊지 말라, 사랑하는
나의 아들딸들아!
9 지금의 모든 종교 집단 그들이 무엇이
더냐?
10 너희들이 사랑이요, 그리고 나눔이요,
너희들이 이와 같은 것을 제일 잘 실
천하며 나의 성경대로 실천하고 산다
그리하나, 내가 내려다보는 너희들의
행동은 무엇인 줄 알겠느냐?
11 이름만 거창하고 너희들이 외형으로
화려할 뿐이지, 너희들이 내 뜻에 의
하여 사랑을 베푸는 자가 아무도 없음
이니라.
12 다만, 세속적인 인간 세상에 사는 그
와 같은 인간의 믿음으로써 너희들이
변질된 그곳에서 인간의 사랑이요, 인
간의 거창함이요, 인간의 화려함으로
써 너희들이 모두를 지금 행하고 있다
는 것을 알아야 될 것이니라.
13 그러니 너희들이 그와 같은 곳에서 나
에게 오를 수 있는 자가 있는가?
14 하늘의 이치요, 하늘의 뜻을 알아 너
희들이 하늘의 지혜를 얻어 다음의
세상을 위한 삶이 무엇인가, 그리고
너희들이 어찌 가야 되는가 그것을 깨
우쳐 그리 행하고 가야 너희들이 거듭
나는 인생이요, 나로부터 구원을 받을
수 있는 것이거늘, 너희들은 그와 같
은 삶은 살지 않느니라.
15 다만, 육의 세상에서 너희들이 이름만
화려하고 이름만 거창하며 그와 같은
저 자신의 이름을 띄우며 제가 더 많
은 신도를 거느려 제왕적인 자리를
지키고자 하는 것이 오늘의 종교 집단
의 지도자요,
16 신도는 신도대로 너희들이 머릿수가
많은 것이 위대한 것이요, 진리의 가
는 길이라는 그 착각 속에서 지금 그
와 같이 모든 신앙과 믿음의 길을 가
고, 인간의 세속적인 삶으로 모두가
변질된 자들이 구원을 받았다 그리 말
하니, 이게 얼마나 너희들이 황당무계
한 일인 줄 알겠느냐?
17 그러니 그와 같이 믿음의 길을 제대로
가지 못하며 세속적인 믿음의 삶을 갔
기에 뿌리가 없으며 근거가 없느니라.
18 그리하여 부패할 대로 부패해졌으며
너희들이 더 견딘다고 해도, 내가 너
희들을 놔둔다 해도, 너희들은 이대로
는 더 이상 끌어갈 수 없는 한계에 도
달했음이니라.
19 그러니 너희들이 스스로 그와 같이
무너지는 것, 그리고 너희들이 스스로
물고 늘어질 때 그 처참함을 이루 말
할 수 없으며 막을 수가 없어,
20 내가 일찍이 너희들이 그 모두가 다시
거듭나고자 할 때, 그리고 너희들이
무너질 때, 너희들이 나의 새로운 성
경을 보고 깨우치는 그와 같은 역사
를 이루도록 하기 위하여 내가 미리
160권의 법전을 세상에 내려보내 너
희들에게 전하는 역사가 있음이니라.
21 너희들이 부패할 대로 부패했기 때문
에 깨지고 무너질 때가 머지않으니,
그때는 너희들이 서로가 치고받음이
니라.
22 그러니 거기에 너희들이 구심점이요,
너희들이 거듭남이요, 너희들이 구원

의 길의 그 방법이 없기에, 내가 지금
나의 아들을 통하여 '하늘에 오르는
길'이요, '하나님! 말씀하옵소서.' 이
새로운 성경을 내려보내기 시작함이
니,
23 그리하여 너희들이 이를 보고 따를 것
이며, 이 길을 가고자 하여 서로가 너
희들이 부끄러움을 알고 죄의 깨달음
을 알고, 그중에서 구하는 백성들로
하여금 모두가 조용히 넘어갈 수 있으
며,
24 너희들이 죽고 사는 처참한 종교 전쟁
을 내가 막고자 하는 뜻이 또한 여기
있음을 알라 그리 전하라.

11,223 번째 하나님 말씀

2004년 5월 22일 01시 04분

1 사랑하는 나의 아들아!
2 **"네, 아버님! 말씀하옵소서."**
3 너희가 아무리 나의 뜻대로 나의 계명
대로 살아간다 하며, 그리고 새로운
성경대로 살려고 노력한다 해도, 인간
인 너희들이 노력을 아무리 해도,
4 결국 인간은 인간이요, 결국 그리하여
너희들이 바른길이요, 그 성경대로,
새로운 성경대로 살아갈 수 없다 그리
말하느니라.
5 그러면서 종교 집단의 지도자들이 나
의 피조물 만백성에게 인간이기 때문
에 너희들은 그리 살아갈 수 없어 죄
를 짓고 또 용서를 빌고 빌어, 그 대가
로 재물을 바치면서 그 길을 평생 동
안 죽을 때까지 가는 것이 구원을 받
는 것이라 그리 말하느니라.
6 그러니 너희들은 무엇 때문에 그리하
느냐?
7 사도 바울이 바로 '오호라 나는 곤고
한 자라' 탄식하며 저는 이와 같은 길
을 결코 인간은 갈 수 없다는 그와 같
은 절규의 소리를,
8 너희들이 그 모두를 다 그와 같이 인
간은 똑같이 그리 갈 수 없으며, 사도
바울도 역사하지 못한 것이기 때문에
너희들은 더욱이 역사할 수 없다는,
그리고 자신이 없다는 그와 같은 생각
에 빠져 버렸느니라.
9 그리하여 너희들이 용기를 잃어버린
자요, 모두를 다 지워 버린 자들이 아
니더냐?
10 그러니 너희 자신도 지키고 갈 수 없
다 그리 생각하는 것이 아니더냐?
11 사도 바울이 역사하지 못하며, 그리고
그가 곤고한 자라 탄식했던 것을, 그
러니 오늘의 이 세상에서 믿음의 길을
가는 백성들이 그와 같이 사도 바울도
지키지 못한 것을 지킬 수도 없다 너
희들이 그리 말하지 않느냐?
12 그리 가르치고 그리 전하느니라.
13 그러면서 너희들은 어찌하는가?
14 너희들을 따르는 그 제자들이요, 성도
들이 저희들이 지은 추한 죄를 스스로
위로하며, 부끄러운 죄 그 모두를 다
스스로 덮어 두며, 너희 스스로 그저
편리한 대로 심판을 하는 그와 같은
백성들이 되어 버렸음이니,
15 죄가 무서운 것이 무엇이며 너희들이
잘못 가는 것이 무엇인 줄 지금 모르
고 가는 백성들이 되어 버렸느니라.
16 사랑하는 나의 아들딸들아, 너희들은

여기서 알아야 될 것이니라.

17 너희들은 사도 바울이 '오호라 나는 곤고한 자라 결국 이 길을 갈 수 없다.' 탄식한 것을,

18 너희들은 그 사도 바울도 가지 못했기 때문에 네가 더욱이 갈 수 없다는 나약한 그와 같은 생각을 해서는 아니 되느니라.

19 사도 바울이 지키지 못했다 해도, 사도 바울이 가지 못했다 해도 '오호라 나는 그 길을 가고 지킬 수 있다.' 너희들이 용기를 가지고 그 길을 지키고 가,

20 사도 바울보다도 너희들이 바르게 살며 더 용기 있는 백성으로서 그리고 나의 뜻을 지키는 그와 같은 백성으로 거듭나며, 그와 같은 영광을 얻겠다는 생각으로 너희들이 그리 바꿔 가지며,

21 그것을 너희들이 목표로 삼아 노력하는 그와 같은 백성이 되어야 될 것이며, 모든 종교 집단의 지도자는 그리 가르쳐야 되느니라.

22 몇천 년 전의 사도 바울이 그와 같이 지키지 못하고 자기가 곤고한 자라 탄식하며 저 자신을 자책한 것을, 너희들은 그저 그를 세뇌시켜서 머리에 심어 주며 너희도 그리 가는 것이 당연하다는 그와 같은 것으로 너희들이 지옥의 길로 가는 그 길로 밀어붙이지 말라.

23 사도 바울이 못 지켰다 해도 너희들은 지킬 수 있으며 너희들은 역사할 수 있다, 그러니 너희들이 거듭나는 영광을 얻으라, 거듭나는 은혜를 얻으라 너희들이 그리 가르쳐야 될 것이니라.

24 사도 바울은 그리하여 나에게 오지 못했지만, 너희들 자신은 바로 지키고 지켜 피나는 노력으로써 모든 생명을 다 바치는 한이 있다 해도 너희들은 이를 지키고 가야 되겠다,

25 그리하여 너희들이 탄식으로써 무너지고 나약한 한숨을 쉬는 백성이 되어서는 아니 되고, 희망과 결심을 굳혀서 너희들이 거듭나는 영광을 얻을 수 있는 용기 있는 백성으로서 그를 거울삼아 변해 가는 삶을 살라.

26 그래야만 이것이 나 여호와가 너희들에게 성경에 기록해 전한 뜻이요, 내 뜻이 여기에 있음을 알라.

27 이제는 너희들이 나의 뜻을 알았느냐, 성서에 기록한 뜻을 알았느냐, 사도 바울이 한탄한 그 내용을 알았느냐?

28 사도 바울이 '오호라 나는 곤고한 자라' 그가 탄식하고 자책한 것, 너희들은 이를 그대로 받아들이지 말며, 이를 역으로 받아들여 너희들이 그것을 지키는 백성, 그리고 그대로 스스로 다스려 살아가는 그와 같은 백성으로 용기를 가지고 살아가라.

29 그렇지 않으면 너희들이 나를 볼 수 없으며 나에게 오를 수 없음이니라.

30 사도 바울도 지키지 못했으니 인간 너희들은 더 지킬 수 없으며 역사할 수 없다 가르치는 그 종교 집단의 지도자들이 너희들을 지옥으로 인도하는 자들이니,

31 그와 같은 자의 강론이요, 그와 같은 말을 들으며 '옳소, 맞습니다, 아멘, 할렐루야!' 소리 지르지 말라.

32 너희들은 이를 뒤집어서 생각하며, 뒤

집어서 역으로 그 모두를 너희 것으
로 만들어, 용기 있는 백성으로서 거
듭나도록 그리하라, 사랑하는 나의 아
들딸들아!

11,224 번째 하나님 말씀

2004년 5월 22일 05시 12분

1 사랑하는 나의 아들아!
2 "네, 아버님! 말씀하옵소서."
3 어린아이를 교육시키니, 너희들이 붉
은색을 갖다 흰색이라 하며, 흰색을
붉은색이라 너희들 부모가 어린아이
에게 그렇게 잘못 가르친다면,
4 그는 누가 무어라 해도 붉은색을 갖다
흰색이라 할 것이며 흰색을 붉은색이
라 그리 말할 것이니라.
5 그러니 선생이 가르쳐도 그 누가 가르
쳐도 그는 그걸 믿지 않을 것이니라.
6 그러니 다만, 그가 언젠가는 바로 흰
색을 붉은색이라 가르친 것을 그가 잘
못된 것을 아는 것은
7 저희 부모도 실수할 수 있으며 저희
부모도 잘 모르는 것이 있을 수 있다
는 것을 그가 깨닫는 그와 같은 나이
가 되어 그와 같은 상식이 있을 때 그
는 그것을 바로잡을 수 있을 것이니라.
8 부모가 최고요, 부모가 세상에서 가장
위대하며 제일 잘 알며 제일 너희들에
게는 소중한 것이며,
9 그보다 더 잘 아는 사람, 더 똑똑한 사
람이 없으며, 모두를 다 알고 있는 사
람이 없다고 생각하는 어린아이일 때,
10 그가 흰 것을 붉은 것이라 그리 가르
쳤다면 그는 결국 그것을 바꾸지 아니
하며 생각을 돌리지 아니할 것이니라.
11 지금의 모든 믿음의 길을 가는 종교
집단의 지도자들이요, 그리고 그 신도
들 너희들이 어찌 가는가?
12 그저 나의 아들 예수를 믿고 나 여호
와를 찾기만 하면 너희들이 구원을 받
는다 그리하느니라.
13 그리고 너희들이 재물을 바치며 주일
에 와 울고불고 그리하면 구원을 받는
다 그리하느니라.
14 그리고 더욱이 너희들이 죽어서 하늘
에 오르는 그 영혼이 구원받으며 거듭
나는 영광을 얻는다 하면서
15 인간 세상에서 너희들이 부귀영화요,
자식들의 공명까지도 모두가 다 들어
주며 모두가 역사하며 그와 같이 축복
을 받는다 그리 가르치고 또 가르치니,
16 그것이 수천 년 동안 흘러오면서 세뇌
되고 또 머리에 젖어 머릿속이 젖어
있으니, 어린아이가 부모가 잘못 가르
쳐 흰색을 붉은색으로 가르쳐, 그게
붉은색이라는 마음이 변하지 못하는
그 아이와 똑같은 그와 같은 형국이
니, 이를 어찌 바로잡고 어찌 깨우칠
수 있겠느냐?
17 하늘에 와서는 저희들이 구원을 받는
영광을 얻으며, 지상에서는 부귀영화
요, 그저 모두를 다 얻는 것, 또 자식
들까지도 모든 영광이 있으며 축복이
있다는 그와 같은 너희들의 오늘의 종
교 지도자들이 가르치고 전하는 그와
같은 설교요, 그 강론을 듣고 싶어할
사람이 어디 있느냐?
18 그러니 거기에 젖어 있고 빠져 있는
자들에게 아무리 다시 가르치려 해도

그를 받아들이고 또 받아들이지 못하
느니라.
19 그러니 너희들이 그와 같이 어린아이
가 부모로부터 흰색이 붉은색이라고
배웠으니, 아무리 부모보다도 다른 사
람이 더 똑똑하며 더 아는 것이 많으
며 훌륭한 사람이 있다는 것을 알았을
때, 그때 남의 말을 조금씩 듣기 시작
할 것이니, 그리하여 흰 것이 흰 것이
라 할 때 그는 바로 그 생각을 돌릴 수
있듯이,
20 지금 나의 새로운 성경이 세상을 다
덮어 만백성이 읽고 깨우치며 그를 보
지 아니하면 아니 될 정도로 너희들이
세상에 하얀 눈처럼 다 덮었을 때,
21 그들이 이리도 읽어 보고 저리도 읽어
보며 이 사람한테 듣고 저 사람한테
들어도 나의 새로운 성경이 나 여호와
의 뜻이라 하여, 그들이 그때 가야 그
를 깨우치고 바라볼 수 있는 그와 같
은 형국이 됨이니라.
22 그러니 160권의 새로운 성경을 만드
는 데 너희들이 최선을 다하며 이를
가지고 만백성에게 전하는 데 최선의
노력을 다하라.
23 그리했을 때 이제는 모든 백성들이 나
의 새로운 성경이 맞다고 할 때, 종교
집단의 지도자에게 세뇌되어 있으며
그 생각이 세뇌되어 있으며 정녕 돌이
킬 수 없는 그들이 돌아설 수 있는 그
와 같은 기회가 열림이니라, 사랑하는
나의 아들딸들아!
24 그날을 위해 최선의 노력을 다하라.

11,225 번째 하나님 말씀

2004년 5월 22일 05시 19분

1 사랑하는 나의 아들아!
2 "네, 아버님! 말씀하옵소서."
3 내가 너에게 기록하여 전하기를 무어
라 했느냐?
4 사도 바울이 정녕 인간의 한계가 있으
며 인간으로서 나 여호와의 뜻대로 역
사할 수 없다 그리하여 그는 '오호라
나는 곤고한 자로다.' 그가 그리 말했
으며, 저 자신을 탄식한 그와 같은 뜻
을 너희들은 무어라 말하였느냐?
5 너희들은 지키지 못하며 인간이기 때
문에 역사할 수 없다 한 사도 바울이
한 그 말을, 너희들은 '오호라 나는 역
시 할 수 있다, 오호라 나는 이룰 수
있다.' 그와 같은 마음으로 바꾸지 아
니하면 아니 된다 그리하지 않았더냐?
6 그와 같은 용기와 그와 같은 마음을
가지고 너희들이 역사하면 못 이룰 것
이 없다 하였음이니, 이제 나의 새로
운 성경을 가지고 깨우치는 선택된 나
의 아들과, 그리고 이를 보고 깨우치
는 만백성 너희들은 내가 기록하여 내
리는 그 무엇도 행하지 못한다 생각하
지 말라.
7 인간이기에 행할 수 없으며 인간이기
때문에 역사할 수 없다고 생각한다면
아무것도 이룰 수 없느니라.
8 그러나 너희들이 할 수 있으며 인간이
기 때문에 역사할 수 있다 생각한다
면, 그 모두를 너희들은 이룰 수 있는
것이니라, 사랑하는 나의 아들딸들아!
9 이제 믿음의 길을 가는 나의 아들을

따르는 제자 너희들은 나의 뜻을 지키겠다는 것도 중요하나, 그보다 더 중요한 것이 무엇인 줄 알겠느냐?

10 나의 뜻을 지키겠다는 그와 같은 생각보다는, 너희들이 말없이 노력하는 중에서 하나하나 실천해 가는 그와 같은 믿음이요, 삶을 살아가는 것이 더 중요함을 알라, 사랑하는 나의 아들딸들아!

11 너희들이 살아가는 그 환경에서 그 삶에서, 어떠한 여건에서든지 너희들이 내가 내리는 계명을 지키라는 것, 새로 내리는 성경에 기록되어 있는 그 모든 내용을 너희들이 실천하는 것이 더 중요하며, 실천하는 행동으로써 살아가는 것이 가장 귀함을 알라.

12 하나하나 조용히 말없이 실천하는 그 삶이 중요한 것이지, 너희들이 나의 뜻을 지키겠다 말로써 울고불고하는 것은 아무런 의미가 없음이니라.

13 그리해 가지고는 너희들은 갈 수 없음이니라.

14 이제 너희들은 모든 것을 다 나 여호와의 뜻대로 지키겠다는 그러한 생각보다도, 말없이 너희들이 하나하나 실천해 나가는 그 행동이요, 그 삶이 가장 중요함을 알라, 나의 아들딸들아!

15 너희들이 그리하여 하나하나 실천해 나갈 때 너희들이 모두를 다 이룰 수 있을 것이며, 너희들이 나로부터 받을 상이 있음을 알라.

16 실천하지 아니하면서 행하지 아니하면서 너희들이 말로만 모두를 역사하는 것은 아무것도 이루어질 수 없음이니라.

17 오늘의 모든 종교 집단의 지도자 그들의 믿음이 말로 믿음이요, 말로써 모두를 다 주고받고 모두를 역사하니, 그들의 손에 남는 것이 없음이니라.

18 그와 같은 믿음으로써는 너희들은 아니 되느니라.

19 이제 너희들은 나의 뜻을 지키겠다는 그와 같은 약속이요, 지킨다는 그와 같은 말보다도, 너희들이 스스로 하나하나 실천하는 그와 같은 삶을 살도록 그리하며,

20 너희들은 새로운 성경이요, 또한 구약이요, 신약에 기록되어 있는 그 모든 것들을 두렵고 무서워서 인간이기 때문에 할 수 없다 그와 같은 변명을 하지 말고, 너희들이 할 수 있다는 생각을 가지고 대들면 되느니라.

21 사도 바울이 느끼고 그 한계를 느꼈던 그것이 인간이 넘을 수 없는 한계요, 그것이 최종의 한계라 너희들은 그와 같은 나약한 생각을 하지 말라.

22 그러면 너희들은 아무것도 이룰 수 없음이니, '오호라 나는 할 수 있는 백성이라' 너희들이 그와 같은 용기를 가지고 모두를 역사하도록 하라는 것을 내가 다시 한 번 너희들에게 그리 전함이니,

23 이를 듣고 그와 같은 마음의 다짐을, 그리고 용기를 갖고 모두를 행하도록 그리하라.

11,226 번째 하나님 말씀

2004년 5월 22일 05시 22분

1 사랑하는 나의 아들아!

2 **"네, 아버님! 말씀하옵소서."**
3 사랑이 곧 나의 본체요, 그리고 내 마
지막 열매라 내가 너희들에게 그리 말
하지 아니하였더냐?
4 그러니 인간 세상에 살면서 너희들이
천 가지 만 가지를 실천하며 나에게
오르겠다고 울고불고 그와 같은 행동
을 하기 전에,
5 너희들은 사랑 하나를 실천하는 그와
같은 삶을 사는 백성이라면 곧 무엇
이더냐?
6 나 여호와의 뜻을 너희들이 이루는 것
이며 나의 뜻을 이루어 가는 백성이니
라.
7 그러니 그게 바로 나에게 오를 수 있
으며 구원을 받을 수 있는 백성이라
는 것을 내가 너희들에게 전함이니,
이를 명심하고 또 명심하도록 그리하
라.
8 사랑을 실천하며 너희들이 사랑으로
써 모두를 살아가며 모두를 역사하는
백성, 그는 곧 나의 백성으로서 나의
뜻을 실천하고 행하는 자니, 그가 바
로 나에게 오를 수 있다는 것을 잊지
말라.
9 사랑을 행하지 아니하면 너희들 자신
이 아무것도 이루어질 수 없으며 얻을
수가 없음이니라.
10 나 여호와의 본체인 것을 너희들이 저
버리고, 내가 거둬들이는 열매를 저버
리고, 과연 너희들이 어찌하여 나에게
올 수 있으며 구원을 받을 수 있단 말
이더냐?
11 천 가지 만 가지 너희들이 재물을 바
치고 울고불고하는 그와 같은 것은
다 부질없느니라.
12 너희들이 모든 백성을 사랑하며, 사랑
하는 마음으로써 충만되어 있을 때,
그것이 곧 나의 백성이요, 내 뜻에 의
해 살아가는 자요, 내 뜻대로 행하는
백성이요, 그리하여 그와 같은 백성은
이미 구원의 길에 든 백성이라는 것을
알라.
13 사랑을 행하지 아니하면서 너희들이
내 뜻을 이루겠다, 그리고 내 뜻에 따
르겠다 말하는 자, 그리고 내 뜻대로
모두를 다 바쳐 살아가며 너희들은 구
원을 받은 백성이라 하는 자,
14 너희들이 손에 넣은 것이 없으며 네
앞에 남은 것은 아무것도 없다는 것을
너희들은 이 뜻을 명심하도록 그리하
라.

11,227 번째 하나님 말씀

2004년 5월 22일 05시 27분

1 사랑하는 나의 아들아!
2 **"네, 아버님! 말씀하옵소서."**
3 지금의 믿음의 길을 가는 그 백성들이
나의 아들 예수가 재림하여 너희들을
구원하는 그와 같은 역사가 이루어진
다 하며, 또는 나 여호와가 직접 내려
와 너희들을 구원하는 역사가 이루어
지든, 새로운 보혜사요, 새로운 성경
이 세상에 내려와 너희들을 구원하든,
어떠한 너희들을 구원하는 그와 같은
역사를 이룬다 해도,
4 너희들은 여기서 깨우치고 가야 할 것
이 있느니라.
5 아무리 그와 같이 위대한 역사가 이루

어진다 해도 너희들은 거기에 관계되
는 자, 거기에 자격이 있는 자가 되지
아니하면 아니 되느니라.
6 예수가 재림을 한다 하여 너희들이 무
조건 믿기만 하는 그와 같은 백성들
을 구원하며 너희들이 거듭나는 세상
으로 인도하여 감이 아니라,
7 너희들의 삶이 청결한 삶을 살지 못
하는 자는 해당되지 아니하며, 죄를
행하고 사는 자, 그리고 죄의 두려움
을 모르며 무서운 줄 모르고 사는 그
와 같은 백성, 그들은 아무런 관계가
없음이니 그리 알라 전하라.
8 나의 아들 예수가 다시 내려와, 너희
들이 지금의 새로운 성경이 세상에 내
려와 너희들을 깨우치고자 하든, 너희
들이 청결한 백성이 아니면 관계없으
며 아무런 의미가 없는 백성들이니,
9 너희들이 구원을 받는다, 거듭난다,
예수가 부활하여 너희들을 선택한다
는 그와 같은 부질없는 생각으로써 너
희들이 바른 삶을 살지 아니하고,
10 그저 죄를 짓는 것, 육의 세상에서 잘
못하는 것은 큰 죄가 아니며 그는 모
두가 다 용서받을 수 있는 것이요, 나
를 찾고 나의 아들 예수를 찾음으로
그 모두는 용서받을 수 있다는 그와
같은 생각을 너희들이 버리라.
11 이 세상에 살면서 너희들이 여기서 모
두가 청결하지 아니한 자, 죄의 두려
움을 모르는 자, 깨끗하지 아니한 자,
그와 같은 백성들은 나의 아들 예수가
오든, 내가 직접 너희들을 구원해 가
든, 선택해 데려가든, 지금 새로운 성
경이 내려와 너희들을 깨우치든,
12 그 모두가 다 너희들, 그와 같은 청결
치 못한 백성과는 아무런 관계가 없으
며 인연이 없으니, 너희들과는 관계없
다는 이 의미를 깊이 전하도록 그리하
라.
13 그리고 그들에게 깨우쳐 주라, 사랑하
는 나의 아들아!
14 어떠한 역사가 이루어지든 청결치 못
한 백성, 죄짓고 살아가는 자, 죄를 두
려운 줄 모르는 자, 거짓된 짓을 일삼
는 자, 그와 같은 자들은 그 역사와 아
무런 관계가 없는 것이라는 것을,
15 그러니 우선 청결한 삶부터 살아야만
저희들이 변화의 역사가 있을 때 구원
을 받을 수 있다는 것을 전해 주라.

11,228 번째 하나님 말씀

2004년 5월 22일 05시 30분

1 사랑하는 나의 아들아!
2 "네, 아버님! 말씀하옵소서."
3 가장 낮은 사람이란 무엇이더냐?
4 자기를 낮추고 낮춘 삶을 사는 것은,
자신의 존재를 지워 버리고 사는 사람
이니라.
5 자신을 의식하지 아니하며 자신의 존
재 가치를 지워 버리고 사는 백성, 그
와 같은 삶을 사는 백성이 가장 낮은
자임을 알아야 될 것이니라.
6 그리 사는 자들이 어떠한 삶을 사는
것이더냐?
7 제일 높은 지혜요, 하늘의 뜻을 많이
알고 있는 백성, 그가 바로 낮은 자임
을 너희들은 알라.
8 나 여호와가 가장 낮은 자라는 것은,

하늘의 뜻이요, 내 뜻을 알며, 참진리
의 길을 많이 아는 백성,
9 많이 알다 보면 너희들이 고개를 숙임
이니, 스스로 낮은 자로서 너희들이
존재하게 되어 있음이니라.
10 그리하여 너희들이 낮은 자가 되라는
것은 너희들이 하늘의 뜻을 많이 읽고
깨우쳐 그를 많이 아는 백성이 되라
함이니라.
11 그리고 무한정한 변화를 이루는 백성
이 되라 함이니라.
12 아는 자만이 낮은 자가 될 수 있음이
니라, 사랑하는 나의 백성들아!
13 하늘의 진리를 누구보다도 많이 아는
자가 낮은 자며, 그리고 경지가 높이
와 있어 세상을 내려다보는 그와 같은
안목을 가진 백성, 그와 같은 백성만
이 낮은 자가 될 수 있음이니라.
14 내가 성서에 기록하여 전하기를 너희
들이 으뜸이 되고자 한다면 종이 먼저
되어야 한다 그리하지 아니하였더냐?
15 으뜸이 되는 자는 종의 자세로 살아가
는 자라 했음이니라.
16 그러니 지금의 모든 백성들이 가장 낮
은 자로서 살아가는 것은, 나의 새로
운 성경을 너희 것으로 많이 만들어
너희들이 기억하고 또한 그대로 행하
고 실천하는 그와 같은 사람이 되라.
17 그러면 너희들이 스스로 낮은 자가 됨
이니, 내가 낮은 자가 되라는 것은 하
늘의 뜻을 많이 아는 백성이 되라 하
는 의미임을 알라 그리 전하라.

11,229 번째 하나님 말씀

2004년 5월 22일 06시 01분

1 사랑하는 나의 아들아!
2 "네, 아버님! 말씀하옵소서."
3 지금의 모든 종교 집단이요, 그들이
바로 무엇인 줄 알겠느냐?
4 기초가 잘못되었음을 알아야 될 것이
니라.
5 기초가 잘못된 곳에 너희들이 집을 지
음은 무엇이더냐?
6 기초가 잘못된 곳에 집을 짓는 것은
너희들이 모래성 위에 집을 짓는 것과
같으니라.
7 결국 그는 무너지고 부서진다는 것을
너희들이 잘 알고 있음이니, 오늘의
모든 종교 집단의 지도자 그들이 가고
있는 그 모두가 너희들이 모래성 위에
집을 지은 그와 같은 형국으로 되어
있음을 알아야 될 것이니라.
8 그리하여 내가 나의 아들을 통하여
160권의 새로운 성경을 내려보내 새
역사요, 새 시대를 열어 가는 것은 무
엇이더냐?
9 나의 뜻을 너희들이 받아 반석 위에
집을 짓는 지혜 있는 백성으로 만들고
자 함이니라.
10 그리고 반석 위에 너희들이 단단한 집
을 짓는 것, 그것이 바로 나의 뜻을 이
세상에 전하며 만백성을 구하는 그 역
사가 이루어지기 때문이니라.
11 그리하여 기초를 다시 다져 나가는 그
와 같은 역사를 하고 있음을 너희들은
알아야 될 것이니라.
12 나무라는 것이 무엇이더냐?

13 뿌리가 단단하지 못하면 결국 비바람
에 의하여 견디지 못하며 그가 뽑혀
나가게 되어 있음이니라.
14 그러니 뿌리가 확고하지 못한 나무는
결국 뽑힐 수도 있으며, 또한 그 나무
는 양분을 제대로 공급하지 못함이니,
원하는 열매가 단단한 결실이요, 인간
이 거둬들일 수 있는 그와 같은 열매
를 절대 열 수 없는 것이니라.
15 그러니 너희들이 열매를 열 수 없는
그와 같은 나무처럼 오늘의 종교 집단
의 지도자들이 뿌리가 견고하지 못하
며,
16 그리고 너희들이 반석 위에 집을 짓는
그와 같은 역사를 하지 못하고 모래성
위에 집을 짓는 자이니,
17 기초가 잘못되었으며 기초가 흔들리
고 기본이 되어 있지 아니함이니라.
18 그러니 종교 집단 지도자요, 만백성을
구한다는 너희들이 불의와 타협해서
도 안 되며, 길이 아니면 가지 아니하
는 것,
19 목숨을 바친다 해도 너희들이 정의가
아니며 정의롭지 않은 일은 절대 행해
서는 아니 되는 그와 같은 종교 지도
자, 너희들이 그와 같은 백성으로서
나의 피조물 만백성들을 몇천 년 동안
이끌고 왔다면 오늘은 지상의 낙원이
되었을 것이니라.
20 그리고 새로운 성경이요, 160권이라
는 이 책이 세상에 나가지도 아니하였
을 것이니라.
21 그 확고하고 정의로움 앞에 목숨을 던
져 지키고 가야 할 종교 지도자들이
재물이라는 것에 눈이 어두워 금화와
은화 앞에 너희들이 그저 수시로 마음
이 변질되며 그 앞에서도 지키지 못하
는 그와 같은 어리석은 백성들이 되어
버렸느니라.
22 그것이 오늘의 지도자상이요, 너희들
이 구원을 받았다 하는 백성들이니라.
23 그러니 너희들이 권력 앞에 아부하고
변질되며, 불의를 척결하는 것이 아니
요, 불의와 타협하여 너희들이 물 흐
르듯이 흘러가는 그와 같은 삶을 살며,
24 나 여호와의 눈을 속이며 내 마음을
아프게 하고 있는 것이 너희들이니라.
25 더욱이 타협해서는 안 되고 협조해서
는 안 되는 불의 앞에 너희들이 재물
이라는 것을 거둬들이고 재물을 취할
수만 있다면 그들과 협조하며 모두를
다 너희들은 그와 같은 행위를 하고
살아가느니라.
26 그러면서 너희들이 용서받지 못할 행
위를 하면서도 나를 두려워하지 아니
하며 나를 무서워하지 아니하느니라.
27 종교 집단의 지도자요, 만백성을 구한
다는 나로부터 기름 부음을 받은 자
요, 사명을 받았다는 목자라는 자들이
정의로움에 목숨을 바치는 것이 아니
요,
28 재물 앞에 너희들이 그 욕심 때문에
마음이 변질되며, 권력 앞에 변질되
며, 능력 있는 자에게 사주를 받으며
타협하고 비진리와 협조하며,
29 그와 같이 흉악한 짓을 하고 있는 것
이 오늘의 너희들이 뿌리가 없는 자
요, 그리고 흔들리는 모래성 위에 집
을 짓고자 했던 종교 집단의 지도자
너희들의 형태이기 때문에,

30 이를 내가 바로잡기 위하여 지금의 새로운 160권의 성경을 내보내 너희들이 뿌리를 확고히 내리며, 그리고 반석 위에 집을 짓는 그와 같은 너희들을 만들고자 오늘의 이 역사가 이루어짐을 알라 그리 전하라.

11,230 번째 하나님 말씀

2004년 5월 22일 06시 06분

1 사랑하는 나의 아들아!

2 "네, 아버님! 말씀하옵소서."

3 너희들이 평생을 바쳐 가고 있는 그 믿음의 길이 무엇이며 그 목적이 무엇이며 너희들이 신앙의 생활을 왜 하느냐?

4 그것은 너희들이 사랑이라는 위대한 그 열매를 맺기 위하여 그와 같은 길을 가고 있지 않은가?

5 사랑의 완벽한 열매를 맺을 때 나 여호와가 거둬들임이니, 너희들이 신앙이요, 믿음이요, 그 많은 시간과 그 모든 재물을 사탄에게 바치고 너희들이 가는 그것, 그 모두가 너희들이 사랑의 열매를 맺기 위한 것이 아니더냐?

6 그러니 너희들이 오늘의 그 믿음의 생활에 중요한 것이 바로 사랑의 열매를 맺는 것이니,

7 너희들이 진정한 참진리요, 지도자를 만나 갔을 때, 잘 가꾸고 다스리는 그와 같은 보살핌이 있을 때, 너희들이 사랑의 열매를 맺을 수 있는 것이거늘,

8 지금 모든 종교 집단의 신도 너희들이 잘못된 사탄의 선생 앞에 배우고 있으며, 그들에게 '옳소, 맞습니다.' 하며 힘을 실어 주며 재물을 바치는 그와 같은 사악한 짓을 하고 있으니,

9 너희들이 그리 평생에 원하고 모두를 바쳐 가는 그 사랑의 열매를 맺는 것이 아니요, 사랑의 열매를 맺을 수 있는 나무의 뿌리를 뽑아버리며 가지를 치는 그와 같은 흉악한 행위를 하고 있다는 것을 알아야 될 것이니라.

10 그러니 오늘의 믿음의 길을 가는 너희들은 아무리 무어라 해도 너희들의 마지막 목표인 사랑의 열매를 맺을 수가 없다는 것을 명심하고 명심하도록 그리하라.

11 사랑의 실천을 위하여 너희들이 존재한다는 것, 그 열매를 맺기 위하여 너희들이 존재하거늘, 지금의 그 신도들이 과연 얼마나 사랑의 열매를 맺기 위해 살아가는가?

12 너희들은 너희 자신이 구원받겠다는 그 하나의 욕심, 그 마음 하나 가지고 모두를 다 살아가는 백성들이 아니더냐?

13 그러니 사랑의 열매를 맺을 수 있는 백성이요, 그 길을 가는 백성, 지금 나의 아들을 따르는 제자들은 무엇이더냐?

14 자신이 구원을 받는 것이 아니요, 자신 한 사람이 지옥으로 감으로써 많은 사람들을 구할 수 있는 그와 같은 길이 있다면 그를 주저하지 아니하며,

15 또한 그를 선택하는 것을 기뻐하는 마음으로 변화되는 백성, 바로 그들이 나의 사랑의 열매를 맺을 수 있는 백성이라는 것을 너희들은 알라.

16 지금 나의 아들을 따르는 제자들이 구

원의 길이요, 그것을 다 모두를 남에
게 양보함으로써 제가 지옥의 길을 선
택해 감으로써 만백성을 구할 수 있는
그 길이 있다면 그들은 주저하지 아니
하고 그 길을 갈 것이니라.
17 그것이 나 여호와가 베풀고자 하는 사
랑이요, 내가 이루고자 하는 사랑이라
는 걸 그들은 알기 때문이니라.
18 그러니 그들이야말로 사랑의 열매를
맺을 수 있음이니라.
19 지금의 믿음의 길을 가는 종교 집단
지도자 너희들이 구원하고 기도하는
그 소리를 들어 보라.
20 오로지 저 하나만의 구원이요, 저 하
나만 천당이요, 천국을 가겠다는 그와
같은 욕심의 울부짖음의 그 외에는 아
무것도 없음이니라.
21 그러니 그것이 사랑하는 백성이요, 사
랑을 실천하는 백성이며 양보하는 백
성들이요, 미덕을 가진 백성이라 그리
할 수 있겠느냐?
22 너희들은 사랑이라는 것은 생각도 할
수 없음이니라.
23 남들에게 양보하는 건 생각도 할 수
없으며, 남에게 너희들의 자리를 내주
는 것은 생각도 할 수 없는 너희들이
오늘의 그 믿음이니라.
24 죽어도 물러나지 아니하며 죽어도 양
보하지 못한다 너희들이 울고불고하
는 자들이니, 과연 너희들이 사랑의
열매를 맺을 수 있는 종교 집단이요,
오늘의 백성들이라 하느냐?
25 사랑이란 나의 뜻이요, 나에게 오를
수 있는 길이거늘, 그 모두를 너희들
이 직접 행하지 못하며 실천하지 못하
며, 말로써만 사랑을 행하고 나의 뜻
에 의해 살아간다며 울고불고하는 백
성 너희들은 다시 한 번 지금 깨우치
지 아니하면 아니 되며,
26 너희들에게는 두 번 다시 기회가 없으
니, 나의 새로운 성경을 너희들의 생
명보다 더 소중히 가슴에 안고 정독하
고 읽고 또 읽어 깨우쳐 하늘에 오르
는 영광을 얻도록 하라.
27 두 번 다시 기회가 없음이니라.

11,231 번째 하나님 말씀

2004년 5월 22일 06시 12분

1 사랑하는 나의 아들아!
2 "네, 아버님! 말씀하옵소서."
3 나의 사랑하는 백성 너희들이 결국 무
엇이더냐?
4 사랑의 열매를 너 스스로 네 것을 여
는 것, 맺도록 하는 것이 가장 중요한
것이며 너희들의 모든 삶이라 하지 아
니하였더냐?
5 그러니 나의 사랑하는 피조물 만백성
을 구원한다는 종교 집단의 지도자요,
그리고 구원을 받았다는 그 맹종 맹신
하는 신도, 너희들이 사랑이 없는 설
교요, 사랑이 없는 가르침이요, 사랑
이 없는 강론이요, 사랑이 없는 복음
의 전함은, 너희들 스스로 너희들이
다툴 때마다 소리를 울려 대는 그 악
기라는 것, 그것과 너희들이 무엇이
다르던가?
6 그러니 너희들이 생명력이 없으며 거
기서 살아 있는 복음이 아니라, 움직
이는 대로, 요구하는 대로 그저 소리

를 내는 그 악기와 같은 아무런 의미
가 없으며 생명력이 없는 것이라는 것
을 너희들은 알아야 될 것이니라.
7 그리하여 너희들은 밀림에서 울부짖
는 짐승들의 소리에 불과한 것이며,
너희들이 아무런 의미가 없음이니라.
8 그러니 지도자라는 것은 강론을 하며
설교를 하며 나의 피조물 만백성을 다
스려 하늘에 오르는 길로 인도한다는
자,
9 너희들은 사랑이 충만한 그와 같은 설
교요, 강론이요, 그 마음으로써 모두
를 역사하지 아니하면 아니 됨이니라.
10 그러니 너희들이 모든 백성을 사랑으
로써 다스리며, 또한 너희들도 사랑을
실천하며 사랑 속에서 살아가는 백성
이 되어야 함을 절대 잊지 말라.
11 그러니 너희들이 그와 같은 믿음이요,
그와 같은 실천하는 삶이 아니면 아니
되느니라.
12 내가 너희들에게 무어라 가르쳐 전했
느냐?
13 믿음과 소망과 사랑 그중에 너희들에
게 가장 위대한 것이 무엇이라 말하였
느냐?
14 그게 바로 사랑이 그중에서도 제일 으
뜸이라 내가 하지 않았더냐?
15 그러니 사랑이 얼마나 위대한 것인가
를 알라.
16 너희들이 이 세상에 존재하는 것도 사
랑의 결실을 맺기 위하여 세상에 내보
내진 그와 같은 백성이라는 것을 잊지
말도록 하라, 사랑하는 나의 아들딸들
아!

11,232 번째 하나님 말씀

2004년 5월 22일 06시 17분

1 사랑하는 나의 아들아!
2 "네, 아버님! 말씀하옵소서."
3 사랑이라는 것이 무엇이더냐?
4 내가 너희들에게 사랑의 찬양을 하라
하였음이니, 너희들이 사랑의 그 의미
가 무엇이더냐?
5 '사랑은 언제나 오래 참고, 사랑은 언
제나 온유하며, 사랑은 시기하지 아니
하며, 자랑도 교만도 아니 하며, 사랑
은 모든 것 감싸 준다.' 하지 아니하였
더냐?
6 '사랑은 무례히 행치 않고, 자기의 유
익을 구치 않고, 사랑은 성내지 아니
하며 진리와 함께 기뻐하며, 사랑은
모든 것 감싸 주고 바라고 믿고 참아
내며, 사랑은 영원토록 변함없는 것이
라' 하지 아니하였더냐?
7 '믿음과 소망과 사랑은 이 세상 끝까
지 영원한 것이며, 믿음과 소망과 사
랑 중에 그중에 제일은 사랑이라, 그
중에 제일은 사랑이라'
8 내가 너희들에게 전하여 이를 찬양토
록 하였음이니,
9 사랑의 그 의미를 너희들이 깊이 깨우
쳐 행하도록 그리하라.
10 사랑하는 나의 아들아!
11 이 세상에서 아무리 큰 역사를 이루며
행했다 하더라도, 사랑으로써 이루어
진 것이 아니며 사랑으로써 다져진 것
이 아니라면, 모두가 다 인간의 사업
수완으로써 이루어진 것이며, 인간 세
속에서 끝나는 그것으로써 이루어짐

이니라.
12 그러니 영원한 나의 사랑 속에서 이루
어지는 것과 인간 세속의 인간의 생각
이요, 인간의 사업으로써 이루어지는
것은 무엇이더냐?
13 부서지고 파괴되며 버릴 수 있으며 잃
을 수 있는 것이 너희들 인간 세상에
서 이루어지는 것이니라.
14 그러니 너희들이 이 세상에 아무리 큰
것을 역사했다 해도 나 여호와의 사랑
으로써 그 바탕 위에서 이루어진 것이
아닌 것은 언제나 무너지고 부서지며
너희들이 잃을 수 있으며 빼길 수 있
는 것이니라.
15 그러니 너희들이 사랑으로써 이루어
진 것이 아니면 나와 관계없다 함을
알아야 될 것이니라.
16 사랑하는 나의 아들딸들아!
17 나의 뜻에 의하여 역사하는 것이 아니
라, 너희가 모두를 나의 뜻에 의하여
주관된다는 것을, 너희들은 진정 나의
뜻이요, 나의 사랑으로써 행하고 역사
하고자 하는 마음속에서 역사해야만
함을 알아야 될 것이니라.
18 너희들은 나의 뜻에 의하여 역사한 것
이 아니라 너희들이 모두를 나의 뜻에
의하여 주관된다는 것,
19 그리고 진정한 나의 뜻이란 사랑이라
는 것을 행하고 실천하고 역사한다는
것, 그와 같은 마음속에서 너희들이
모두가 살아가며 모두가 행해여진다
는 것을 절대 잊지 말도록 하라, 사랑
하는 나의 아들딸들아!
20 너희들이 이 세상에 살아가면서 작고
크게 이루어지는 것, 그 모두가 다 너
희들은 나 여호와의 뜻에 의해 내 주
관하에 이루어진다 하나, 너희들은 여
기서 깊이 깨우치라.
21 너희들은 모두가 나의 뜻에 의하여 주
관되며 역사하고 진행된다 그리 말하
나,
22 너희들이 나의 뜻이란 사랑으로써 행
하고 역사하고자 하는 그 마음속에서
이루는 것만 바로 내 뜻에 의하여 이
루어지며, 모두는 나의 주관하에서 이
루어진다 말할 수 있음을 너희들은 알
라.
23 사랑하는 마음이요, 사랑하는 그 마음
속이 아니요, 사랑하는 너희들의 그
근본의 바탕 위에서 이루어지지 아니
하는 것은 나의 뜻이요, 내가 역사하
는 뜻이 아니라는 것을 그 제자들에게
깨우쳐 주라.
24 그러니 너희들이 나의 주관하에 이루
어지며 나의 뜻에 의해 모두가 이루어
진다는 것은, 나의 사랑의 근본이요,
그 바탕 위에서 그 뿌리 위에서 모두
가 역사하는 것이니,
25 나의 사랑을 너희들이 행하지 아니하
며, 사랑을 너희들이 생각하지 아니하
며, 사랑의 바탕 위에서 이루어지지
아니하는 것은 모두가 나의 뜻이요,
나의 주관하에 이루어지는 것이 아니
라는 것을 그들에게 전하라.

11,233 번째 하나님 말씀

2004년 5월 22일 06시 24분

1 사랑하는 나의 아들아!
2 **"네, 아버님! 말씀하옵소서."**

3 내가 구약과 신약의 시대가 모두 지
나, 이제는 마지막 제3의 시대라 하였
음이니라.
4 그러니 제3의 시대, 마지막 시대에 필
요한 것은 무엇인 줄 알겠느냐?
5 정녕 필요한 것은 지금 내가 나의 아
들을 통하여 내리는 새로운 성경이요,
그 성경의 가르침이요, 나의 아들을
통하여 내리는 강론만이 중요함을 알
아야 될 것이니라.
6 그러니 나의 성령이요, 가르침만이 있
으면 너희들이 하늘에 오를 수 있으며
결실을 얻을 수 있다는 것을 잊지 말
라, 사랑하는 나의 아들딸들아!
7 너희들이 먹고사는 그 곡식을 가꿈에
있어서 그 곡식이 결실을 얻을 때까지
그 성장하는 과정은 여러 가지요, 수
없이 많은 것들이 필요하지 않더냐?
8 그들이 결실을 거둘 때까지는 얼마나
많은 것이 필요하더냐?
9 그러나 너희들이 농사를 지어 그 추수
를 하여 결실을 거둘 때 무엇이 필요
하더냐?
10 맑은 날씨요, 태양이 있으면 되는 것
이 아니더냐?
11 빛만 있으면 모두가 되며 맑은 날씨가
있으면 모두가 이루어지는 것이 너희
들이 추수 때에 필요한 것이니라.
12 그러니 너희들이 지금 바로 어떠한 형
국인 줄 알겠느냐?
13 구약과 신약의 그 과정은 너희들이 곡
식을 가꿀 때 필요한 것처럼 그 모두
가 필요한 과정이었느니라.
14 그러니 나의 구약과 신약의 성경이 필
요하였으며, 그리하여 그것이 모두가
존재하였음이니라.
15 그러나 이제 마지막 시대의 결실의 시
대는 새로 내가 내리는 성경, 그것이
필요하며, 그리하여 내가 너희들에게
그것을 내리게 되었다는 것을 알아야
될 것이니라.
16 사랑하는 나의 아들딸들아!
17 너희들이 그 곡식을 가꿔 추수를 할
때까지 얼마나 많은 것들이 필요하더
냐?
18 물이 필요하며 양분이 필요하며 퇴비
가 필요하며 너희들이 가꿔 주고 또
다스려 주며 버릴 가지요, 다듬어 줄
가지요, 그리고 모든 과정이 거기는
필요한 것이니라.
19 그리하여 모든 과정을 겪고 난 다음에
너희들이 그 모두가 공급되어 제대로
역사했을 때, 너희들은 그 추수 때의
알곡식을 갖게 되는 것이니,
20 그 알곡식을 거둬들이는 때는 맑은 날
씨만이 필요한 것이라 내가 너희들에
게 하지 않았더냐?
21 그러니 지금 모든 과정을 거쳐 온 것
이 구약과 신약의 시대요, 이제 결실
이요, 너희들이 열매를 거두는 그와
같은 시대가 되었음이니라.
22 그러니 마지막 이 시대는 바로 내가
내리는 새로운 성경이요, 나 여호와의
말이요, 너희들이 말하는 전지전능한
창조주 아버님의 말씀만 내려오면 된
다 하듯이,
23 너희들에게 나의 성령을 세상에 내려
보내니, 지금 바로 160권의 새로운 성
경만이 너희들에게 필요한 것이요, 이
것만을 가지고 너희들이 공부하고 읽

고 깨우치면 그 모두를 다 역사할 것
이니라.
24 마지막 너희들이 곡식을 거둘 때 맑은
날씨요, 태양의 빛이 필요하듯이, 바
로 그 태양의 빛이요, 맑은 날씨가 나
의 160권의 새로운 성경이라는 것을
잊지 말라.
25 그러니 내가 너희들에게 말했듯이 지
금 마지막 시대에 필요한 것은 160권
의 새로운 성경이면 모두가 다 역사한
다는 나의 뜻을 너희들이 알게 될 것
이니라.

11,234 번째 하나님 말씀

2004년 5월 22일 06시 27분

1 사랑하는 나의 아들아!
2 "네, 아버님! 말씀하옵소서."
3 너희가 태어남이 무엇이더냐?
4 사랑하는 나의 백성 너희들이 세상에
나로부터 생명을 받아 태어난 것은 사
랑을 위하여 너희들이 태어났음을 알
아야 될 것이니라.
5 사랑을 위해 태어난 그 뜻을 너희들은
깊이 알아야 될 것이니라.
6 사랑하기 위하여 너희들이 세상에 태
어났으며, 사랑을 하기 위하여 너희들
이 내 은혜 속에서 축복 속에서 세상
에 태어났음을 알아야 될 것이니라.
7 그와 같이 사랑을 위하여 사랑을 행하
기 위하여 태어난 나의 백성들이 사랑
을 행하고 실천하지 아니한다면,
8 너희들이 사는 의미가 무엇이 있으며,
생명을 받아 나간 그 뜻이 어디 있으
며,
9 너희들이 과연 그와 같은 삶을 삶으로
써 나의 은혜에 보답하는 길이요, 창
조주 나의 아들딸이라 너희들이 말할
수 있느냐?
10 너희들은 사랑을 위하여, 사랑하기 위
해 태어난 백성들이니 이를 명심하라.
11 사랑하는 나의 아들딸들아!
12 너희들이 나에게 오르는 것, 내 품에
올 수 있는 것은 너희들이 사랑하는
마음으로 살아가는 것만이 나에게 올
수 있는 것이라는 것을 알라.
13 사랑하는 마음만이 너희들이 나에게
속한 백성이라는 것을, 그리고 나의
뜻에 의한 삶을 살 수 있다는 것을, 그
리고 나에게 올 수 있다는 것을, 이를
명심하도록 그리하라, 사랑하는 나의
아들딸들아!
14 사랑하는 자만이 나를 볼 수 있으며
내 뜻을 들을 수 있으며 내가 역사하
는 것을 알 수 있음이니라.
15 그러니 내 음성을 들으며 내 뜻을 알
며 내가 역사하는 것을 아는 백성, 그
백성만이 나에게 올 수 있으니, 사랑
을 행하고 실천하고 살아가는 백성만
이 나에게 올 수 있음을 알라 그리 전
하라.

11,235 번째 하나님 말씀

2004년 5월 22일 06시 29분

1 사랑하는 나의 아들아!
2 "네, 아버님! 말씀하옵소서."
3 결실의 때에는 너희들이 알차게 익은
곡식이요, 그 열매는 거둬들이며, 모
든 가지요, 뿌리요, 그리고 몸통은 다

버려지는 것이 아니더냐?
4 지금의 마지막 시대에 필요한 것은 바
로 무엇인 줄 알겠느냐?
5 내가 내린 새로운 성경만이 있을 뿐이
요, 그것만 있으면 너희들이 모두 구
원을 받을 수 있음이니라.
6 그러니 너희들이 지금까지 몸통이요,
그 역사를 했던 그 모두는 다 지워 버
려야 될 것이니라.
7 거기에 너희들이 얽매이며 거기에 매
달려 그를 가지고 시시비비하는 그와
같은 길을 가면 아니 됨이니라.
8 이제 너희들이 심어졌으며 가꿔졌으
며 그와 같이 모두 너희들이 역사하
여, 필요한 것은 다 공급하여 지금 잘
성장하여 열매를 거두는 그와 같은 시
대라 하면, 너희들은 열매를 거둘 때
필요한 것만이 필요하니라.
9 지금의 너희들이 거듭나는 것, 구원의
길이요, 나에게 오를 수 있는 것, 오르
지 못하는 그와 같은 심판은 너희들이
나의 새로운 성경을 접하여 읽고 깨우
쳐 공부하는 것,
10 그것만이 너희들에게 필요한 것이요,
그것으로써만이 너희들이 구원을 받
고 못 받는다는 이 엄연한 사실을 명
심하도록 그리하라.
11 그러니 너희들이 지금 마지막 시대에
필요한 것은 새로운 성경이니, 이를
접하지 아니하고 읽지 않는 백성은 심
판대에 설 수도 없으며, 내 뜻을 알 수
없으며, 내가 원하는 것을 알 수 없으
며, 내가 이루고자 하는 것을 알 수 없
기 때문에,
12 너희들이 나와 관계없는 백성이라 함
을 깊이 깨우쳐 너희 것으로 만드는
현명함이 없이는 아니 될 것이니라.

11,236 번째 하나님 말씀

2004년 5월 22일 08시 42분

1 사랑하는 나의 아들아!
2 "네, 아버님! 말씀하옵소서."
3 수천 년 동안 지금까지 믿음의 길을
온 그 백성들이요, 종교 집단의 지도
자, 그들이 다 저희들만이 하늘에 오
르는 길을 역사한다 그리 말하느니라.
4 그리고 다른 종파의 모두는 다 너희들
이 말하는 이단이요, 사탄이라 하여
지금 몇천 년 동안 너희들이 단상에
서서 그리 가르치고 그리해 왔느니라.
5 그러니 너희들이 이웃과 단교하며 이
웃과 문을 닫고 살며, 부모·형제지간
에도 믿는 종파요, 믿음이 다르면 문
을 닫고 그와 같이 살아가는 것으로써
지금 만들어 놓은 것이 너희들의 오늘
의 사악한 행위 중 첫 번째 가는 죄악
이니라.
6 그러면서 너희들은 무어라 하느냐?
7 정녕 진정한 믿음의 길을 갔으며 만백
성을 구한다는 너희들이 성경에 구심
점을 두고 성경에 매달려 모두가 나의
뜻대로 역사하고자 했더라면, 오늘과
같이 험악한 세상은 없을 것이니라.
8 성서에는 너희들 형제지간에 화합하
지 못하는 자, 형제지간에 불화하는
자도 지옥 불에 간다 기록하였으니,
9 너희들이 성경에 구심점을 두고 성경
에 따라서 공부하며 내 뜻에 따라서
너희들이 변하는 그와 같은 역사를 해

왔더라면,
10 결코 너희들은 오늘과 같이 험악한 세
상이요, 형제에게 종파가 다르다 하여
남남이 될 수는 없음이니라.
11 내가 성경에 기록하여, 너희들이 재물
을 차려 놓고 나에게 제사를 올린다
해도 형제지간에 화합한 것이 없으며
너희들이 형제지간에 마음을 아프게
한 것이 있으면,
12 너희들이 가서 먼저 그들에게 모두를
풀고 오는 것이 제사를 드리는 자세라
했으니,
13 거기에 이방인이라 하여, 다른 종파의
길을 간다 하여 형제지간에 화합하는
것을 하지 말라 내가 그리 명시했더냐?
14 어떠한 형태든 너희들이 형제가 소중
함이니, 너희들이 형제지간에 불화한
것, 그를 먼저 풀고 나에게 와 경배하
고 제사를 드리라는 그 무서운 대목을
너희들은 어찌 알고 있느냐?
15 그러니 너희들이 성경을 중심으로 하
여, 성경을 구심점으로 해서 공부하고
깨우쳤다면, 그와 같은 것을 너희들이
지키고 살 것이며,
16 그걸 뒷전으로 밀어붙이고 지금과 같
은 믿음의 길은 결코 가지 아니하였을
것이니라.
17 인간 너희들의 욕심에 모든 구심점을
두고 너희들이 지금 믿음의 길을 왔으
며, 다만 나의 아들 예수와 나의 이름
을 너희들이 위장하여 간판을 내건 것
뿐이지,
18 내 뜻대로, 나의 아들 예수의 뜻대로
행한 것이 아니라, 인간 욕심의 구심
점으로 너희들이 모두를 이끌어 갔음
이니라.
19 그러니 하늘의 뜻은 알지 못하며 그
어렵고 힘들고 협착한 길을 가야 하는
참진리의 길을 연구하지 아니하였으
며, 성경에 숨어 있는 그 비밀 하나도
알지 못하고 그냥 지금까지 겉핥기로
너희들이 모두를 이끌어 왔음이니라.
20 그러니 자질이 없는 자요, 자질이 부
족한 자들이 선생이요, 목자라 하여,
더욱이 나로부터 기름 부음을 받은 자
요, 선택받은 자라 하여 단상에 서서
나의 수많은 백성들에게 사기극을 연
출하며,
21 배우로서 지금까지 그들을 웃기고 울
리는 그와 같은 행위를 하여 그 대가
를 거둬들이는 그와 같은 행위를 한
것이 바로 너희들이니라.
22 그리하여 나 여호와가 마지막 시대에
나의 새로운 성경대로, 나의 뜻대로
살아가는 그와 같은 백성들, 살고자
노력하는 백성들, 그들을 구원하며 그
들에게 내가 기회를 주고자 지금 내가
나의 아들을 통하여 160권의 새로운
성경을 세상에 내려보내는 대역사를
이루고 있음이니라.
23 너희들이 나를 볼 때, 과연 너희들이
어떠한 상태요, 어떠한 마음으로써 나
를 보고자 하며 나를 대하는가, 그것
을 너희들이 먼저 알아야 될 것이니라.
24 그리고 내가 너희들을 볼 때, 너희들
의 형태는 어떤 줄 알겠느냐?
25 너희들이 겉 포장만 화려한 것이니라.
26 그리고 빈껍데기요, 그 속에는 아무것
도 없는 빈껍데기의 신앙의 생활로 가
고 있느니라.

27 그러니 내가 성서에 기록하여 너희들
에게 회칠한 무덤 속에 있는 백성들과
같다 한 말을 너희들은 어찌하여 모른
단 말이더냐?
28 겉 포장만 화려하지 빈껍데기요, 속에
는 너희들이 아무것도 없으며, 믿음도
없으며 신앙도 없으며 참진리도 없는
그 길을 너희들이 하늘에 오르는 길이
라 지금 달려오고 있었음이니라.
29 그리하여 내가 불쌍한 너희들을 구원
하고자 나의 아들을 통하여 새로운 성
경을 내려보내며,
30 만백성이 이를 읽고 나의 새로운 성경
을 구심점으로 하여 모든 백성이 피부
색을 떠나, 지역을 떠나, 언어가 다른
것을 떠나 하나가 되는 그와 같은 대
역사를 이루어,
31 이 지상을 지상의 낙원으로 이루고자
하는 것이 나 여호와가 가고자 하며
내가 역사하는 것이라는 것을 알라,
사랑하는 나의 아들딸들아!

11,237 번째 하나님 말씀

2004년 5월 22일 08시 46분

1 사랑하는 나의 아들아!
2 "네, 아버님! 말씀하옵소서."
3 종교 지도자 그들이 나의 사랑하는 백
성 너희 앞에서 단상에 서서 뭐라 말
하느냐?
4 이 동양의 작은 나라가 새로운 역사
요, 새로운 믿음으로 모두를 역사하
며, 이 동양의 작은 나라에서부터 모
든 믿음이 다시 시작하며 새 역사를
이룬다,
5 그리고 예언자요, 또 깨달았다는 자들
이 그와 같이 각국에 있는 사람들이
말을 하며, 다른 민족들도 이 동양의
작은 나라의 그 신앙이 바로 거기서부
터 새로운 역사를 이루어야 한다 그와
같은 말을 듣는다 하느니라.
6 그러니 지금의 종교 지도자들이 그와
같은 말을 들으며 가슴이 뿌듯하며 감
사의 눈물을 흘렸다 그리 말하느니라.
7 그러면서 너희들은 그와 같은 것이 오
늘의 동양의 작은 나라요, 너희 민족
으로써 세상을 지배하는 종교요, 그리
고 그와 같이 거듭나는 역사가 이루어
진다 하느니라.
8 그러면서 너희들은 무어라 하느냐?
9 다 '나 자신이 그와 같은 사람이요, 나
자신이 그와 같이 선택받은 자요, 나
자신이 그와 같이 대명을 받은 자요,
우리 종교 집단이요, 지도자들이 속해
있는 곳만이 그와 같은 모든 세상을
지배하는 것으로써 역사한다.' 하니,
10 너희들이 똑같은 지금 가르침이요, 똑
같은 예배의 방법으로써 너희들보다
몇십 배 몇천 배 더 강대하고 그 조직
이 화려한 자들이 있거늘,
11 서로가 저희가 이 동양의 작은 나라에
서 새로 나오는 종교요, 새로운 믿음
이요, 그 역사요, 너희들의 가르침으
로써 이 세상을 지배하게 된다 하며,
12 서로가 제가 그와 같이 선택된 자라
하는 그와 같은 마음을 가지고 강론을
하고 있음이니,
13 어리석은 백성 너희들은 알라.
14 지금의 너희들과 같은 방법으로써는
아니 됨이니라.

15 지금 이 동양의 작은 나라가 선택된
나라이기에, 내가 나의 아들을 통하여
이 나라의 관습과 너희들의 습관이요,
그리고 너희들의 언어로써 내가 160
권의 대장정의 역사를 이루어 지금
세상에 나오기 시작하며 벌써 펼쳐지
고 있는 것이니,
16 너희들은 그를 도와서 가야 할 자요,
앞길을 쓸어 줘야 할 자요, 너희들이
앞에서 나의 새로운 성경을 읽고, 가
던 길을 멈추고 모두가 이 길을 따르
지 아니하면 아니 된다 하여 신도들
에게 나의 새로운 성경을 읽도록 해야
되거늘,
17 저희가 선택된 자요, 제가 책임자라
그리 말하면서, 절대 이 새로운 성경
을 읽지 말며 이 새로운 책자를 봐서
는 아니 되며, 여기에 가르침을 들어
서는 아니 된다 하니,
18 너희들이 성령을 훼방하는 죄를 짓고
있는 것을 알라.
19 너희들이 세상을 지배하는 자가 아니
요, 너희들 종교 집단이 지배하는 것
이 아니요, 너희들 이름으로써 모두가
통일되며 하나로 이루어지는 것이 아
니라는 걸 알라.
20 너희들이 흑색, 백색, 황색 할 것 없이
모든 백성들을 하나로 만들며, 그리고
언어를 하나로 통일시키며,
21 모두 새 역사요, 이 세상에 동양의 작
은 나라에서 새로 나오는 그 믿음이
요, 새 성경으로써 세상을 통일하고
지배하는 그 역사가 지금 벌써 추진되
고 있으며,
22 이제 160권의 마지막 책이 나올 날이
머지않은 이와 같은 대역사를 이루는
걸 모르는 자,
23 저희들이 책임자요, 저희들이 명받은
자라는 그 꿈에서 깨어나도록 그리 깨
우쳐 주라.

11,238 번째 하나님 말씀

2004년 5월 22일 08시 50분

1 사랑하는 나의 아들아!
2 "네, 아버님! 말씀하옵소서."
3 새로운 시대요, 새로운 역사가 이루어
지는 것은 무엇이더냐?
4 모두가 다 새롭게 시작함이니라.
5 그러니 지난 것도 다 너희들이 새롭게
시작하며 지난 모두도 새로 태어나기
위해 모두가 준비를 함이니라.
6 그러니 너희들이 믿음이요, 구약도 또
신약도 모두가 새로 태어나며 모두가
새로이 역사하느니라.
7 그들에게 내가 지금 감춰 놨던 그 비
밀의 문을 열며 그들에게 내가 비밀리
에 보관토록 했던 그 모두를 열어 줌
이니,
8 구약도 새로운 시대를 맞이하는 것이
며, 신약도 새로운 시대를 맞이하며,
또 나의 새로운 성경 또한 새로운 내
뜻으로써 역사함을 너희들은 알아야
될 것이니라.
9 나 여호와가 나의 아들을 통하여 구약
과 신약의 시대를 모두 다 덮는다 그
리하였음이니라.
10 그러니 너희들은 그와 같은 것에 반발
하느니라.
11 구약과 신약을 덮어 버리는 것은 말도

아니 되며, 어찌 그와 같은 말을 할 수
있는 것이냐, 그리하여 나의 아들을
사탄이요, 이단이라 그리 말하나,
12 너희들은 내가 구약과 신약을 덮는다
는 그 이치요, 의미를 모르느니라.
13 덮는다 하여 내가 구약과 신약을 버리
는 것으로 너희들이 생각하며 그리하
여 너희들이 반발하고 나서나, 그것은
그렇지가 아니하니라.
14 너희들은 들으라.
15 구약과 신약이 뿌리이며, 이 뿌리로
인하여 지금의 역사가 이루어지기 시
작하였으며, 내가 나의 아들을 통하여
새로운 성경을 세상에 전하는 역사가
이루어지는 것이 아니더냐?
16 다만, 내가 덮는다는 것은 그것이 아
니니라.
17 구약과 신약에는 너희들이 감춰진 비
밀을 알지 못하며 그를 깨닫지 못하기
에, 내가 새로운 성경에 구약과 신약
에 숨겨 뒀던 모든 비밀을 상세히 기
록하여 너희들에게 전함이니,
18 구약과 신약을 보고 너희들이 깨달으
려 몸부림치지 말고, 새로 내리는 성
경을 너희들이 보면 감춰 놓았던 비밀
이요, 모두를 풀어서 내가 너희들에게
전해 줌이니, 너희들은 그저 쉽고 간
단하고 편안하게 이를 읽고 깨우쳐 오
라는 것이지,
19 덮으라 했으니 지나간 것이요, 찢어
버리라 한 것이 아니요,
20 신약의 시대에 신약을 가지고 구약의
시대는 지난 것이라 하여 너희들이 그
리 던져 버리는 그와 같은 의미가 아
님을 알라, 사랑하는 나의 아들딸들아!
21 6천 년 동안 감춰졌던 비밀을, 나의
참뜻을 다 털어서 지금 내가 새로운
성경에 상세히 기록해 내려보내니, 너
희들이 누구든지 읽으면 알 수 있도록
내가 이리 만들어 전하는 것이 새로운
성경이 아니더냐?
22 그러니 새로운 성경을 가지고 공부하
고 연구하고 깨우치라는 뜻이니라.
23 너희들이 이를 가지고 연구하고 공부
하면 구약과 신약의 성서에 있는 내용
을 다 알 수 있으며 그를 들여다볼 수
있다 함이니라.
24 그리하여 내가 성서를 덮는다는 것이
지, 모두를 버리라고 하여 내가 너희
들에게 덮으라 함은 아니니라.
25 그러니 너희들이 나의 메시지를 받아
만백성에게 전하는 그 역사를 하는
것, 지금의 선택된 너희들이 얼마나
귀중하고 소중한 백성인지를 알아야
될 것이니라.
26 이제 너희들은 알았느냐?
27 내가 구약과 신약을 덮는다 하여 그걸
버리는 것이 아니요,
28 그리하여 새로이 내가 제3의 시대에
모두를 역사하는 것은 그 뜻과 너희
들의 행동과 나 여호와가 전한 것이
새것으로써만 역사한다 하지 말라.
29 그렇다면 나 여호와가 아니니라.
30 구약과 신약을 역사한 것도 나 여호
와요, 제3의 시대도 역사하는 나 여호
와요,
31 너희들이 말하는 창조주 아버지는 한
분이니,
32 나 혼자서 모두를 역사하고 전한 것이
어찌하여 지난 것이라 해서 잘못된 것

이며 오늘 것이 맞다 그리 말하느냐?
33 그러니 너희들이 알지 못하는 성경에
비밀로 되어 있는 것을 내가 다 풀어
서 전하니, 그 풀어 내리는 간단하고
편한 나의 새로운 성경을 읽고 깨우치
면 너희들이 모두를 알 수 있기 때문
에 너희들의 수고로움을 덜어 주는
것이라는 것을 알라, 사랑하는 나의
아들딸들아!

11,239 번째 하나님 말씀

2004년 5월 22일 08시 56분

1 사랑하는 나의 아들아!
2 "네, 아버님! 말씀하옵소서."
3 지금의 나의 새로운 성경이요, 그리고
그 모두를 역사하는 것은 무엇인 줄
알겠느냐?
4 너희들이 운명적으로 벗어날 수 없는
그와 같은 믿음의 길을 가는 그 백성
들, 그리고 구원을 받았다 울고불고하
는 그 백성들의 그 운명적인 길은 무
엇인 줄 알겠느냐?
5 나에게 오르는 길이 아니요, 저희들이
지옥의 벼랑으로 떨어지는 것이 그들
의 운명이요, 그들이 가야 할 길이니
라.
6 그리고 그들은 지금까지 온 그 모든
신앙의 믿음이 다 그 길을 걸어온 것
이요, 저희들이 그 길을 가기 위하여
신앙생활을 했음을 너희들은 알아야
될 것이니라.
7 그러니 신앙생활의 근본과 믿음의 길
이 무엇인가를 알지 못하고 가는 그
어리석은 백성들, 그리고 입으로만 모
두를 부르짖으며 모두를 역사했다는
자,
8 더욱이 하늘에 천국의 문을 열고 안
여는 것은 누구도 열 수 없는 그 고유
의 나 여호와의 권한에 도전하는 자
저희들이 그를 열고 들어올 수 있으며
저희들이면 무조건 열어 준다는 그와
같은 착각 속에 있는 그들의 신앙이니,
9 그러니 근본이요, 믿음의 자체요, 그
뜻이 무엇이며 가는 길이 무엇인지 그
것도 알지 못하고 그저 앞만 보고 달
려가는 자,
10 재물을 바치며 십일조를 바치며 헌금
을 바치고 울고불고하면 모든 구원을
받는다는 그와 같은 그 기본 틀도 모
르는 믿음 속에서 헤매는 그 불쌍한
백성들에게 내가 160권의 법전을 내
려보내는 것은 무엇이더냐?
11 이를 읽고 깨우쳐 저희들이 자신의 신
앙이요, 믿음의 길을 재조명해 볼 수
있는 그와 같은 기회를 주고자 내가
지금 이 어려운 역사를 하고 있음을
알라.
12 저희들이 이를 읽고 바로 서지 아니하
며 이를 비춰 보지 아니하면 결코 저
희들이 거듭날 수 없으며, 저 자신이
지금 어떠한 길을 가고 있는지 제 모
습을 볼 수 없는 것이니라.
13 사랑하는 나의 아들딸들아!
14 지금 모든 믿음의 길을 가는 그 백성
들은 나침반이 없어 표류하는 배와 같
으니라.
15 그러니 표류하는 배가 언제 태풍에 의
하여 휩쓸릴지 암초에 부딪혀 파산될
지 그것도 모르고 그저 흘러다니는 배

와 같은 것이 오늘의 종교 집단의 지
도자들이 끌고 가는 그 집단이요,
16 그곳에서 구원을 받았다 울고불고하
는 그 사탄이요, 사악한 자들에게 힘
을 실어 주기 위하여 온갖 재물을 다
바치며 지옥으로 먼저 가겠다 하여 지
옥의 표를 사고자 몸부림치는 그 불쌍
한 백성들,
17 내가 그들을 구원하고 인도하기 위하
여 지금 이와 같이 어렵고 힘든 그 대
역사를 함이니라.
18 사랑하는 나의 아들딸들아!
19 표류하는 배가 길을 찾으려면 나침반
이 필요하지 않겠느냐?
20 그러니 그 표류하는 배가 한두 척이
아니요, 그 수를 헤아릴 수 없음이니,
21 지금 나의 아들을 따르는 제자들이요,
나의 새로운 성경을 읽고 깨우친 백
성, 너희들이 더 깊이 연구하고 더 깊
이 깨우쳐, 하늘의 선생으로서 손색이
없을 때,
22 너희들을 표류하는 배에 한 사람씩
내가 심으니,
23 너희들이 곧 그곳에 나침반으로써 그
들을 구원하는 대명을 역사하며, 그와
같은 역사로써 모두를 이루는 것이 내
가 이루고자 하는 뜻이라는 것을 너희
들은 알고 그리 가도록 하라, 사랑하
는 나의 아들딸들아!

11,240 번째 하나님 말씀

2004년 5월 22일 09시 00분

1 사랑하는 나의 아들아!
2 **"네, 아버님! 말씀하옵소서."**
3 모든 믿음의 길을 가는 백성들이 믿음
의 목적과 나의 뜻을 상실하여 기적과
이적만을 바라는 것이요, 그것이 오늘
의 모든 믿음의 표본이며 그 믿음의
전부이니라.
4 그러니 저희들이 그 입으로써 무엇을
원하느냐?
5 무엇을 얻고자, 이루고자 달라, 이루
어 달라 하는 그것이 그들이 구원의
목적이요, 믿음의 목적이니, 그 추한
음성이 세상을 다 오염시켰다 하지 않
느냐?
6 그러니 저희들이 지금 무엇을 얻고자
하는 그 믿음 생활, 그것 외에는 아무
것도 저희들이 모르느니라.
7 그러니 자신의 목적과 자신의 목표의
그 신앙생활이 어떠한 것인지, 사실상
그들은 아무것도 모르는 자들이요,
8 그저 이끄는 대로 끌려가는 그와 같은
백성이요, 끌려가면서 그저 재물을 바
치라면 바치는 것으로써 저희들이 위
안을 얻으며 저희들이 구원을 받는 것
이라 착각하는 어리석고 불쌍한 백성,
그들을 지금 구해야 될 것이며,
9 너희들이 또한 그들을 구하지 아니하
면 그 누구도 구할 수가 없기 때문에
내가 너희들을 선택하여 그 불쌍하고
가련한 백성들을 구원하고자 함이니
라.
10 사람이 목적과 목표가 없이 그 모두
를 상실하고 살아간다면 얼마나 비참
하고 가련한 자들이냐?
11 거기에는 용기도 없으며 희망도 없는
것이 아니더냐?
12 그러니 무엇이 참진리요, 무엇이 거짓

인지 그것도 구분하지 못하는 그들이
지금 믿음의 길을 가는 백성들이요,
13 그러면서 구원을 받았다 울고불고하
는 자요, 감사하다 하여 저희들이 재
산을 갖다 바치는 어리석은 짓을 하고
있으니,
14 그게 저희들의 죄의 쇠사슬이 하나씩
저희들을 동여맨다는 것을 모르는 것
이니라.
15 그 불쌍하고 가련한 신앙이요, 믿음으
로 가는 그 백성들, 그들을 바로 세우
지 아니하면 아니 됨이니라.
16 그러니 지금 이정표가 없이 그저 사막
에서 허덕이는 그와 같은 백성들, 갈
길을 모르며 방향을 모르고 지금 우왕
좌왕하는 자, 그들의 앞에 남은 것은
무엇이더냐?
17 곧 죽음밖에는 무엇이 더 있겠느냐?
18 그러니 제 길을 모르며 제 갈 길을 모
르는 그 불쌍한 백성들에게 내가 너희
들을 통하여 이정표를 그려 내려보내
니,
19 그 정확한 이정표를 그들에게 전해 줘
그들이 그를 보고 길을 찾아갈 수 있
도록 내가 내려 주는 것이 160권의 법
전이요, 내가 역사하는 것이라는 것을
알라 그리 전하라.

11,241 번째 하나님 말씀

2004년 5월 22일 09시 02분

1 사랑하는 나의 아들아!
2 "네, 아버님! 말씀하옵소서."
3 너희들이 아무리 현명하고 영리하다
해도, 거울이라는 그 작은 도구가 없
다면, 너희들이 그를 통하지 아니하면
너 자신의 얼굴이요, 네 모습을 상세
히 볼 수 없을 것이니라.
4 그러니 네 얼굴의 상태를 살펴볼 수
있는 것은 작은 거울이 있기 때문이
아니더냐?
5 그러니 작은 거울이라도 있으면 너희
들의 모습을 비춰 볼 수 있을 것이니
라.
6 그러니 오늘의 모든 믿음의 길을 가는
백성이 자신의 얼굴을 살펴볼 수도 없
는 그와 같은 형국으로써 너희들이 지
금 가고 있음이니라.
7 그러니 너희들 자신이요, 저 자신의
마음의 형태가 무엇인가를 들여다보
지 못하며 그 모형을 보지 못하는 어
리석은 백성들이 지금 감히 나에게 올
수 있다며 구원을 받았다 말하느니라.
8 지금 너희들의 믿음의 거울이 없어 저
자신의 모습을 바라보지 못하는, 제
얼굴을 보지 못하는 그와 같은 오늘의
형국에 빠져 있음이니라.
9 진정한 믿음의 길을 가는 것인지 너희
들이 살펴보지 못하며, 너희들이 사탄
으로 인하여 끌려가는 믿음의 길을 가
고 있는 것인지 그를 비춰 볼 수 없는
것이 지금의 너희들이니라.
10 그러니 지금의 너희들의 믿음이 거울
이 없어 그를 비춰 보지 못하는 것처
럼 그와 같이 너희들이 뒤죽박죽이 되
어 있는 자들이니라.
11 그러니 제 모습을 모르며 저 자신을
모르며, 더욱이 너희들이 제 마음을
비춰 볼 수 있는 거울이 없으며 마음
을 들여다보는 그와 같은 지혜가 없기

에,
12 내가 160권의 새로운 성경을 너희들 에게 내려보내어, 너희들이 이를 읽고 깨우치는 자, 이가 곧 너희들을 볼 수 있는 거울이요, 마음을 들여다볼 수 있는 거울이기에, 내가 모두를 걸고 지금 이와 같은 역사를 이룸이니라.
13 그러니 너희들이 너 자신의 마음이요, 신앙의 네 얼굴이요, 신앙의 네 마음 자세를 들여다보며,
14 믿음의 길이 진정한 참진리인가, 사탄의 길인가, 그를 밝혀 볼 수 있는 것은 바로 나의 새로운 성경밖에는 없음이니,
15 이를 읽고 또 깨우치고 깨우쳐 너희들이 너희 자신을 비춰 봐 곧고 바른 길을 가도록 그리하라, 사랑하는 나의 아들딸들아!

11,242 번째 하나님 말씀

2004년 5월 23일 06시 37분

1 "너는 나 외에는 다른 신들을 네게 있게 말지니라.
2 너를 위하여 새긴 우상을 만들지 말고, 또 위로 하늘에 있는 것이나 아래로 땅에 있는 것이나 땅 아래 물속에 있는 것의 아무 형상이든지 만들지 말며, 그것들에게 절하지 말며 그것들을 섬기지 말라.
3 너는 너의 하나님 여호와의 이름을 망령되이 일컫지 말라.
4 안식일을 기억하여 거룩히 지키라.
5 네 부모를 공경하라.
6 살인하지 말지니라.
7 간음하지 말지니라.
8 도적질하지 말지니라.
9 네 이웃에 대하여 거짓 증거하지 말지니라.
10 네 이웃의 집을 탐내지 말지니라.
11 나 여호와가 존재함을 믿는 그 자체가 구원의 길에 들어서는 기본이요 근본이며, 나의 법전을 가슴에 안고 정독하는 자, 반석 위에 서서 하늘에 오르는 찬란한 빛을 보게 되는 영광을 얻게 됨이니라."
12 사랑하는 나의 아들아!
13 "네, 아버님! 말씀하옵소서."
14 날짐승이 알에서 세상에 태어남이니, 그가 알에서 나오자마자 하늘을 향하여 높이 날더냐?
15 그는 아직 날지 못함이니라.
16 날개의 성장하는 과정이 있으며 그것도 훈련의 과정이 있음이니,
17 바로 지금 너를 따르는 제자들이요, 나의 사랑하는 모든 백성, 너희들은 들어야 될 것이니라.
18 새로운 성경이 세상에 나오니, 이것이 만백성을 구하는 길이요, 이것이 아니면 너희들이 나에게 오를 수 없다 하였으니,
19 이를 역사하는 백성, 이를 가지고 무엇인가를 이루는 백성, 너희들의 수고로움이요, 그 고통을 나는 아느니라.
20 그러나 알에서 세상에 깨어난 날짐승이 바로 날지 못하듯이, 너희들이 날개가 자라며 너희들에게 내가 날개를 달아 주는 그 시간과 기간이 있음을 너희들은 알아야 될 것이니라.
21 이제 너희들이 내 새로운 성경을 공부

하며 나의 아들을 통하여 내리는 강론
을 들으며 너희들 자신이 변해지고 너
희들 자신이 마음의 변화가 있으며,
22 너희 자신이 바로 살고자, 하늘을 향
하여 한 점의 부끄러움이 없는 삶을
살고자 네 마음이 다스려질 것이며 너
희들의 각오가 깊어질 것이니라.
23 그리고 너희들은 그리 살아야 되는 것
을 느낄 것이며, 그리 살지 아니하면
너희들 자신이 고통 때문에 견딜 수
없을 만큼 너희들이 마음의 자리가 그
리 굳어져 가니,
24 이것이 바로 너희들의 날개가 날기 시
작하며 너희들이 날갯짓을 하기 시작
함이니, 머지않아 그는 곧 날게 될 것
이니라.
25 나 여호와가 너희들이 창공을 날 수
있는 그 날개를 달아 줄 날이 머지않
았으니 그리 알라.
26 아직은 나 여호와가 너희들이 날 때가
아니기에 그 날개를 달아 주지 못함이
니, 나 여호와인들 어떠하겠나?
27 너희들이 날개를 달 수 있는 그 준비
가 되었을 때 나 여호와가 날 수 있는
날개를 너희들에게 달아 줄 것이니,
그때는 너희들이 창공을 날게 될 것이
니라.
28 그날을 기다리고 그날을 인내함이니,
이제는 머지않았음이니라.
29 너희들이 날개를 달아 줘도 날 수 있
는 그와 같은 경지에 와 있음이니, 이
제는 나 여호와가 언제 달아 줄 것인
가를 지금 생각하고 있음이니, 그를
너희들은 알라 전하라.
30 너희들이 지금까지 오는 그 길이요,
너희들이 지금까지 역사한 것도 아무
나 갈 수 없는 길이요, 아무나 역사할
수 없는 그 길을 왔음이니,
31 날 수 있는 날개가 완전히 되어야 날
수 있듯이, 너희들도 내가 그때를 기
다렸음이니라.
32 날지 못하는 짐승에게 날개를 달아 줌
으로 그가 날다 그는 어떻게 되겠느냐?
33 제 생명을 잃게 됨이니라.
34 세상의 이치가 그러하듯이 하늘의 이
치도 그러하느니라.
35 날지 못하는 날짐승이 제가 날겠다고
둥지를 떠나면 결국 무엇이더냐?
36 그는 죽음이요, 그리고 다른 것들의
먹이가 되는 것이니라.
37 지금 나의 아들이 가는 것, 너희들이
새로운 성경을 세상에 내는 것, 그것
도 모두가 다 그러하니라.
38 너를 따르는 제자들은 그리 말할 것이
니라.
39 창조주가 역사하는 것이요, 하나님께
서 역사하는 것이니, 무엇이 안 되며
그저 역사하면 될 것이라 그리 생각하
나, 그리 생각하지 말라.
40 그렇다면 나는 공의의 하나님이 아니
니라.
41 너희들이 자격을 갖췄을 때 날개를 달
아 줄 것이요, 너희들이 나의 달란트
사업이요, 모든 사업을 할 때, 너희들
이 인간으로서 역사하며 인간으로서
이루어 놓아야 할 것이지,
42 인간으로서 이루지 아니하며 인간으
로서 노력하지 아니하며, '창조주 아
버지께서 역사한 것이기 때문에 시작
만 하면 무조건 이루어진다, 그리고

성공한다.' 그와 같은 생각을 하고 너
희들이 무엇을 이루려 한다면, 너희들
은 백전백패니 그리 알라.
43 나는 그러한 나의 백성을 돌보지 아니
함이니라.
44 지금 모든 종교 집단의 지도자들이 가
는 길이 무엇이더냐?
45 저희가 그저 하나님을 믿기만 하면,
그리고 그저 손으로 지은 죄의 온상에
오기만 하면 저희들이 구원을 받는다
는 백성들을 볼 때, 얼마나 어리석고
잘못된 백성이라 그리 생각하느냐?
46 그 백성들과 같이 너희들이 그저 이름
만 걸어 놓고 달란트 사업을 시작하면
하나님께서 주관하는 것이요, 무조건
성공한다 하면,
47 나는 바로 가기 원하나, 너희들이 뒤
로 가는 행위를 하면서도 내가 이루어
주기를 바란다면, 과연 너희들은 그것
이 이루어질 수 있는 것이라 생각하는
가?
48 모든 것을 앞으로 역사함에 있어 너희
들은 거울로 삼으라.
49 너희가 피나는 노력으로써 모두를 이
루어 놓지 아니하면 아니 된다는 것,
그렇지 않으면 내가 공의의 하나님이
아니니라.
50 그리고 내가 너희들과 다른 사람과 차
이를 두어 그 모두를 이루어 준다면
그것은 말이 안 됨이니,
51 너희들이 이름만 걸어 놓으면 무조건
성공을 할 수 있다 생각하는 것, 그것
은 바로 무엇인 줄 알겠느냐?
52 그게 바로 믿기만 하면 하늘에 오를
수 있다는 그 백성들의 욕심에 찬 그
들과 똑같으니라.
53 너희들이 하나의 나의 점을 만들어 역
사하는 것도, 너희들이 피나는 노력을
하지 아니했을 때, 그곳의 모두가 재
가 될 것이며, 그곳에서 빛을 볼 수 없
음이니라.
54 너희들이 가만히 있어도 이루어지는
장사가 어디 있으며 가만히 있어도 이
루는 자가 어디 있더냐?
55 모든 성공한 사람들의 예를 보며, 그
들이 살아감을 한번 보라.
56 그렇지 아니하면 아니 됨이니라.
57 너희들이 모두를 성공한 사람처럼 너
희도 똑같이 그리 노력하고 역사했을
때, 내가 너희들에게 기회를 주는 것
이요,
58 너희들만이 특별한 어떠한 기회의 영
광을 준다는 생각을 하지 말며 기대도
하지 말라.
59 백전백패일 것이니, 그 뜻을 너의 제
자들에게 전하도록 그리하라.

11,243 번째 하나님 말씀

2004년 5월 23일 06시 44분

1 사랑하는 나의 아들아!
2 **"네, 아버님! 말씀하옵소서."**
3 이 세상에 너희들이 열 자식을 두니,
그 자식이 잘못됐을 때 하나라도 그
마음이 아프지 아니한 자식이 없으며,
너희들의 그 아픔은 똑같다 했음이니
라.
4 그러니 나는 너희들에게 어떠한 것을
역사했더냐?
5 지금 수천 년 동안 수많은 아들딸들이

세상에 나갔으나, 너희들이 내 뜻대로
살아온 자가 없으며, 하나도 너희들이
말하는 성공한 자가 없다면 내가 어떠
하겠느냐?
6 너희들이 인간 세상에 열 자식 중에
아홉 자식이 성공을 하고 하나가 잘못
되어도 마음이 아프며, 그 너희들이
바라는 마음이 어떠하던가?
7 그리고 그를 위해서 갈구하는 마음이
어떠하더냐?
8 너희들이 열 자식 중에 아홉이 부끄럽
지 않은 자식으로서 성장하나, 한 자
식이 잘못되어도 너희들이 가슴 아파
하는 것이 인간 너희들의 마음이 아니
더냐?
9 그러면 너희들 인간의 마음은 그러면
서 나는 수천 수억의 헬 수 없는 나의
아들딸들을 세상에 내려보냈으나,
10 한 자식도 내 뜻을 따라 내 집에 온 자
가 없으며 나를 기억하는 자가 없다
하면, 과연 너희들은 어떠하다 생각하
는가?
11 지금 그것이 오늘의 실정임이니라.
12 사랑하는 나의 아들딸들아!
13 지금 나의 아들을 따르는 제자들이요,
그리고 나의 새로운 성경을 읽고 깨우
친 너희들은 들으라.
14 나의 새로운 성경을 읽으며 나의 아들
을 통하여 내리는 강론을 듣고 깨우치
는 사랑하는 너희들이 있기에 나 여호
와의 마음이 위로가 되며 내 마음의
기쁨이 한량없다면 너희들은 어찌 생
각하는가?
15 지금의 내 마음이 그러니라.
16 지금 나의 아들을 따르는 백성 너희들
같은 마음을 가지고 사는 사람들이 없
음이니라.
17 모두의 마음은 제 육신의 향락이요,
그 즐거움을 한 자리 깔아 놓고 모두
를 역사하기 때문에 그것을 벗기지 못
함이니, 진실이 없는 것이며 아름다움
이 없음을 너희들은 알아야 될 것이니
라.
18 그리고 그들이 가고자 하나 그 길을
가르치는 자가 없었으며, 또한 가르치
고자 하는 자가 있었으나 그를 들으려
하는 자가 없으며 배우려 하는 그와
같은 백성이 없음이니,
19 저 혼자 부르짖다 스스로 지쳐 넘어지
는 그와 같은 형국이 되었음이니라.
20 모든 종교 집단의 지도자들이 지금 어
떠하더냐?
21 바로 서려는 자, 양심껏 가려 하는 자,
그리고 나의 뜻에 바로 가는 자는 버
림을 받았으며, 그와 같은 자는 설 자
리가 없었으며, 모든 형제요, 이웃으
로부터 버림을 받았음이니라.
22 그러니 혼자 인내하고 견딜 수가 없어
그들은 모두가 쓰러졌음이니, 그게 바
로 새로운 성경이 없었기 때문이니라,
사랑하는 나의 아들아!
23 바로 가고자, 정의롭게 가고자 부르짖
는 모든 종교 지도자는 수없이 있었음
이니라.
24 오늘의 너희들이 영광을 얻었다는 자,
그리고 많은 재물과 조직을 가지고 흔
들며 너희들이 이름 석 자만 대면 알
수 있는 그들보다도 몇백 배 더 훌륭
한 그와 같은 사람들이 있었음이니라.
25 그러나 그들은 다 묻혀져 왔으며, 그

들의 강론은 세상을 울리지 못했으며,
모든 백성들은 그 강론에 귀를 기울이
지 아니하였느니라.
26 그리하여 그들은 새로운 성경이 없었
으며 새로운 지표가 없었기에, 지금
구약과 신약을 가지고 그들과 같이 몸
부림치다가 결국은 이단이요, 사탄이
라 하여 숨 못 쉬고 죽어 가는 그와 같
은 형국이 되었으며,
27 지금도 많은 자들이 바로 서고자 하나
구약과 신약을 가지고 역사하려 하니
그들이 일어서지 못함이니라.
28 그러나 너희들은 다르니라.
29 내가 새로운 성경을 내려보냈으며, 내
진리요, 하늘의 뜻을 너희들에게 직접
명하니, 그를 듣고 깨우치는 너희들은
하나의 점으로써 이루어질 것이며, 너
희들은 당당한 모습으로 살아갈 수 있
는 것이 아니더냐?
30 그러한 체계를 만들었으며, 그러한 백
성들이 하나둘 계속 늘어 갈 것이니,
그리고 이제 세상을 덮을 만큼 너희들
이 기초를 다져 감이니,
31 그래서 내가 너희들을 보는 마음이 위
로가 되며 나의 기쁨이 끝이 없다 함
을 너희들은 알아야 될 것이니라.
32 이제 나의 아들을 따르는 사랑하는 제
자 너희들은 들으라.
33 너희들이 견디기 어렵고 힘든 길이라
하나, 너희들이 오늘에 역사하는 것이
정녕 만백성을 구하는 길이요, 이 길
이 아니면 아무것도 이룰 수 없음이니,
34 어렵고 힘들다 하여 너희들이 포기하
는 그와 같은 삶을 살아서는 아니 됨
이니라, 사랑하는 나의 아들딸들아!
35 내가 너희들에게 묻노라.
36 너희들이 오늘의 고통과 시련을 견디
고 이겨 감으로 인해서 너희들의 형제
가, 수많은 나의 아들딸이 거듭나는
길을 위하여 올 수 있으며 그들이 구
원을 받을 수 있다면, 너희들은 어떠
한 길을 가겠느냐?
37 너희들은 그들을 바로 세울 수 있도록
그들을 구원하기 위하여 너희 자신의
고통과 시련을 즐거움으로써 인내하
고 가야 된다는 걸 절대 잊지 말라.
38 내가 너희들에게 나의 아들을 통하여
말하였느니라.
39 날개를 달아 날 수 있으며 날갯짓을
할 수 있으면 내가 그 날개를 달아 준
다고, 그러나 날갯짓을 해 날지 못할
그 몸통이요, 그 체력에 내가 날개를
달아 주면 무엇하느냐?
40 남의 먹이가 될 것이며 떨어져 죽는
그와 같은 결과가 된다 하지 않았더냐?
41 그러기에 때를 기다리라는 것이요, 그
때 역사하기 위해서는 너희들이 고통
과 시련을 견뎌야 되느니라.
42 멀리 나는 독수리 새끼도 수없이 날갯
짓을 하며 그 아프고 저려 오는 훈련
과 연습 속에서 제가 훨훨 날아 제 인
생을 살아갈 수 있는 것처럼,
43 너희들도 그와 같이 될 때를 내가 기
다렸음이니, 그것이 너희들의 오늘의
고통과 시련이니라.
44 그러나 너희들의 그 고통과 시련으로
인하여 만백성을 구할 수 있으며 그들
이 바로 설 수 있으며 하늘의 길을 볼
수 있는 그 영광이 너희들에게 있음이
니, 그를 너희들은 버리지 말라, 사랑

하는 나의 아들딸들아!
45 너희들이 어떠한 시련과 고통이 있다 해도 포기해서는 결코 안 되느니라.
46 절대 포기해서는 아무것도 이루어질 수 없으며, 나 여호와가 위로되는 마음이요, 그 기쁜 마음이 또 수천 년 동안 모두가 다 무너지는 그와 같은 길을 가지 말라, 사랑하는 나의 아들딸들아!
47 오늘에 날갯짓의 훈련은 힘드니라.
48 떨어지면 죽을 것이요, 떨어지지 않게 몸을 유지하며, 너희들이 떨어지지 않는 상태에서 몸을 유지하며 날갯짓의 나는 연습을 하는 그와 같은 독수리 새끼와 같은 것이 너희들의 오늘이라는 걸 잊지 말라, 사랑하는 나의 아들딸들아!

11,244 번째 하나님 말씀

2004년 5월 23일 06시 52분

1 사랑하는 나의 아들아!
2 **"네, 아버님! 말씀하옵소서."**
3 나의 아들 네가 세상에 있음이니, 내가 하늘의 뜻이요, 나의 새로운 성령 모두를 내려보내어, 너희들이 이걸 책으로 만들어 글로써 전하며 너희들이 증거하여 전하는 그와 같은 역사가 이루어지지 않더냐?
4 그러니 지금 너를 따르는 제자들이요, 그리고 선택된 그 백성들이, 다음의 시대의 사람들이 이 문을 열기 위하여 너희들이 준비되는 그와 같은 아들딸이니라.
5 나의 아들이 갈 수 있도록, 나의 아들이 지탱할 수 있도록, 그리고 나의 아들이 새로운 성경을 받아, 나와 교류하며 내 명을 받아 그가 역사할 수 있는 그 최소의 길을 위하여 너희들이 선택된 자들이니라.
6 그러니 너희들이 방대한 재물이요, 방대한 재산을 바치며 그와 같은 노력으로써 나의 뜻에 보답하는 길이 아님이니라.
7 그저 작은 것이니라.
8 왕개미가 역사하여 저희들의 그 조직을 이루어 가듯이, 그리고 여왕벌이 존재하여 많은 벌들을 세상에 내보낼 수 있듯이,
9 그와 같은 왕개미요, 여왕벌을 보호하는 그와 같은 일꾼으로서 지금 선택된 자가 너희들이니,
10 너희들이 가진 것이 없다 하여 후회하지 말며 마음 아파하지 말며, 너희들이 지금 역사하지 않는다는 어떠한 생각도 하지 말라.
11 다만, 왕벌이요, 왕개미가 그 후손을 번창시킬 수 있는 그 먹이를 갖다 줌으로써 모두는 다 일개미로서 소임을 다하느니라.
12 일개미가 무엇을 바라더냐, 부귀와 영화를 바라던가, 제가 자식을 두기를 바라더냐?
13 그저 뙤약볕 밑에서 열심히 일하는 것은 저희들의 왕개미요, 왕벌을 위하여 벌과 개미가 최선의 노력을 다함이니, 바로 일개미와 같이 선택된 것이 너희들이니라.
14 이제 너희들이 일개미로서 그와 같이 왕벌이요, 왕개미를 보호했기 때문에,

이제는 세상을 다스릴 다음의 세대들
이 오게 되어 있음이니라.
15 그리고 그 왕개미와 왕벌이 계속 알을
낳음으로 인하여 거기에서 너희들이
쓸만한 자, 그리고 또 왕벌이요, 왕개
미를 생산하는 것이 아니더냐?
16 그러니 다음의 시대에 역사를 이룰 사
람들은 편성되었으며 조직되어서 그
들이 지금 오기 위하여 준비를 하고
있음이니라.
17 그들이 와서 너희들과 더불어 할 때
너희들의 노고를 알며 너희들의 수고
를 알 것이며,
18 그들이 와 있을 때는 핵폭발이 터지는
것보다도 더 무서운 위력으로써 일순
간에 나의 새로운 성경이 세상을 덮어
나갈 것이니,
19 이제 나의 아들을 따르는 제자 너희들
은 무엇을 바치지 못하며 무엇을 갖다
전하지 못한다 하여 너희들이 능력 없
는 것, 가진 것 없는 것을 후회하지 말
라.
20 너희들은 오로지 일개미니라.
21 나의 아들이 존재할 수 있도록 일개미
요, 나의 새로운 성경이 말없이 세상
에 나오는 그와 같은 것을 위하여 너
희들은 일개미요, 일벌의 역사를 다
함이니라.
22 그것이 너희들의 영화와 너희들이 이
룰 수 있는 모두를 나로부터 받은 상
이니라.
23 사랑하는 나의 아들딸들아!
24 내가 기뻐하며 너희들이 있어서 내가
위로됨이 무엇인 줄 알겠느냐?
25 너희들은 지금 나의 새로운 성경이 세
상에 나올 수 있도록 왕벌이요, 왕개
미를 잘 보호했으며, 그를 받아쓰는
나의 아들을 너희들이 그리 보호하고
지켰음이니라.
26 그러니 너희들은 일벌이요, 일개미로
서 소임을 다하는 것이요, 너희들의
소임은 거기까지이니라.
27 그러나 너희들이 창업자로서 처음에
이 뜻을 이룬 자, 너희들 이름이 영원
히 기록됨이니, 그것이 일개미와 일벌
과 너희들의 그 차이점이니라, 사랑하
는 나의 아들딸들아!
28 곧 올 것이니라, 머지않아 내가 날개
를 달 것이며 곧 너희들이 기다리고
기다렸던 백성들이 올 것이니라.
29 그리하여 다음의 시대는 그들이 열어
갈 것이니 그리 알라, 사랑하는 나의
아들딸들아!
30 머지않았음이니라.
31 그를 너희들이 잘 지켜 줬으며 잘 역
사했기에 오늘의 나의 기쁨이요, 내
마음의 위로함이 끝이 없다 함이니,
32 사랑하는 너희들을 위하여 내가 지금
모두를 다 내릴 것이며, 너희들이 나
로부터 받을 그 상은 너희들이 상상할
수 없는 그와 같은 은혜와 영광일 것
이니라.
33 내가 너희들에게 약속했듯이, 지상에
서 모두를 볼 것이며 모두를 누릴 것
이며, 그리고 죽어 와 너희들이 나에
게 올 것이라 내가 했으니, 그보다 더
큰 상과 영광의 은혜가 어디 있겠느냐?
34 다만, 그를 상상하지 말며 그를 바라
지 말라.
35 너희들은 아무것도 생각해서는 아니

되며,
36 일개미요, 일벌이 제가 알을 낳기 위
하여 왕을 부러워하던가, 왕벌이요,
왕개미를 부러워하느냐?
37 그들은 절대 부러워하지 아니하며 그
를 넘겨다보지 아니하며 생각지도 아
니하느니라.
38 그저 뙤약볕에 일을 하며 그들은 모
두를 바치느니라.
39 그러니 부귀영화의 너희들이 어떠한
역사를 보는 것, 그리고 너희들 앞에
기적이 일어날 것이라는 것,
40 그리고 내가 너희들을 위로하기 위하
여 전함이니, 너희들이 죽기 전에 모
두를 볼 것이라는 것, 그것을 보려 하
지도 말며 기대하지도 말라.
41 구원을 받는다는 것, 나에게 하늘나라
에 온다는 것, 그와 같은 것도 기대하
지 말라, 모두를 기대하지 말라.
42 그리고 너희들이 160권의 법전이 세
상에 나올 수 있는 것, 그것만을 생각
하도록 그리하라.
43 그것만이 너희들이 생각할 것이요, 너
희들이 그 이상 그 어떤 것도 생각해
서는 절대 아니 됨이니라.
44 그 모두가 다 욕심이니라.
45 그러면 너희들이 받을 수 있는 상을
나로부터 잃는 것이요, 너희들 앞에
놓인 밥상에 있는 것을 너희들이 버
리는 그와 같은 형국이 될 것이니, 아
무 생각도 하지 말라.
46 160권의 법전이 세상에 나올 수 있도
록 하며 그 무엇도 기대해서는 아니
되느니라.
47 너희들이 바늘구멍보다도 작은 어떠
한 기대를 하고 나의 새로운 성경이
요, 나의 아들을 통하여 얻고자 한다
면, 이는 아무것도 얻을 수 없으며 아
무것도 이룰 수 없으며, 모두를 다 잃
는 것이니라.
48 바로 일벌이요, 일개미처럼 너희들은
허리띠를 조여 매며 최선의 길을 다하
라.
49 160권이 나올 수 있도록 그것만을 너
희들이 할 수 있는 것이요, 그것 외에
는 아무것도 생각하지 말라.
50 네 생명이 160권이 세상에 나오는 것
으로써 모두를 마치며, 160권이 세상
에 나와 만백성이 읽고 깨우쳐 너희들
처럼 마음이 변화되는 그것만을 바라
는 애절한 마음으로써 모두를 이끌고
가도록 그리하라.
51 모두를 거기에 다 바치도록 그리하며,
그 이상의 것도 생각하지 말며 그 이
하의 것도 너희들이 생각할 필요가 없
음이니 그리 알라.

11,245 번째 하나님 말씀

2004년 5월 23일 06시 57분

1 사랑하는 나의 아들아!
2 "네, 아버님! 말씀하옵소서."
3 나의 피조물 만백성이 살아오면서 이
세상의 삶을 어찌 생각하는가?
4 저 자신은 큰 죄를 짓지 아니하였으며
큰 죄인이 아니라 그리 생각하느니라.
5 그리고 제가 살아오며 지었던 작고 큰
그 죄들은 다 모두가 하늘에 와 나로
부터 용서를 받을 수 있다 생각하며,
6 그것도 너희들의 손으로 지은 죄의 온

상에 가 재물을 바치며 울고불고하며
인간이 정해 놓은 그 주일이라는 날에
그 날짜를 지키며,
7 그 형제와 너희들의 부모 간에 어렵고
힘든 너희들이 돕고 도와야 될 그와
같은 것도 저버리고 주일을 지키는 것
으로써 너희들은 모두를 다 얻는다 그
리 생각하느니라.
8 그리하여 죄가 없는 것처럼 그리고 너
희들이 지고 있는 죄가 별것 아니라는
그 착각 속에 살아가는 자들이 오늘의
믿음의 길을 가는 백성들이 대표적으
로 잘못된 것임을 너희들은 알라.
9 저 자신이 중죄인인지 아닌지, 그리고
너희들이 어떠한 죄인의 길을 가고 있
는지 그것조차도 분별하지 못하며 그
것도 생각하지도 못하느니라.
10 다만, 저희들이 지금까지 지고 살아와
서 살아오면서 만들어 놓고 저희들이
또한 구상하여 저희들이 계획으로써
만들어 놓은 그와 같은 남을 속이고
남에게 고통을 주는 그와 같은 작고
큰 그 모든 죄에 대하여 너희들이 과
연 어찌 생각하는가?
11 그것이 죄인 줄 모르며 두려운 줄 모
르며 별것 아니라는 생각을 하고 가는
자들이 이방인보다도 오늘의 믿음의
길을 가는 백성, 그리고 더욱이 저희
들은 용서를 받았으며 그 죄가 다 지
워졌다는 그 착각까지 거기에 덮어씌
워 있으니,
12 눈이 먼 자요, 귀가 덮인 자들이요, 그
리고 저희들이 착각 속에 사는 그 어
리석은 백성들이니라.
13 이제 사랑하는 나의 아들딸 너희들은
보라.
14 너희들이 세상에 살아가면서 눈으로
보이는 것, 너희들이 평가할 수 있는
그 죄들을 얼마나 많이 짓고 사는가?
15 그리고 너희 자신이 눈으로 볼 수 있
고 네 생각으로써 판단할 수 있는 죄
를 얼마나 짓고 너희들이 살아왔는가
지금 한번 너희 자신을 돌이켜 보라.
16 자신에게 너무 너그러운 자, 자신에게
너무 인자한 자, 그리하여 제가 짓고
온 작고 큰 죄들이 모두가 죄가 아니
며 중죄인이 아닌 것처럼 그 착각 속
에 살아가는 그 백성들,
17 너희들도 그와 같은 마음으로써 살아
간다면, 너희들이 나에게 오르는 것은
생각도 해서는 아니 될 것이니라.
18 너희들이 보이는 죄만을 눈으로 한번
보고 머리로써 계산을 해 보도록 그리
하라.
19 너희가 마음의 양심이 부끄러워 고개
를 들 수 없는 그와 같은 것일 것이니
라.
20 그와 같은 것을 너희들이 단 한 번이
라도 느껴 보는 백성이 되어야 할 것
이니라.
21 나의 아들을 따르는 제자 너희들은 그
와 같은 고통이요, 그를 수없이 느낄
것이니라.
22 그러나 지금 믿음의 길을 가는 자, 구
원을 받았다는 백성, 죄가 하나도 없
다는 백성은 과연 너희들이 느끼고 고
치기 위하여 발버둥치는 그 고충을 알
고 있는가?
23 그들은 그 고충을 모르느니라.
24 가장 편안하고 편안한 삶으로써 오늘

을 살아가니, 그들이 중죄인이 어떠한
벌을 받는 것이며 어떠한 죄를 짓고
있는지 그를 다 잊어버리고 사는 자들
이니, 그들이 바로 얼마나 불행한 백
성인 줄 알겠느냐?
25 하늘에서 나 여호와가 너희들을 보고
있으니, 너희들이 하고 있는 짓들이
요, 너희들이 하는 행동들이 얼마나
무서운지 아느냐?
26 내가 너희들을 보는 것은 너희들의 죄
때문에 내가 눈을 뜨고 너희들을 바라
볼 수 없으며,
27 나의 아들딸들이 죄를 짓는 것을 내가
하늘에서 내려다볼 수 없는 그와 같은
작고 큰 죄를 수없이 지으며 죄 속에
살아가는 백성이라 내가 말함이니,
28 이제 너희들이 눈을 들어 너희들이 세
상에 죄짓는 것을 스스로 한번 보며
계산할 수 있는 마음으로 한번 계산을
해 보라.
29 그렇다면 나의 사랑하는 아들딸들이
알고 모르고 짓는 그 죄의 행동에 대
하여 나 여호와가 감히 눈을 뜨고 바
라볼 수 없는 이와 같은 형국이 되었
다는 것을 너희들이 스스로 알게 될
것이니라.

11,246 번째 하나님 말씀

2004년 5월 23일 07시 02분

1 사랑하는 나의 아들아!
2 "네, 아버님! 말씀하옵소서."
3 이 세상에 살아가는 그 백성들 모두는
다 너희들의 모든 화를 부르는 그 욕
심을 모두가 비워야 된다 내가 그리
말하였느니라.
4 그러나 지금 나의 아들을 따르는 제자
들이요, 나의 새로운 성경을 만드는
너희들이 버려야 될 마음은 무엇인 줄
알겠느냐?
5 너희들은 나의 새로운 성경을 만들며
나의 성전에 와 공부를 하면서, 나의
새로운 성경이 세상에 나오는 것만을
바라며 그 모두를 위하여 역사하는 것,
6 그것 외에는 아무것도 너희들이 생각
하는 삶이 되어서는 아니 되며, 그 마
음을 갖지 말아야 되는 것이 너희들이
가장 큰 급선무니라.
7 그것이 너희들이 크나큰 욕심을 버리
는 것이요, 세상의 욕심을 다 버리는
것임을 알라.
8 내가 성령의 죄를 짓는 자 용납하지
못한다 했듯이,
9 나로부터 선택되어 나의 새로운 성경
을 만드는 너희들이, 이 성경을 만들
어 놓음으로써 나에게 받을 은혜요,
나에게 받을 축복이요, 그리고 너희들
이 어떠한 것을 기대하고 있다면,
10 그것이 너희들이 성령을 훼방하는 죄
와 버금감을 알라 그리 전하라.
11 그러니 너희들이 가장 마음을 비우는
것은 나의 새로운 성경을 만들며 이를
너희들이 어떠한 기대도 하지 말며,
12 다만 너희들이 160권의 새로운 성경
이 세상에 나오는 데 모두를 다 바쳐
역사하겠다는 것,
13 눈을 딱 감고 세상을 보지 말며 오로
지 그 한마음을 가지고 달려간다면,
이미 마음을 비우기 시작한 백성들임
을 너희들은 알아야 될 것이니라.

14 그러니 너희들은 그 마음부터 비워야
되며, 거기서부터 마음을 비우는 그와
같은 훈련을 하라 그리 전하라.
15 나의 성전에 와서 공부를 하며 나의
아들을 따라서 강론을 들으며, 나의
아들에게 너희들이 어떠한 것을 기대
하며 나의 아들로 하여금 무엇을 이루
겠다는 생각, 그것부터 너희들이 먼저
버려야만 성령을 훼방하는 자가 아니
됨이니라.
16 너희들이 그와 같은 욕심을 가지며 그
와 같은 생각을 가질 때, 160권의 법
전이요, 새로운 성경이 세상에 나올
수 없으며, 나의 아들이 바로 갈 수 없
음이니라.
17 너희들이 나의 아들에게 무엇인가를
기대하고 바란다면 그는 나의 아들의
마음을 너희들이 흔들어 놓는 것이기
에,
18 나의 아들이 새로운 성경을 받아 만백
성을 구하는 160권이 세상에 나오는
것이 시간이 늦어지며 기간이 늦어짐
이니라.
19 그와 같은 욕심을 버렸을 때, 너희들
은 나의 아들을 아이들과 같이 보며
순수한 나의 아들을 보게 되며 그를
사랑하게 될 것이며,
20 그를 사랑함으로 그가 나의 새로운 성
경을 받는 데만 모두를 전념할 수 있
도록 너희들이 옆에서 마음을 비울 수
가 있음이니라.
21 그러니 새로운 성경이 세상에 내려올
수 있도록 마음을 비우며, 새로운 성
경이 세상에 나와 역사할 수 있도록
너희들이 모든 마음을 비워야 됨이니
라.
22 너희들이 새로운 성경에 대해 무엇인
가를 바라고 무엇인가를 기대하며 그
리고 소원하는 기도를 하며, 나의 아
들을 통하여 더불어 가며 나의 아들에
게 무엇을 기대하며 무엇이 이루어지
기를 바라며 그로부터 무엇을 얻고자
한다면,
23 이 모두는 성령을 훼방하는 자들이니,
너희들은 여기서 마음을 다 비워야 되
니,
24 너희들은 나의 아들에게 기대를 하지
말며, 나의 새로운 성경을 만듦에 기
대하지 말며,
25 오로지 160권이 세상에 나올 수 있도
록 모두를 다 바쳐, 160권이 나온 다
음에 너희들이 조용히 눈을 감고 아버
지 감사하다는 그 기도를 드렸을 때,
26 모든 영화의 빛을 볼 것이며 내 음성
을 들을 것이며 나를 보는 영광을 너
희들이 얻을 것이니,
27 모든 마음을 비우도록 그리하라.
28 그리하여 너희들은 여기서부터 마음
을 비우는 자들이 되어야 할 것이니,
29 그것이 나의 아들을 따르는 제자들이
요, 나의 새로운 성경을 읽고 깨우친
백성들의 다른 점이요, 차이점이라는
것을 알라, 사랑하는 나의 아들딸들아!

11,247 번째 하나님 말씀

2004년 5월 23일 07시 06분

1 사랑하는 나의 아들아!
2 **"네, 아버님! 말씀하옵소서."**
3 나의 가슴이 아프며 내 마음을 가장

울리는 것이 무엇인 줄 알겠느냐?
4 "아버님! 저는 알 수는 없사옵나이다.
5 그러나 아버님께서 가장 괴로워하시
는 것은, 아버님의 아들딸들이 아버님
의 품이요, 아버님 집으로 들어가지
못하는 것을 바라보시는 그 마음이 가
장 아프고 가슴이 저려 오는 것이라
그리 생각하옵나이다."
6 그러니 그것이 무엇인 줄 알겠느냐?
7 "네, 아버님! 저희들이 살아가면서 모
든 은혜와 영광을 입어 세상에 태어나
모두를 받은 그 감사함을 생각하기 전
에, 그와 같은 것을 깨닫기 전에,
8 저희들이 살아가면서 그와 같은 이치
를 생각할 수가 없으며, 그와 같은 것
을 돌이켜 생각하며 감사하는 마음을
갖지 못한다는 것,
9 그와 같은 것이 마음속에 있기에, 저
희들이 살아가면서 작고 큰 죄를 지으
면서도 그것이 죄인 줄 모르며,
10 아버님을 울리는 것이며 아버님의 가
슴을 아프게 한다는 것을 깨닫지 못하
는 것, 그것이 가장 아버님의 마음을
아프게 하는 것이라 그리 생각되옵나
이다.
11 그 작고 큰 죄를 지으면서 죄인 줄 모
르고 저희들이 살아가기에, 저희들이
심판대에 섰을 때 그 모두가 저희들을
어찌 심판하는지,
12 저희들이 죄의 쇠사슬에 묶여 던져질
때, 기다렸다는 듯이 사탄들이 그를
납치해 간다는 것,
13 그와 같은 것을 다 보시며 그를 아시
는 아버님 앞에 그 뜻을 모르고 작고
큰 죄의 쇠사슬에 묶여 집어던져질
때, 사탄들이 그저 끌고 가는 그와 같
은 형극의 길을 알지 못하며 가고 있
는 저희들의 삶을 보시는 것이 가장
가슴이 아픔이라 그리 생각되옵나이
다."
14 사랑하는 나의 아들아! 그러니라.
15 죄가 죄인 줄 모르며, 죄가 되는 줄 모
르고 살아가는 그 불쌍한 백성들, 그
들을 바라보는 내 마음이 그리 아프고
내 마음이 그리 저려 옴이니라.
16 모든 백성들이 그와 같이 죄 되는 줄
모르고 불쌍하게 살다 저희들이 지옥
의 길로 끌려가는 것, 한번 가면 다시
살아나오지 못하는 그 길을 가는 것,
17 그러니 지옥으로 가기 위한 삶을 사는
그 모습을 보는 것이, 네가 말하듯이
내 가슴이 가장 아프며 저려 옴이니라.
18 그러니 그들을 구원하고 그들이 바로
설 수 있는 것은 누가 할 수 있겠느냐?
19 오로지 인간을 통하여 모두를 역사할
수 있음이니, 그리하여 선택된 너희들
의 몸과 너희들의 입을 빌어 내가 모
두를 다 역사하는 오늘의 이 길을 가
고 있음이니,
20 그러니 나 여호와의 아픈 마음을 너의
제자들은 들여다봐야 될 것이며, 내가
고통스러워하는 것을 너희들은 알아
야 될 것이니라.
21 모든 백성들이 그를 생각하지 아니하
며 그를 느끼지 아니하고 산다 해도,
너희들은 이를 진심으로 느껴야 될 것
이며 진심으로 깨달아야 될 것이니라.
22 그렇지 아니하면 너희들이 나의 뜻을
역사하는 데 힘들고 어려울 때 주저앉
을 수 있음이니라.

23 모두는 나 여호와에게 너희들이 감사
하는 마음으로 그 감사함을 갚을 길이
없다는 눈물의 마음이 흐르는 그와 같
은 너희들이 마음속에 눈물이요, 너희
들이 보이는 육의 눈물의 흐름이요,
24 그 두 가지가 똑같이 흐르는 눈물이
합쳐졌을 때, 너희들이 애절함을 알
것이며 소중함을 알 것이며 내 뜻을
들여다보는 영광을 얻게 될 것이니라.

11,248 번째 하나님 말씀

2004년 5월 23일 07시 33분

1 사랑하는 나의 아들아!
2 "네, 아버님! 말씀하옵소서."
3 나로부터 선택된 백성들과 선택되지
아니한 백성의 삶이 무엇이더냐?
4 나로부터 선택된 지금의 나의 아들을
따르는 제자 너희들은 정의로움이요,
그리하여 너희들이 하늘에 오르는 길
이요, 참진리의 길을 위하여, 하늘에
오르는 곧바른 그 길을 지금 오고 있
음이니라.
5 그러나 지금의 믿음의 길을 가는 그
백성들은 무엇을 향하여 무엇을 위하
여 살아가며 어떠한 길을 가는 것인
지, 그 오리무중 캄캄한 밤길을 헤매
고 있는 그들이라 하였음이니라.
6 그러니 너희들이 정의로운 길이요, 바
로 하늘을 향하여 곧바로 오는 너희들
의 자세는 어떠해야 되는 줄 알겠느냐?
7 이 세상에 잘못된 자가 모두를 다 지
배하고 있으며 다 덮고 있느니라.
8 그 세상에서 너희들이 새로운 싹을 심
어 나가며 새로운 역사를 이루는 너희
들의 그 고충이 그리 편안하지 않으
며, 견디기 어려울 정도로 너희들이
시련을 겪고 나가야 되는 것이 너희들
의 운명이요, 너희들이 가야 할 길이
니라.
9 그러니 이제 나의 아들을 따르는 제자
너희들은 견딜 수 없는 최후의 태풍이
몰아칠 것이며, 그리고 최후의 한판의
결전이 반드시 있게 될 것이니라.
10 그러니 아무리 너희들이 쓸어 갈 만한
태풍이요, 최후에 너희들이 한 번의
넘지 못할 선이 밀어닥친다 해도, 너
희들은 결국 견뎌내어 그 선을 넘어야
될 것이니라.
11 인간으로 견딜 수 없으며 인간의 한계
를 넘는다 해도 너희들은 견디고 넘어
야 하는 것이니라.
12 아무리 무서운 바람이 몰아친다 해도
너희들은 나의 160권의 법전이요, 새
로운 성경을 만들어 내는 것에 마음이
흔들려서는 아니 되며,
13 너희 자신이 하늘을 향하여 나의 뜻을
역사하는 데 목숨을 바쳐 다할 것이라
는 최선의 다짐이요, 최선의 각오를
항상 하고 있지 아니하면 아니 됨이니
라.
14 너희들이 어떠한 역경이요, 어떠한 고
통이요, 시련이 닥쳐온다 해도, 너희
들은 새로운 성경을 만들고 만백성을
구하는 역사의 정상을 향하여 좌절하
지 아니하며 계속 전진하는 그와 같은
너희들의 굳은 마음이 없이는 아무것
도 이룰 수 없음이니라.
15 그렇지 아니하는 자, 모든 영광과 나
의 기쁨이요, 너희들의 그 기쁨이 모

두가 다 물거품이 되는 걸 너희들은
알아야 될 것이니라.
16 지금 어떠한 고통이 너희들에게 밀어
닥친다 해도 새로운 성경을 만들어 만
백성을 구하겠다는 너희들의 그 마음
의 각오가 흔들리지 말아야 될 것이며,
17 그리고 하늘을 향하여 너희들이 정상
을 향하여 달려오는 바르고 곧은 길이
요, 그 길에서 너희들이 발을 떼어서
는 아니 되며 너희들이 물러서서는 절
대적 아니 됨이니라.
18 그러니 어떠한 시련이 닥쳐온다 해도,
너희들은 한 번의 그 고비를 넘어야
됨이니, 그때 결코 좌절하지 말며 계
속 전진하라.
19 그러면 모든 영광과 나의 기쁨이요,
아래로는 너희들이 그 기쁨을 더불어
누릴 수 있으며,
20 그 기쁨은 또한 일순간에 그치는 것이
아니라 영원히 지속되는 것이며 영원
히 감이니라.
21 너희들이 몰아닥치는 태풍이요, 몰아
붙이는 그 바람이요, 그리고 너희들을
핍박하는 그 모두는 일순간이니라.
22 그 일순간에 너희들이 자신을 지키지
못하고 견디지 못한다면 어찌 되겠느
냐?
23 너희들은 물러감이니라.
24 바닷가에 태풍이 몰아침이니, 너희들
이 잡고 있는 그 밧줄이요, 그 밧줄을
놓으면 너희들은 물속으로 들어가 고
기밥이 되니,
25 너희들이 어떠한 고통과 시련이 있어
도, 지나가는 그 태풍이 잠잠해질 때
까지 죽어도 그 밧줄을 놔서는 아니
될 것이니라.
26 손으로 잡고 있다가 안 되면 너희들
이 입으로 물어서라도, 아니면 네 몸
을 칭칭 감아서라도 너희들이 거기서
버티고 역사하지 아니하면 결코 아니
됨이니라.
27 그러니 바로 너희들이 그와 같은 운명
의 한고비를 반드시 넘어야 될 것이니
라.
28 바닷가에 태풍이 몰아닥치니 그 밧줄
에 매달려 잡고 있는 백성처럼, 그리
고 죽기 아니면 살기로 그를 놓지 않
는 것, 놓으면 그가 고기밥이 된다는
걸 알기에 발이 떨어지든 무엇하든,
네 목을 감든, 네 입으로 물든, 네 발
을 감든 거기서 너희들이 견디고 견디
는 자만이 일순간인 그 태풍이 지나
갔을 때 네 생명을 구할 수 있을 것이
니라.
29 그보다 더한 것이 부닥친다 해도 너희
들은 정상을 향하여, 마지막 인간이
오를 수 있는 최대의 영광인 그 정상
을 위하여, 정상을 향하는 마음을 너
희들이 좌절하지 말라.
30 그리고 거기서 너희들이 주저앉는 자
가 되지 말라.
31 그 영광이요, 그 기쁨은 위로는 나의
기쁨이요, 아래로는 지상의 만백성의
기쁨이요, 그 기쁨은 영원히 지속되니,
32 이제 그 태풍과 싸워 이기는 그와 같
은 너희들이 되어야 함을 내가 다시
한 번 마지막 전하느니라.
33 머지않아 너희들이 날개를 달아 날 수
있는 그때 너희들은 한 번은 시련을
겪을 것이니라.

34 그러니 그것이 바로 너희들의 고비이
니라.
35 날짐승이요, 독수리 새끼가 날아 제가
비행을 하고 제자리에 돌아오지 못하
면 그는 죽음이니라.
36 그 고비가 너희들에게 지금 한 번은
남아 있으니, 첫 비행을 무사히 마쳐
야만 됨이니라, 사랑하는 나의 아들딸
들아!
37 이제 너희들이 정녕 첫 비행을 시작하
는 하나의 태풍이 몰아닥치는 그 고비
가 이제 와 있으며,
38 영광과 축복도 영원히 같이하는 기쁨
도 너희들에게 마지막 문 앞에 와 있
으며 태풍도 너희들의 문 앞에 와 있
음을 알라.

11,249 번째 하나님 말씀

2004년 5월 23일 07시 40분

1 사랑하는 나의 아들아!
2 "네, 아버님! 말씀하옵소서."
3 나의 새로운 성경을 만들어 만백성을
구하는 그 역사요, 이것이 더욱이 두
번 다시 있는 것이 아니요, 이 모두는
마지막이라 하였음이니라.
4 지금 내가 마지막으로 나의 모두를 다
태워 160권의 새로운 성경에 내 뜻을
세상에 전함이니라.
5 그러니 이것이 두 번 다시 있다면 너
희들이 물러설 수 있으며 너희들이 양
보를 할 수 있으며,
6 밀어붙이는 태풍이요, 너희들을 앗아
갈 것 같은 그와 같은 바람이 몰아친
다 해도, 너희들을 핍박하여 그 핍박
에 너희들이 견딜 수 없는 그와 같은
자세가 도래한다 해도, 그와 같을 때
너희들이 양보하고 물러설 수도 있을
것이니라.
7 그러나 이것이 마지막이요, 이것이 더
이상 두 번 다시 없는 기회요, 만백성
을 구하고 구하지 못하는 것은 여기에
있기에,
8 너희들은 어떠한 태풍이 몰아붙여도
어떠한 핍박이 너희들에게 닥친다 해
도, 항상 너희들은 그 모두를 받아 낼
각오를 하고 있어야 될 것이며, 그들
과 싸워 이겨 나간다는 그와 같은 생
각을 하고 있어야 될 것이니라.
9 그리고 나에게 오를 수 있는 너희들이
그 정상이요, 너희들이 올 수 있는 나
의 집을 생각하며, 너희들이 어떠한
시련과 고통도 이겨야 되는 것이 너희
들의 운명이라는 걸 절대 잊지 말라.
10 인간 세상에 너희들이 인간의 그 어떠
한 목적을 이루고 그 뜻을 이루기 위
하여 살아가는 백성들이 그 고달프고
힘든 길이 무엇이더냐?
11 세상사의 향락이요, 인간관계를 다 접
어 두며, 제가 이루고자 하는 그 길을
위하여 오로지 거기에 몰두함이니,
12 모두를 다 저버리고 너희들이 그 목적
을 이룰 때까지 어떠한 힘들고 어려운
길을 가느냐?
13 그 외길에 인생을 던지며 가는 그와
같은 노력이 없이는 아무것도 이루어
지는 것이 없지 않더냐?
14 그러니 그 외길을 가기 위해 모두를
잊어버리고 가는 것이 인간의 너희들
의 노력이요, 또 너희들이 요구하는

그 목적을 달성하는 데 거기에 대한
대가를 치르는 것이 너희들이 아니더
냐?
15 그러니 이제 나의 아들을 따르는 제자
들이요, 더욱이 나 여호와의 뜻에 의
해 모두를 역사하는 백성, 너희들에게
때로는 그 말 못 할 희생이 따르게 됨
이니,
16 그 희생에 대하여 너희들이 눈물 흘리
며 그를 놓기가 아까우며, 그 희생에
대해서 너희들이 가슴 아파하는 그와
같은 마음의 자세를 이제는 다 씻어
내야 될 것이며,
17 그 모두를 다 놓고 버릴 수 있는 각오
가 되어 있는 너희들의 자세로 가지
아니하면 아니 됨이니라, 사랑하는 나
의 아들딸들아!
18 너희들이 하늘의 뜻을 역사하는 그 백
성의 자세가 그보다 더 강하며 그보다
더 진한 너희들이 마음의 각오가 없이
는 아니 됨이니라.
19 나의 뜻을 따라서 만백성을 구하는 선
생이요, 그리고 전사로서 명받은 너희
들이, 이 세상에서 네가 소유하고 있
는 것 네 것이라고 생각하는 것, 그리
고 너에게 버릴 수 없는 것, 귀중한 것
이라 생각하는 것,
20 그 모두를 너희들이 버리고 지워 버리
는 그와 같은 희생과 각오가 없이는
아무것도 이루어질 수 없다는 것을 너
희들은 명심하고 또 명심하도록 그리
하라.
21 내가 너희들이 바로 서기 위해서는 뭐
라 하였느냐?
22 '나'를 지워 버리며 '나 자신'을 버리고
'나'를 생각하지 않고 그리 삶을 살라
하였으니,
23 너희들이 더욱이 네 소유요, 네 모두
를 네 것이라 하여 쌓아 놓는 그 모두
를 다 네가 항상 놓고 갈 수 있다는 그
와 같은 마음의 자세로, 모두를 너희
들이 다 놓아 버리며 정상을 향하여
달려가는 그 마음 하나로써 너희들이
모두를 견디고 버티고 나가야 될 것이
니라.
24 그러니 모두 네 소유요, 모두 너희들
이 놓을 수 있는 준비를 항상 하고 너
희들이 그리 살라 내가 함이니라.
25 그리하여 닥쳤을 때 부질없는 것에 연
연하지 말며, 그를 놓고 너희들이 정
상을 위하여 달려가는 것,
26 나의 160권의 새로운 성경을 세상에
전하여 만백성을 구하는 그 역사에서
너희들이 물러 나가는 자, 떨어져 나
가는 자가 되어서는 결코 아니 된다
함이니,
27 모두를 놓을 수 있는 준비를 하라.
28 작은 것을 양손에 들고 있다면, 너희
들이 더 크고 귀중한 것을 주었을 때
너희들이 받을 수 없음이니라.
29 그 작은 것에 연연하는 자가 그러하니
라.
30 그러니 나 여호와의 뜻을 위하여 대역
사를 이루는 너희들이 작은 사소한 것
에 소유욕을 버리지 못하며 그리 연연
한다면,
31 너희들이 하늘에 오르는 큰 뜻이요,
만백성을 구하는 그 역사를 어찌하며,
하늘의 정상을 향하여 오르는 너희들
이 그 길을 어찌 가겠는가?

32 너희들이 그 하늘에 오르는 정상을 위
하여 그 목적을 위해서 모두를 다 희
생하고 놓을 수 있는 각오로 항상 살
라.
33 그리하여 내가 너희들을 불렀을 때,
너희들에 명을 내렸을 때, 모두 '예'요
대답하고 너희들이 즉시 행할 수 있는
백성이니,
34 때와 시기를 놓쳐서는 하늘의 뜻을 역
사할 수 없으니, 그것들을 정리하고
그것을 놓는 데 너희들이 죽을 때까지
마음을 비우지 못하며 정리하다 끝난
다면, 나에게 와서 받을 상이 어디 있
겠느냐, 사랑하는 나의 아들딸들아!
35 모두의 희생이요, 모두를 놓을 수 있
도록 하라.
36 큰 뜻이요, 하늘의 뜻을 역사하며 나
여호와의 뜻에 따라 역사하는 것, 그
것보다 너희들이 이 세상에 더 큰 목
표요, 소유는 없을 것이니라.
37 인간 세상에 살아가는 그들도 제 목표
를 위하여 때로는 모두를 잊으며 때로
는 모두를 희생하는 그와 같은 각오로
살아가거늘,
38 하물며 나 여호와의 뜻을 역사하는 너
희들이 인간 세상에 소유하고 있는 것
을 버리지 못하며 놓지 못한다면, 아
무것도 이룰 수가 없음이니라, 사랑하
는 나의 아들딸들아!

11,250 번째 하나님 말씀

2004년 5월 23일 07시 43분

1 사랑하는 나의 아들아!
2 "네, 아버님! 말씀하옵소서."
3 수천 년 동안 믿음의 길을 오는 그 종
교요, 그 신도요, 그 백성들이 무어라
하느냐?
4 나의 아들 예수를 구세주라 믿으며,
그 보혈로써 구원받았다 생각하며, 나
의 아들을 믿고 나 여호와를 경배하고
믿기만 하면 너희들이 구원이요, 하늘
에 오르는 길이라 그리 부르짖으니,
5 그리하여 저희들의 손으로 지은 죄의
온상에 나오는 그것으로써 구원을 받
는다 말함이니,
6 과연 너는 그 뜻을 어찌 생각하며 너
의 제자들에게 하고 싶은 말이 무엇이
더냐, 나의 아들아!
7 "네, 아버님! 저는 그리 생각하옵나이
다.
8 그들이 부르짖는 말도 그 의미가 있으
며 뜻이 있으나, 그들은 정녕 아버님
께서 원하시는 그 의미를 모르고 있
으며 하늘에서 원하는 그 뜻을 모르고
있기에, 그저 그대로 믿고 나가는 것
이라 저는 그리 생각되옵나이다."
9 그렇다면 네가 알고 있는 것은 무엇이
더냐?
10 "네, 아버님! 그 뜻은 이러하다 생각
하옵나이다.
11 아버님께서 존재하심을 믿는 그 마음
을 가지고 있다면, 그 마음이 진정한
마음이라면, 저희들이 스스로 결코 악
을 행하는 그와 같은 행위는 할 수 없
기 때문이라 그리 생각되옵나이다.
12 아버님이 계시며 예수님의 그 은혜로
써 구원을 받았다 생각하는 것은 구원
을 받는 것이 아니라, 그 은혜를 입으
며 은혜에 감사하며, 아버님께서 존재

하시다는 것을 믿는 마음이 구원을 받
는다는 것이니,
13 그 믿는 마음으로 스스로 저희들이 악
을 행하지 아니하며 죄짓지 아니하며
스스로 무너지는 행위를 하지 아니하
기 때문에, 그 정신이요, 그 깨달음이
요, 그 믿음으로써 그것을 아버님께서
는 아시며 그것을 전한 것이라 그리
생각되옵나이다."
14 사랑하는 나의 아들아! 그러하니라.
15 나의 아들 예수를 찾으며 나를 찾으
며, 그래서 저희들이 구원을 받는 것
이 아니라,
16 진정으로 나를 찾으며 나를 믿는 자,
스스로 제가 죄를 짓지 아니하며, 스
스로 제가 지옥의 벼랑으로 떨어지는
그와 같은 행위를 하지 아니하며 그와
같은 삶을 살지 아니하기 때문이니,
17 그리하여 너희들이 그와 같은 것이 구
원을 받는다는 것이지, 구원을 해 주
기에 너희들이 구원을 받는다는 뜻이
아님을 너는 잘 알고 있음이니라.
18 그러니 이 또한 너의 제자들에게 깊이
깨우쳐, 그들이 하늘의 지혜를 볼 수
있도록 그들의 귀와 눈을 열어 주며
그 지혜를 열어 주도록 하라, 사랑하
는 나의 아들아!
19 "네, 아버님! 알겠사옵나이다."
20 사랑하는 나의 아들아!
21 저 자신을 버릴 수 없는 백성이 되는
것이 바로 무엇이더냐?
22 나 여호와가 존재함을 알기 때문에,
저희들이 악을 스스로 행하지 아니하
며 스스로 선함을 볼 수 있기 때문에
그러한 것이지, 내가 그를 구원하는
것은 아니라는 것을 알았으면 그를 꼭
전하도록 그리하라.
23 그래서 너희가 나의 아들 예수와 나를
믿음으로 구원을 받는다 함은 잘못되
었음을 이제 그들은 알게 될 것이니라.
24 그러니 너희들이 여기서 알아야 될 것
이니라.
25 너희들이 나 여호와가 존재하며 나의
아들이 존재하는 것을 믿는 것으로써
구원을 받으나, 너희들은 거기서 스스
로 행함이 얼마나 소중한가?
26 너희들이 스스로 저를 버리지 않는 삶
을 사는 것, 나 여호와를 욕되게 하지
않는 것, 하늘을 향하여 한 점의 부끄
러움이 없는 그와 같은 삶을 살지 아
니하면 결코 아무것도 얻어지고 역사
하는 것이 없다는 것을 알라.
27 그러니 바로 나 여호와가 존재함을 믿
으며 나의 아들 예수의 그 죽음의 고
통을 진심으로 감사하게 생각하는 자
는 흔들릴 수 없는 마음을 굳건히 가
지며, 흔들릴 수 없는 그와 같은 백성
으로 거듭나는 그 지혜를 얻으며, 그
뜻을 알기에, 그것이 구원을 받는다는
것이요,
28 내가 직접 너희들에게 구원해 주는 것
은 아니니라.
29 그러니 스스로 자기 자신을 버리지 않
는 삶으로 잘 다스려 살아가며, 위로
는 하늘을 향하여 한 점의 부끄러움이
없는 그와 같은 삶을 살게 되면, 그와
같이 사는 자는 구원을 받음이요, 그
렇지 않으면 그것은 너희들이 지옥이
니,
30 이는 곧, 너희들이 나의 아들 예수를

믿으며 나를 찾음으로 구원받는 것은, 내가 존재하며 나의 아들의 감사함을 알아, 너희들이 그와 같은 자는 스스로 악을 행하지 아니하며 정의로운 길을 갈 수 있기 때문에 너희들이 구원을 받는다는 것이요, 구원의 역사가 이루어진다는 것이지, 그저 구원해 준다는 것은 아니니라.
31 하늘을 향하여 부끄러운 짓을 수없이 하면서 너희들이 구원을 받으며 나에게 오른다는 생각을 저버리도록 그들에게 깨우쳐 주라.

11,251 번째 하나님 말씀

2004년 5월 23일 07시 50분

1 사랑하는 나의 아들아!
2 **"네, 아버님! 말씀하옵소서."**
3 너희가 살아가면서 진실한 믿음이요, 나 여호와를 향하여 그 길을 바로 간다면,
4 너희들은 육의 세상에서 살면서 정의로운 행동을 하면서도 너희들이 욕되게 되는 것이요, 너희들의 그것이 묻히며, 불의가 승자가 되는 그와 같은 너희들의 삶이요, 그와 같은 억울함을 당한다 해도 너희들은 두려워하지 말라.
5 정녕 나의 뜻에 따라가는 백성 너희들이 육의 세상에서는 정의로운 자가 무너지며, 악한 자에게 패하는 그와 같은 억울함이 있다 해도, 너희들은 결코 그와 같은 것이 영원히 지속됨은 아니니라.
6 정녕 너희들이 거듭나는 하늘나라요, 나에게 와 심판을 받을 때, 너희들이 정의로우면 정의로운 대로 승자가 될 것이며, 악한 자는 악한 대로 패자가 되는 그 원칙이 변하지 않는 하늘의 법도가 기다리고 있음이니, 너희들은 절대 두려워하지 말라.
7 그러니 진정한 믿음이요, 나의 뜻에 의해 살아가는 백성 너희들이 오늘의 억울함과 슬픔을 가지고 원망하지 말며, 그를 되받으려 하지 말며, 그를 가지고 남에게 시시비비하지 말라.
8 묵묵히 너희들이 정의로우면 정의로운 길을 갈 것이며, 스스로 무너지지 아니하는 행위면 그 행위를 계속 지탱하여 용기 있게 나가라.
9 너희들이 오늘에 억울하고 육의 세상에서 슬프나, 그것은 잠깐 지나가는 태풍의 바람과 같다 하지 않았더냐?
10 그러니 그 바람이 지난 다음에 고요한 시대에서는 모든 진실이 드러날 것이며,
11 그와 마찬가지로 너희들이 육의 세상에 뒤죽박죽이요, 정의가 악이요, 악이 정의로 보이나,
12 너희들은 그게 통과되지 아니하며 그가 통하지 않는 세상에 너희들이 마지막 거듭나고 안 나는 영원한 세상에 오고 못 오는 그 심판대에 섰을 때, 그 모두는 그대로 비춰이니,
13 너희들이 억울할 것도 없으며 분할 것도 없으며, 너희들이 가슴 아파할 이유도 없음을 알라, 사랑하는 나의 아들딸들아!
14 더욱이 나의 뜻에 의하여 최선을 다하여 삶을 산다면, 너희들은 거듭나는

은혜를 입게 될 것이니, 그때 너희들
이 오늘의 억울함은 다 너희들에게 상
이요, 은혜로 된다는 것을 잊지 말라.
15 그러니 오늘에 억울하다 하여, 너희들
이 슬프다 하여 남들과 더불어 시시비
비하지 말라.
16 그리하여 송사하지 말며 너희들이 남
의 것을 탐을 하지 말며 남을 욕하지
말라 했느니라.
17 너희들이 유리창을 깼느냐 하면 그저
깼다 묵묵히 대답하는 백성이 되라 했
음이니, 그 모두가 원칙적인 세상에서
는 너희들에게 상이 됨이라 하니,
18 나의 아들딸 너희들이 상을 받을 수
있는 길을 내가 가르쳐 주며, 너희들
이 나에게 와 당당히 고개 들 수 있는,
그리고 사탄이요, 그들 앞에서 너희들
이 부끄럽지 않은 행동을 하라 하여
내가 상세히 세세히 풀어서 너희들에
게 전함이니,
19 그대로 너희들이 행하고 살면 곧 그것
이 나에게 오르는 길이라는 것을 잊지
말라 전하라.

11,252 번째 하나님 말씀

2004년 5월 23일 10시 06분

1 사랑하는 나의 아들아, 내가 너에게
무어라 전하였느냐?
2 "네, 아버님! 지금까지 모든 백성들이
믿음의 길을 가는 것, 아버님의 뜻에
따라 산다 하며, 아버님께 모두의 기
도를 드리며 경배 드리며 영광을 드
리며 산다는 그 백성들이 오늘까지 아
버님께 한 것은,
3 무엇을 달라, 이루어 달라 그와 같은
것만을 하는 그 기도요, 거래하고자
하는 그와 같은 믿음의 길을 왔다 하
셨사옵나이다.
4 인간 세상에 부모가 살아가면서도 재
산이 있어서 자식에게 유업이요, 유산
을 남겨 주는 그 부모가 자식을 사랑
하는 마음보다도, 넘겨주지 못하며 남
겨 주지 못하는 그 가난하고 불쌍한
부모의 마음이 그 자식을 사랑하는 마
음이 더 깊을 수 있다 그리 말씀드렸
사옵나이다.
5 줄 것이 없는 부모에게 자식이 달라
매달리며 자식이 은근히 달라고 바라
는 것은, 부모를 협박하며 그 부모의
마음을 고통스럽게 하는 것이요, 그
부모의 삶의 그 모두를 다 짓밟는 그
와 같은 행위라 하셨사옵나이다.
6 그러니 그와 같은 자세로써 그와 같은
삶을 사는 것은 인간 세상의 도리도
아니 됨이니,
7 세상에 살아가면서 저희들이 하늘의
뜻을 역사하며 아버님의 뜻에 의해
가는 백성은 더군다나 그와 같은 삶을
살아서는 아니 된다는 그 말씀을 주셨
사옵나이다."
8 그러니 나의 아들을 따르는 제자들이
요, 그리고 나의 새로운 성경을 읽고
깨우친 만백성 너희들은 들으라.
9 이제 너희들이 그와 같은 자식이 되지
말며,
10 부모를 편안하게 모시며, 부모에게 무
엇을 드리며, 너희들에게 모두를 다
바친 부모에게 무엇을 역사할 수 있
는 것인가, 그것을 생각하는 그와 같

은 거듭나는 자식으로서 너희들이 삶
을 살라 내가 전함이니라.

11,253 번째 하나님 말씀

2004년 5월 23일 10시 09분

1 사랑하는 나의 아들아!
2 "네, 아버님! 말씀하옵소서."
3 너희들이 하늘에 오르는 길이요, 나에
게 오르는 길이요, 너희들이 거듭나는
그와 같은 영광의 은혜를 얻는 것은
무엇이라 하였느냐?
4 너희들이 어린아이가 되는 것이라 하
였음이니라.
5 어린아이가 되어 너희들이 구원을 받
는 것, 그리고 하늘에 오르는 것, 그것
이 너희들이 내 뜻에 역사함이라 하였
음이니라.
6 그러니 곧 어린아이가 된다는 것은 무
엇이더냐?
7 너희들이 어린아이가 된다는 것은 나
에게 오를 수 있음이니, 너희들이 나
에게 가장 큰 선물이요, 너희들이 나
에게 줄 수 있는 최대의 선물이요, 가
장 큰 기쁨이요, 영광된 것은 바로 너
희들이 어린아이가 되는 것이니라.
8 그러니 나 여호와의 뜻을 너희들이 알
겠느냐?
9 그러니 너희들이 하늘에 오르고자 한
다면 너희들이 어찌 되어야 한다는 그
이치를 알았을 것이며, 내가 어린아이
가 되라는 것, 어린아이가 되지 아니
하면 너희들이 안 된다는 그 의미를
알았을 것이니라.
10 이 이치를 깨달았다면, 너희들이 나에
게 가장 큰 기쁨이요, 가장 영광된 것
을 선물한다는 것은,
11 어린아이와 같은 자세로 너희들이 변
화되는 것이요, 그와 같은 삶을 사는
것이니라, 사랑하는 나의 아들딸들아!
12 어린아이가 되라.
13 그러면 너희들은 나 여호와에게 가장
큰 기쁨이요, 선물이니라.
14 그러한 백성 너희들이 나와 같이할 수
있으며 나를 볼 수 있으며, 내가 내리
는 성령의 뜻을 직접 들을 수 있는 영
광을 얻을 것이니라.
15 어린아이가 되는 것, 그것이 사랑하는
마음이니라.
16 곧 어린아이는 사랑할 줄 알며 그 사
랑이 진실함이니라.
17 위장된 사랑이요, 거짓된 사랑이요,
계산된 사랑은 사랑이 아니라 하지 아
니하였느냐?
18 어린아이들의 사랑만이 진실한 사랑
이니라.
19 그러니 진실한 사랑의 마음이요, 그
마음을 갖는 것은 너희들이 무엇이더
냐?
20 이 세상에 살아가는 데 참다운 진리
요, 참다운 정의로움으로 살게 됨이니
라.
21 그리하여 그와 같은 자 나에게 오를
수 있음이니, 그리하여 너희들이 어린
아이가 되는 것이 나에게 가장 큰 선
물이요, 기쁨이라 함을 알겠느냐?
22 어린아이와 같은 자는 진실한 사랑을
하며,
23 진실한 사랑을 하는 자, 참진리요, 진
실된 마음으로 아름다운 삶을 살 수

있으니,
24 그 백성들이 나에게 오르는 기본이요,
근본이 갖춰진 자들이기에 내가 너희
들에게 그리 말함이니라, 사랑하는 나
의 아들딸들아!

11,254 번째 하나님 말씀

2004년 5월 23일 10시 14분

1 사랑하는 나의 아들아!
2 "네, 아버님! 말씀하옵소서."
3 나의 피조물 만백성 너희들에게 어린
아이가 되라 하였음이니라.
4 어린아이가 되는 것이 나에게 주는 가
장 큰 선물이요, 나에게 가장 큰 기쁨
을 안겨 주는 것이요,
5 너희들이 또한 나로부터 상을 받을 수
있는 길이요, 나에게 오를 수 있는 길
이라 하였음이니라.
6 그리하여 내가 모든 백성들에게 어린
아이와 같은 마음으로 살라 하였거늘,
7 너희들은 어찌하여 너희 자신이 어린
아이와 같은 사람이 되려 하지 아니하
며,
8 다른 사람이요, 상대방만이 어린아이
처럼 살아가며 그와 같이 살아가기를
바란단 말이더냐?
9 이제는 너희들이 남들이 어린아이와
같이 되기를 바라는 그와 같은 마음을
가져서는 아니 될 것이니라.
10 나의 아들을 따르는 제자들이요, 나의
새로운 성경을 읽고 깨우친 백성, 너
희들은 남들이 어린아이가 되기를 바
라지 말며, 너희들이 먼저 어린아이가
되려 하는 그와 같은 노력을 하라.
11 그것만이 너희들이 나에게 오를 수 있
는 길임을 알라.
12 남이 어린아이가 되기를 바라지 말고
너 자신이 먼저 되는 데 최선의 노력
을 다하며,
13 남들이 어찌 가든 너 자신만을 지켜
가는 그와 같은 삶을 살도록 그리하
라, 사랑하는 나의 아들딸들아!
14 남으로부터 너희들이 사랑을 받고자
하는 것은 무엇이더냐?
15 남을 먼저 사랑하는 자만이 남으로부
터 사랑을 받으며,
16 남을 인정하는 자, 남으로부터 인정을
받는 삶을 살아가는 것이 아니더냐?
17 그러니 너희들이 남을 먼저 인정하며
남을 먼저 사랑하며 남에게 먼저 베푸
는 것처럼 너희들이 거둬들임이니, 베
풂을 먼저 하도록 그리하라, 사랑하는
나의 아들딸들아!
18 나 여호와는 줄 것이 없으며 내려 줄
것이 없다 하였거늘,
19 모든 백성들이 나로부터 은혜요, 축복
이요, 재물이요, 권력이요, 권세의 영
광을 받기를 바라며 내려 주기를 바라
는 그와 같은 기도를 수없이 함이니,
20 너희들은 나로부터 먼저 축복을 받고
자 하는 기도를 하지 말고, 나에게 기
쁨을 안겨 줄 수 있는 그 기도를 먼저
할 수는 없는가?
21 지금까지 너희들이 나로부터 받은 모
든 은혜요, 그 감사함에 너희들이 그
깊은 기도부터 드리라.
22 그리고 너희들이 감사의 기도부터 드
려도 그 기도가 끝이 없을 것이거늘,
23 너희들이 평생 살아가면서 나에게 감

사한 기도요, 은혜의 기도를 해도 너
희들이 나에게 갚을 길이 없거늘,
24 더 달라, 더 이루어 달라, 축복을 달라
너희들이 기도를 함이니, 이를 보는
하늘의 천사요, 사탄들이 너희들을 어
찌 보는가?
25 천사는 천사대로 가슴이 아프며 너희
들의 답답한 마음을 달랠 길이 없으
며, 사탄은 사탄으로서 그들이 기쁨을
얻느니라.
26 나로부터 심판을 받아 너희들이 지겨
운 그 쇠사슬에 묶여 집어던져질 때,
심판대에서 너희들이 내려가 나에게
오르지 못하고 물러날 때,
27 죄의 쇠사슬에 묶인 나의 백성 너희들
을 사탄들은 기다렸다는 듯이 그저 지
옥으로 납치해 가는 그와 같은 형국으
로 너희들이 살아감이니,
28 사탄은 기뻐함이요, 그리고 천사는 슬
퍼함이요, 그러나 천사도 너희들의 어
리석은 삶을 한탄하며 사탄도 또 너희
들의 어리석음을 비웃고 있음을 너희
들은 알라.
29 너희들이 얼마나 어리석고 얼마나 잘
못된 삶을 사는가?
30 나에게 받은 은혜요, 그 영광을 감사
의 기도를 드리고 드려도 너희들이 못
다 하는 그 백성들이 무슨 축복이요,
너희들이 권세의 영광을 내려 달라 기
도하는 것을 보고 사탄도 웃고 있으며
천사도 웃는다 함을, 너희들은 그 무
서운 사실을 알도록 그리하라.
31 너희들이 남을 먼저 생각할 수 있는
것, 그리고 남을 먼저 생각하는 그와
같은 삶은 바로 고통이 따르며 너희들
이 가지고 있는 재물의 손실이 따르는
것이니라.
32 그러니 너희들이 네 재물의 손실을 보
지 않으며 네가 고통과 시련의 과정을
겪지 아니하고 그를 거쳐 살아온 사람
들보다,
33 그를 이기고 살아온 사람, 그를 행하
고 살아오는 백성, 너희들은 믿음이
요, 살아가는 삶이 다 진실이며 믿을
수 있는 믿음일 것이니라.
34 그러나 너희들이 남을 먼저 생각하기
에 네가 고통이 따르며 네가 손해를
보는 그와 같은 것을 행하지 아니하며,
35 용기없는 자, 말로써만 하는 자는 진
정한 믿음이요, 진정한 믿음의 길을
갈 수 있는 백성이 못 된다는 것을 알
라.
36 고통과 시련 속에서 제 것을 버리고
가는 자, 그리고 제 재물의 희생에 대
하여 두려워하지 아니하는 자,
37 그와 같은 시련과 고통을 겪고 가는
백성은 진정한 믿음이요, 그들이 믿는
믿음은 진실한 자들이라 그리 전하라.

11,255 번째 하나님 말씀

2004년 5월 23일 10시 22분

1 사랑하는 나의 아들아!
2 "네, 아버님! 말씀하옵소서."
3 모든 사람들이요, 사랑하는 너희들은
어떠하는가?
4 너희들은 어떠한 경기 시합을 하기
전에, 본 경기에 들어가기 전에 몸을
풀며 그 준비를 하느니라.
5 그러니 사랑하는 나의 아들딸 너희들

은 이 세상의 이치를 알라.
6 모든 믿음의 길을 가는 백성들이요,
지금 구원을 받았다는 백성들, 저희들
이 무어라 말하든, 어떠한 길을 가든,
7 너희들이 지금 육의 세상에 사는 삶은
너희들의 본 삶이 아니요, 너희들이
진짜의 본 삶을 살기 위하여 지금 몸
을 푸는 그와 같은 과정이라는 것을,
8 나의 아들딸 너희들은 이것 한 가지만
깨달아도 너희들이 평생을 바쳐 얻을
것을 다 얻은 것이라 그리 전하라, 사
랑하는 나의 아들아!
9 사랑하는 나의 아들딸 너희들은 들어
야 될 것이니라.
10 내가 말했듯이 너희들은 어떠한 경기
에 어떠한 시합을 하기 전에 그 준비
과정에서 몸을 풀지 않느냐?
11 그러니 너희들은 준비 운동을 철저히
하여 그 준비된 자가 본 경기에 임하
니, 그 자신과의 싸움이요, 그리고 너
희들이 인내요,
12 그리고 상대방을 너희들이 피나는 노
력을 하며 힘과 지혜요, 용기를 모두
동원하여 너희들이 가지고 있는 모두
를 다 바쳐 거기서 이긴 자는 승자가
될 것이며, 그렇지 아니하면 패자가
되는 것이 아니더냐?
13 그러니 너희들이 운동 경기를 하기 전
에 준비 과정이 바로 무엇인 줄 알겠
느냐?
14 인간 세상에 너희들의 오늘의 육의 세
상의 삶이니라.
15 너희들이 육의 세상에서 살다 죽는 것
이 그것이 바로 무엇인 줄 알겠느냐?
16 그게 바로 너희들이 본 경기가 시작됨
이니라.
17 육의 세상에 사는 삶은 너희들이 백
년이라는 그 끝이 있으며 한계가 있으
나, 본 삶은 끝이 없으며 영원히 너희
들이 살아가는 것이기에,
18 너희들이 끝이 보이는 육의 세상의 삶
은 연습 과정이요, 몸을 푸는 과정이
라 함을 내가 너희들에게 전하니,
19 나의 아들딸 너희들은 들으라.
20 그리고 나의 아들을 따르는 제자 너희
들은 이 뜻을 명심하여 이와 같은 이
치를 깨닫고 살아가도록 그리하라.
21 너희들이 육의 세상에 사는 것은 죽음
이 있으며 종착역이 있느니라.
22 그러니 내가 부서지고 깨지는 것은 나
의 진리가 아니요, 내가 역사하는 것
이 아니라 하지 아니하였더냐?
23 나 여호와의 뜻이라는 것은 부서지며
깨지는 것이 아니요, 영원히 존재하는
진리이기 때문에 그것이 나의 뜻이라
하였음이니라.
24 그러니 지금 모든 종교 집단의 지도자
그들이 어찌 살아가는 줄 아느냐?
25 저희들이 지금 본 경기에 임해서 살아
가는 것으로 착각하고 있느니라.
26 지금의 육의 세상에 너희들이 그 믿음
이요, 아무리 방대한 조직이요, 아무
리 큰 믿음이라 해도, 너희들은 본 경
기에 임하기 전에 너희들 자신이 몸을
푸는 것이니라.
27 그러니 본 경기에 임하여 너희들이 어
렵고 힘든 길을 가 보지 않은 자들이
저희들을 따르는 것만이 구원을 받을
수 있으며,
28 저는 무조건 이기며 제가 승자가 되

며, 누구도 저와 상대할 수 없다 제가
호언장담하는 자, 그리고 저만이 우승
한다는 것, 그와 같은 말을 하는 어리
석은 백성이니라.
29 너희들이 험난하고 힘든 인간의 한계
를 원하는 그 경기에 들어가기도 전
에, 어찌하여 제가 승자요, 우승자라
그 어리석은 말을 한단 말이더냐?
30 그들의 말에 현혹되지 말며, 그들의
오만함을 너희들은 지켜보도록 하라,
사랑하는 나의 아들딸들아!
31 육의 삶은 너희들이 영원히 이 세상에
사는 것이 아니요, 새로운 세상에 너
희들이 거듭날 수 있는 그 몸을 푸는
준비 과정이 육의 세상의 삶이라는 것
을 알라.
32 내가 그리하여 너희들에게 무어라 말
하였느냐?
33 너희들이 육의 오늘의 삶은 그저 하루
살이가 왔다 하루 살다 가는 그와 같
은 인생만도 못한 것이 너희들이라 했
으니,
34 그게 너희들이 멀고 먼 그 경기에 들
어가기 위하여 몸을 푸는 과정이라는
그 의미를 알 것이니라.
35 사랑하는 나의 아들딸들아!
36 이 준비 과정에서 얼마나 너희들이 지
금 치열한 싸움을 하고 있는 줄 알겠
느냐?
37 본 경기에 들어감이 아니요, 저희들이
치고받는 싸움이요, 제 말을 듣지 않
는 자, 제 앞에 가는 자, 저보다 잘났
다 하는 자, 그와 같은 자는 용서하지
못하며,
38 제 앞을 이겨 가는 자, 저를 이기려 대
드는 자는 용서하지 아니하겠다 하여
치열한 싸움을 걸고 시비를 거는 것이
오늘의 종교 집단의 지도자요,
39 더욱이 구원을 받았다 말하는 너희들
이 맹종 맹신하는 그 신도들이 가련하
고 어리석음이니라.
40 그러니 그들의 가련하고 어리석음을
탓하기 전에 그들을 어찌하면 깨우쳐
줄 것인가 그것을 너희들이 연구하며
그를 생각하는 나의 아들딸이 되어야
함을 잊지 말라, 사랑하는 나의 아들
딸들아!
41 그 우승을 할 수 있는 자는 말없이 지
금 한쪽에서 제 몸을 풀며 저 자신을
다스리고 있음이니라.
42 그리하여 그는 끝까지 어떠한 어려움
이 있어도 우승을 할 수 있는 자는 준
비를 철저히 지금 하고 있으며 우승자
는 따로 준비를 하고 있거늘,
43 제 몸이요, 준비도 못 한 자, 훈련도
못 한 자가 제가 우승자라는 그와 같
은 어리석은 자들을 버리지 말며 구원
하도록 그리하라, 사랑하는 나의 아들
딸들아!
44 내가 너희들에게 다시 말함이니라.
45 육의 삶은 너희들이 무엇이냐, 끝이
있음이니라.
46 그러니 끝이 있는 것은 너희들이 준비
과정이요,
47 끝이 없는 영원한 너희들의 삶을 사는
것, 즉 본 삶을 살기 위하여 너희들은
모든 준비를 철저히 하도록 하라.
48 너희들이 나에게 불려 와 종착역에
숨을 거둬 심판대에 서서 거듭날 때,
그때서부터 너희들이 인생의 본 삶이

시작됨이니, 지금은 연습이요, 훈련
과정이라는 것을 명심하라.
49 훈련 과정에서 너희들이 잘못된 자 망
하며 잘못된 자 쓰러지듯이, 오늘의
너희들이 훈련을 게을리하지 말라.
50 다만, 너희들이 세상에 얻을 수 없는
나의 새로운 성경이요, 내 뜻을 손에
들고 있는 자, 그보다 더 축복되고 영
광된 것이 없으니 내가 그를 놓지 말
라 하는 것이, 나의 아들을 따르는 제
자 너희들을 사랑하기에 내려 줌이니
라.

11,256 번째 하나님 말씀

2004년 5월 23일 11시 38분

1 사랑하는 나의 아들아!
2 "네, 아버님! 말씀하옵소서."
3 내가 너희들에게 전하기를, 나의 새로
운 성경을 접한 백성, 이를 읽고 깨우
치는 백성, 너희들이 어떠한 은혜를
입었다 하였느냐?
4 하늘에서 내리는 그 소낙비 속에 내가
황금 빗방울 하나를 내려보냄이니, 그
것을 너희들이 손바닥으로 받은 영광
을 받은 자라 하였음이니라.
5 그러니 바로 너희들은 무엇이더냐?
6 나로부터 선택된 백성이요, 내가 그와
같이 귀하고 귀한 것을 내렸을 때, 너
희들이 그를 받은 자니, 너희들이 얼
마나 귀하고 소중한 나의 백성들인가
를 너희 스스로 알라 함이니라.
7 세상을 덮는 소낙비가 쏟아지는 그 속
에서 나 여호와가 한 방울의 황금빛
물방울을 섞어서 세상에 내려보내니,
그를 누가 받을 수 있으며 누가 그를
받는다 장담할 수 있겠느냐?
8 그와 같은 역사를 제가 이룰 수 있다
장담하며 제가 받을 수 있다는 것이
오늘의 종교 집단의 지도자들이요, 그
들이 오만이요, 자만함이 극에 달했음
을 너희들은 알라.
9 그러나 그걸 받은 너희들은 마음으로
아무런 말이 없으며 오로지 너희들의
갈 길을 열심히 가는 백성들이니라.
10 오늘 내가 너희들을 통하여 무어라 하
였느냐?
11 여왕벌을 위하여 너희들이 일벌처럼
최선을 다했다 했음이니, 내가 그 말
을 내릴 때는 너희들이 그와 같은 역
사를 이루었기 때문이요, 너희들이 그
와 같이 살아왔기 때문임을 알라.
12 그러니 나 여호와는 너희들이 잘못했
을 때 그 대가를 치르도록 하는 것이
하늘의 법도요, 너희들이 바르게 산
자는 그와 같은 은혜를 받는 것이 불
변하는 하늘의 법도이니라.
13 그러니 너희들이 그만큼 어렵고 힘든
길을 왔음이니라.
14 그리하여 나 여호와의 기쁨이 있으며
나의 행복함이 여기에 있음이니라.
15 너희들로 하여금 나의 기쁨을 얻으며
나의 서운한 마음을 달랠 수 있는 그
와 같은 것이 오늘에 이루어졌음을 너
희들은 알아야 될 것이니라.
16 사랑하는 나의 아들을 따르는 너희 제
자들이 수고했노라.
17 그리고 너희들이 누구도 넘을 수 없고
갈 수 없는 그 길을 왔느니라.
18 그러나 여기서 너희들은 두 가지를 더

가슴에 안고 오늘 돌아가야 될 것이니
이를 명심하도록 그리하라.
19 아무리 공이 있고 큰 역사를 했다 해
도, 너희들이 원수를 사랑하는 마음을
갖지 아니하면 아니 되며, 너희들이
하늘에 오르는 길은 끝이 없음이니라.
20 그러니 끝이 없는 그 길을 위하여 너
희들이 부단히 노력하며, 쉬어서도 아
니 되며 중단해서도 아니 되는 것이
나에게 오르는 길이니라.
21 너희들이 이 두 가지를 명심하여 지키
고 행하도록 그리하라.
22 그리했을 때 너희들이 얻고 잃는 것은
너희들이 다 볼 수 있으며 체험할 수
있는 것이니라.
23 나 여호와가 너희들에게 그 모두를 약
속한 것이 무엇인 줄 알겠느냐?
24 내가 너희들에게 가장 큰 상을 내린
것은 너희들이 육의 세상에 삶의 종착
역을 맞기 전에 너희들이 모두를 다
볼 수 있으며, 너희들이 오늘의 수고
로움을 받을 수 있다 내가 말한 뜻이
거기 있음이니라.
25 너희들이 이 세상에 죽음이요, 심판대
에 오기 전에 너희들이 모든 역사하는
것이 이는 나 여호와의 뜻이라는 걸
너희들이 알 수 있다 하는 것은 바로
무엇이더냐?
26 너희들이 안다 한들 무엇하겠느냐?
27 내가 그만큼 너희들에게 내릴 수 있는
상이 있으며 너희들이 받을 수 있는
상이 있다는 것을 내가 오늘 나의 아
들을 통하여 전함이니, 나의 이 뜻을
그리 알도록 하라.
28 이제 너희들은 두 가지를 꼭 가슴에
심고 오늘 가라.
29 원수를 사랑하라, 그리고 끝없이 부단
히 노력하라.
30 흔들리지 말며 꾸준히 노력해야만 너
희들이 소기의 모든 뜻을 이루는 것이
니라.
31 작은 것을 이루는 것도 아니요, 작은
인간 세상의 뜻을 이루는 것도 아니
니라.
32 이 세상에서 가장 위대한 하늘의 뜻을
역사하니, 너희들보다 더 큰 일을 하
는 자가 없으며 더 큰 역사를 하는 것
이 없음이니,
33 그 큰 역사의 길에 들어선 너희들이
절대 물러나서도 아니 되며 중단해서
도 아니 되니, 꾸준히 노력하고 꾸준
히 전진하라.
34 그리고 원수를 사랑하는 그 한쪽의 온
유한 마음을 기르도록 그리하라.
35 그것이 오늘에 너희들이 가슴에 안고
돌아갈 과제이니라, 사랑하는 나의 아
들딸들아!

11,257 번째 하나님 말씀

2004년 5월 24일 0시 00분

1 사랑하는 나의 아들아!
2 **"네, 아버님! 말씀하옵소서."**
3 나의 성령이 세상에 전해짐이니, 너희
들이 첫 단추를 잘못 끼워 모두가 일
그러졌듯이 지금에 그와 같은 형국이
되었다 했음이니라.
4 그러니 일그러지고 또 일그러진 속에
서 너희들이 무너지고 또 무너진 것이
무엇이더냐?

5 종교 지도자가 재산 모두를 다 손에서
놓는, 그리고 저희들이 재물을 생각하
지 않고 빈손으로 살아가는 것이 종교
지도자요, 나 여호와의 뜻에 의해 역
사하는 백성이요, 선택된 자라는 그
생각을 저희들이 갖지 못했으며, 그
생각으로써 삶을 살지 못했기 때문이
니라.
6 재물을 탐하지 아니하고 재물에 관여
되는 그와 같은 지도자가 아니라면 그
지도자가 소신껏 제가 알고 있는 상
식, 배운 것, 그리고 아름답고 고운 하
늘의 진리요, 나 여호와의 뜻을 가르
치고 그를 행하도록 얼마든지 명할 수
있음이니라.
7 그러나 너희들이 재물에 얽매이며 그
재물의 욕심 때문에, 그리고 과욕을
부리다 보니 그것을 운영하자면 재물
이 없어서는 아니 됨이니,
8 능력 있는 자, 재물을 대는 자, 그와
같은 자에게 너희들이 그 고리에 걸려
그와 같이 제 소신껏 나 여호와의 뜻
대로 가르치지 못하고 가는 것이 오늘
의 종교 집단 지도자들이 아니더냐?
9 그러니 너희들이 성서의 뜻을 제대로
알지도 못하며, 인간의 재물을 가지고
조종하는 자, 고리를 끼워 가지고 흔
드는 자, 그와 같은 자의 뜻이요, 그와
같은 생각을 너희들이 반영하는 그와
같은 오늘의 종교 집단을 운영했으며,
그와 같은 방법으로 너희들이 끌어왔
기 때문에 썩은 데 더 썩은 그와 같은
형국이 되었음이니라.
10 사랑하는 나의 아들아!
11 "네, 아버님! 말씀하옵소서."
12 나의 성령을 직접 들으며 나의 뜻을
전하며 160권의 새로운 성경을 만들
어 세상에 전함이니,
13 남들은 그와 같이 간다 해도, 너는 흔
들리는 마음이요, 소신이 없는 그와
같은 행위를 해서는 결코 안 됨이니라.
14 그러니 너를 따르는 제자들 또한 그리
가르치라.
15 나의 새로운 성경을 가지고 너희들이
공부하며 그 뜻을 가지고 만백성을 가
르치는 그 길을 간다면,
16 너희들이 확실한 소신과 확실한 뜻이
있으며 그를 굽히지 아니하고 실천하
고 행하는 것, 그것이 나 여호와의 뜻
이요, 정의라 하면,
17 너희들이 그를 타협하고 합의하여 그
것을 따르고 변경하는 그와 같은 행위
를 해서는 아니 됨이니라.
18 결코 흔들리지 않는 지도자요, 너희들
이 흔들리지 않는 선생으로서 바로 서
는 것만이 내 뜻이 그리 전해지는 것
이며 그와 같이 역사함이니라.
19 지금 수천 년 동안 믿음의 길을 오면
서 너희들이 위에서 생각하는 것이 밑
에서 변질되고 또 한 단계 내려오면서
변질되고 또 변질되어 이와 같이 너희
들이 썩고 썩을 대로 썩었음이니라.
20 그러니 나 여호와의 뜻은 변하지 아니
하는 것이요, 진실이라 하지 않았더냐?
21 그러니 그것이 흘러오면서 너희들이
변화되고 변질된다면, 그것은 나의 뜻
이 아니고 나의 진리가 아니지 않더냐?
22 그러니 나의 진리요, 나의 뜻을 전한
다면, 너희들은 세월이 흘러도 똑같은
방법으로 그를 가르치고 지도해야 됨

이니, 그것은 너희들이 그 뜻을 그대
로 전하는 것밖에 없음이니라.
23 변질되기 시작하면 변질되는 걸 막을
수 없으니, 너희들이 원칙대로 처음서
부터 가르치며, 그리고 그 후손 또한
그대로 따라서 가르치는 것이 보존할
수 있는 길이며 지탱할 수 있는 길이
라는 것을 잊지 말라.
24 이것을 너희들이 명심해야 될 것이니
라.
25 나의 뜻이요, 너희들이 한 점의 부끄
러움이 없는 일이라면 어떠한 뜻이요,
누가 무어라 해도 너희들이 흔들리고
계획이 변경된다면, 이것은 잘못된 것
이요, 이건 내 뜻대로 갈 수 있는 백성
이 아니요, 지도자가 아니라는 것,
26 변화되고 무너지고 수정할 수 있는 그
와 같은 마음을 가지고 산다면 그것은
내 뜻이 아니요, 이미 잘못된 것이라
함을 너희들은 알아야 될 것이니,
27 이제 너희들이 지도자로서 세상에 나
가 만백성을 가르치고 이끌 때, 그와
같이 변화되는 행동을 해서는 아니 되
며 타협하는 행위를 해서는 아니 됨이
니라.
28 굳건히 지키고 소신껏 모두를 역사할
때, 하늘이 도울 것이며 나 여호와가
도울 것이며 너희들이 뜻을 이룰 수
있다는 걸 절대 잊지 말라 그리 전하
라.

11,258 번째 하나님 말씀

2004년 5월 24일 0시 03분

1 사랑하는 나의 아들아!
2 "네, 아버님! 말씀하옵소서."
3 사랑하는 백성 너희들이 세상에 나감
이니, 모두가 나로부터 은혜 받지 않
은 것이 없으며 내 은혜 속에서 이루
어지지 않은 것이 없다 하였음이니라.
4 생명을 받아 세상에 나오는 그것도 너
희들이 나의 은혜 속에 역사한 것이
요, 이 세상에 너희들이 모두를 지배
하고 살아갈 수 있는 것, 그것도 또한
나로부터 받은 은혜이니라.
5 그러니 나로부터 받은 은혜를 나의 백
성 너희들이 보답은 하지 못한다 해도
나의 반대쪽에 서서 너희들이 사탄의
노예가 되어, 사탄의 종이 되어, 나의
은혜를 너희들이 역으로 갚아서는 아
니 되지 않더냐?
6 그와 같은 행위는 결코 너희들이 있을
수 없음을 알아야 될 것이니라.
7 그러니 너희들이 지금 생각해 보라.
그리고 너희들이 지금 가고 있는 길을
들여다보라.
8 그리고 너희들이 살아가는 삶을 한번
들여다보라. 어떠한 길로 살고 있는가?
9 과연 너희들이 나의 은혜에 보답하고
자 하는 그와 같은 삶을 사는가?
10 세상에 너희들이 타협하며 협조하여
그저 육의 안락한 생활, 육의 편안한
생활을 위하여 너희들이 모두를 다
접어 두고 진리요, 참진실이라는 것,
그 모두도 덮어 두고 살아가는 백성들
은 아닌가?
11 너희들 스스로 지금 네 사는 삶을 돌
아다보며 생각해 볼 때가 되었음을 알
라.
12 지금이라도 너희들이 그를 들여다보

고 바로 가는 그와 같은 삶을 살지 않는다면, 결국 너희들은 그 대가 앞에서 얼마나 몸서리치는 무서운 결과를 맞이하는가, 나는 더 이상 말하지 아니할 것이니라.

13 최소한 너희들이 살아가면서 나 여호와의 은혜에 감사할 줄 안다면, 그들에게는 어떠한 것이 있느냐?

14 그와 같은 마음을 가지고 사는 백성이 있다면, 그들에게는 내가 새로운 성경의 내 뜻을 전할 가치가 있는 자들이니 그리 알라.

15 모든 종교 집단 속에서 저희들이 살아가나, 나 여호와로부터 받은 은혜에 감사할 길이 없다 생각하는 자, 진심으로 나의 은혜에 대한 감사함만을 가지고 사는 그와 같은 백성들, 그들은 바로 나의 새로운 성경을 전해 받을 수 있으며, 그리고 읽고 깨우치고 뚜껑을 열 자격이 있는 자이니라.

16 그러니 너희들은 그와 같은 백성을 먼저 깨우치며 그들에게 기회를 주어야 될 것이며,

17 그들이야말로 거듭나는 그와 같은 은혜를 입을 수 있도록 너희들이 나의 법전을 전하며 그들을 지도하는 데 최선을 다하도록 그리하라.

18 정녕 나의 은혜에 감사하며 그 은혜에 보답할 길이 없다 생각하며 살아가는 백성, 그들이야말로 나로부터 은혜를 받을 수 있는 자격이 있는 백성들이기 때문이니라.

11,259 번째 하나님 말씀

2004년 5월 24일 0시 08분

1 사랑하는 나의 아들아!

2 "네, 아버님! 말씀하옵소서."

3 나의 아들을 통하여 내가 너희들에게 무어라 가르쳤느냐?

4 나의 새로운 성경을 접하는 백성이요, 그를 읽고 깨우치는 백성, 너희들이야말로 하늘에서 쏟아지는 소낙비 속에서 황금 빗방울 하나를 내리니, 그것을 손에 받는 그와 같은 영광을 받은 백성이라 하지 아니하였더냐?

5 그러니 단 한 방울 내리는 그 황금의 빗방울을 너희들이 받는 자라 하였음이니, 그것이 너희들이 얼마나 축복되고 영광된 백성이더냐?

6 그러니 너희들이 나의 새로운 성경을 만들어 만백성에게 전하는 데 게을리 해서도 아니 되며 태만해서도 아니 됨이라 하였음이니라.

7 인간 세상에서 너희들이 육을 가진 사람을 살인하는 것, 그것만이 살인이 아니요,

8 너희들이 깨우치고자 하는 영적인 그 죽음, 영적으로 죽이는 것, 영적으로 거듭나지 못하도록 하는 것, 그와 같은 것도 너희들이 더 무서운 살인이라는 것을 알아야 될 것이니라.

9 너희들이 게으르지 아니하며 열심히 역사했을 때 많은 백성을 구원할 수 있는 그와 같은 기회를 너희들로 하여금 잃게 된다면,

10 거기에 따른 얼마나 많은 백성들이 죽어 가며, 그리하여 너희들이 그 살인

의 행위를 하는 것이라는 것을 내가
나의 새로운 성경에 기록하여 너희들
에게 전했음이니,
11 이를 다시 한 번 너희들이 듣고 오늘
에 새로운 성경을 만들며 이를 전하고
자 역사하여 선택된 백성 너희들이 과
연 얼마만큼 최선을 다하며 최선의 노
력을 다하는가, 다시 한 번 너희들의
그 삶을 들여다보도록 하라.
12 이대로는 아니 될 것이며 이와 같이
역사해서는 아니 됨이니라.
13 너희들이 힘을 합쳐 하나가 되어 모두
를 역사해야 되거늘, 작은 것을 가지
고 시시비비하며, 작은 것을 가지고
시기하고 질투하며, 작은 것을 가지고
의혹하며 미워하고 싫어하는 그와 같
은 생각을 하고 산다면,
14 그 속에서 너희들이 어찌하여 나의 새
로운 성경이 세상에 빛을 볼 것이며
그가 세상에 나와 만백성을 구하는 그
역사를 이루겠느냐?
15 그러한 백성들이요, 너희들이 그러한
마음을 가지고 있다면, 새로운 성경이
세상에 나오는 것은 끝도 한도 없이
지연될 것이며 그리고 모두가 역사할
수 없을 것이니라.
16 지금 너희들은 흐르는 물이 고여 있
음이니라.
17 지금 너희 물이 흘러 모두의 생명수
가 되어야 하거늘, 그 물이 고였을 때
는 썩어짐이니,
18 바로 나의 새로운 성경을 만들며 이를
만들어 전하는 너희들의 오늘의 삶이
요, 그 행동이 스스로 너희들이 썩은
물을 만들고자 하여 그 물을 가둬 두
기 시작하고 있으며, 물을 막는 제방
을 쌓은 자들이라면, 너희들은 어찌하
겠느냐?
19 그 물이 흘러야 되는 것을 흐르지 못
하도록 하고 있는 것이 너희들이니,
너희들이 게으른 자요, 열성을 다하여
하지 않는 자요,
20 너희들은 그대로 게으른 자가 아니라
흐르는 물을 제방을 쌓아 그를 가두
며 그를 막아 놓는 그와 같은 행위를
한다는 것을 잊어서는 절대 아니 됨을
알라, 사랑하는 나의 아들딸들아!
21 새로운 성경을 손에 쥔 자, 새로운 성
경을 가슴에 안고 정독하는 자, 새로
운 성경의 그 의미요, 뜻을 아는 자,
내가 역사하는 것을 아는 자, 그를 아
는 너희들이 어찌하여 실천하며 행함
에 게으를 수 있단 말이더냐?
22 그러니 너희들이 그래 가지고 무엇을
이루겠는가?
23 가는 길을 멈추도록 하지 말며 가는
길을 막도록 그리하지 말라.
24 열심히 가고자 하는 자, 갈 수 있는 자
를 막으며 그를 가지 못하도록 하는
그와 같은 너희들의 행위는 아닌가,
25 각자 너를 따르는 제자들이 생각해 보
고 깨우치며 반성해 보도록 그리하라
전하라.

11,260 번째 하나님 말씀

2004년 5월 24일 0시 11분

1 사랑하는 나의 아들아!
2 "네, 아버님! 말씀하옵소서."
3 잘못된 것을 너희들이 그저 피해 가는

사람, 그를 보고도 시정하지 아니하는
자, 그리고 그를 바로잡으려 하지 아
니하며 그저 피해서 가는 사람이 있는
가 하면,
4 너희들이 잘못된 것을 피해 가서도 아
니 되며 그를 보고 그냥 가서도 아니
되며, 그를 바로잡아야 되며 그를 깨
우쳐야 되는 그와 같은 운명인 자도
있느니라.
5 그러니 너희들이 그것이 다 다른 것이
인간 세상에 너희들이 가지고 있는 능
력이요, 너희들이 나로부터 받아 나간
각자의 임무니라.
6 모든 백성들이 지금 잘못 가고 잘되는
것을 탓하지 아니하며 피해 간다 해도,
7 지금 나의 아들을 따르는 제자들이요,
나의 새로운 성경을 읽고 깨우친 만백
성, 너희들은 이 세상을 정화하며 이
세상을 다스려야 되며, 모든 백성들을
너희들이 개혁시키며 그들의 변화를
이루어야 될 대명을 받은 너희들이기
에,
8 너희들은 잘못된 것, 잘못 가는 것을
보고 피해 갈 수 있는 백성들이 아니
요, 너희들은 절대 피해 가서도 아니
됨이니라.
9 그러니 피해서는 아니 되는 백성 너희
들의 갈 길이 무엇이더냐?
10 너희들의 모두를 다 바쳐, 너희들이
어떠한 핍박이요, 어떠한 손실이 있다
해도 잘못된 것을 바로잡아야 하며,
잘못된 것을 바로 가르치는 너희들이
그 역사를 하지 아니하면 아니 됨이니
라.
11 내가 140권을 넘는 이와 같은 나의 새
로운 성경을 내려보내어 너희들이 책
으로 엮어 전했음이니,
12 그 속에서 너희들이 읽고 깨우쳤을 때
오늘의 종교 집단의 지도자들이 얼마
나 잘못 가며 얼마나 잘못되었는가를
잘 알 것이니라.
13 그러니 너희들이 그와 같은 것을 보고
그대로 피해 가며 그를 비켜 간다면,
결코 너희들은 나에게 와 받을 상이
없다는 것을 알아야 될 것이니라.
14 너희들은 어떠한 고통과 시련이 있다
해도 지금의 종교 집단의 지도자들이
잘못 가는 것이며, 그들이 하늘에 오
르는 길이 아니요, 지옥의 벼랑으로
가는 그와 같은 짓을 하고 있음이니,
15 그걸 보고도 너희들이 그대로 피해 가
며 돌아가는 그와 같은 마음이요, 너
희들이 외면하고 간다면,
16 결코 너희들은 나의 아들딸로서 나에
게 와 얼굴을 들 수 있는 자가 되지 못
할 것이니라.
17 너희들은 무어라 말해도 잘못된 믿음
이요, 잘못된 신앙을 바로잡고 바로
세우는 대명이요, 그러니 그를 피하려
하지 말며 돌아가려 하지 말라.
18 나의 새로운 성경을 만드는 데 최선을
다하며, 나의 새로운 성경을 가지고
만백성에게 전하는 데 최선을 다하도
록 그리하라.
19 그것이 너희들의 운명이요, 너희들이
가야 할 길이니라.

11,261 번째 하나님 말씀

2004년 5월 24일 0시 16분

1 사랑하는 나의 아들아!
2 "네, 아버님! 말씀하옵소서."
3 지금의 종교 집단의 지도자요, 그 신
도들, 그들은 세상에 빛과 소금이 되
어야 하며, 저희들은 그와 같은 삶을
살아야 된다 그리 말하느니라.
4 그리고 저희들은 빛과 소금이 되는 사
명을 띤 자들이요, 그리하여 저희들이
세상에 나가 만백성을 구하며 세상을
변화시키고 개혁하는 그와 같은 선두
주자로서 모두를 행해야 한다 그리 말
하느니라.
5 너희들은 말로써는 그리하며 너희들
이 그와 같이 서로 주고받고 그와 같
은 백성이라 자부심을 가지고 있으며,
너희들은 빛과 소금이 될 수 있는 백
성이요, 그리고 그리 갈 수 있다 너희
들이 그리 자처하여 말하느니라.
6 그러나 너희들은 들어야 될 것이니라.
7 내가 바라보는 너희들의 마음이요, 너
희들의 행동은 빛과 소금이 아니라,
너희들이 굳게 닫힌 너희들의 마음부
터 열도록 그리해야 될 것이니라.
8 너희들 자신이 마음의 문을 굳게 닫아
놓았으며, 모든 백성이요, 모든 나의
아들딸들이 들어와야 하는 그 문을 과
연 너희들이 열어 놓고 있는가?
9 너희들이 그 문을 모두가 다 빗장을
걸어 놓고 닫아 놓은 자들임을 알아야
될 것이니라.
10 너희들이 지금 모든 백성들에게 빛과
소금이 되며 그 백성들을 깨우쳐 하늘
에 올라야 된다는 백성들이 과연 이방
인이요, 누구나 올 수 있도록 너희들
이 그 문을 열어 놓고 있는가?
11 너희들은 손으로 지은 교회요, 성당이
요, 회막이라는 곳을 빗장을 걸어서
닫아 놓는 것은 말할 것도 없지만,
12 너희들의 마음까지도 누가 들어올 수
없도록 빗장을 걸어 놓고 있는 것이
너희들의 오늘의 믿음이요, 너희들의
오늘의 형태이니라.
13 그리 걸어 놓고 너희들이 어떻게 만백
성을 지도하며 그를 인도하며 그들에
게 빛과 소금이 되어 모든 백성들에게
복음을 전하는 역사를 이룬다 하느냐?
14 그리고 그 백성들을 하늘로 인도하는
길을 너희들이 인도하는 자격이 있는
자라 인도한다 그리 말하느냐?
15 그러면서 너희들이 어찌하여 나의 피
조물 만백성들에게 말하기를, 이 세상
을 변화시키며 이 세상을 모두를 바꾸
며 모든 역사를 이루는 것은 너희들밖
에 역사할 수 없다 그리 말하며,
16 천사와 같은 백성으로 너희들은 변화
되는 것이며 지금 변화되고 있다, 그
리하여 너희들은 죽어 와 하늘에 오르
는 것은 걱정할 것도 없으며,
17 너희는 모두가 다 하늘에 오를 자요,
그리고 너희들은 죽기만 하면 죽는 순
서대로 하늘에 올라와 그 모든 영광을
받는 백성이라 너희들이 그리 말하고
있지 않은가?
18 그러니 너희들이 과연 그 말의 책임을
질 수 있으며 너희들이 그와 같은 세
상을 다녀갔으며 보고 간 백성들인가?
19 너희들은 보지도 아니하고 너희들이

다녀간 사실도 없는 그와 같은 종교
집단의 지도자들이 어찌하여 그와 같
은 말을 함부로 할 수 있는가?
20 어찌하여 너희들이 구원을 받는 것이
당연하며 구원을 받는 것은 당연한데,
거기에 더군다나 너희들이 모든 상과
은혜를 받을 것만이 기다리고 있다 그
리 말하는 자,
21 과연 그들에게 그 세상을 다녀왔으며
그 세상에 왔다 다시 나가 너희들이
지금 인간으로서 나의 피조물 만백성
을 구하는 선지자요, 그리고 나로부터
명받은 목자인가 한번 그들에게 물어
보라.
22 그와 같은 역사가 없으며 그와 같은
체험이 없으며 그와 같이 거듭난 역사
가 없는 자, 함부로 말하지 말라 그리
전하라.
23 그 모두가 너희들이 거짓된 것이요,
사기극을 연출하는 것이라는 걸 잊지
말라.
24 너희들은 들으라.
25 너희들은 지금까지 가고 있는 그 교육
방법이요, 너희들이 깨우치는 믿음이
요, 신앙의 생활로써는 결코 만백성을
구하며 세상을 구하는 그와 같은 역사
가 아니라,
26 네 이웃 사람 하나도 변화시키지 못하
며 너 자신도 변화시킬 수 없는 것이
너희들의 오늘의 믿음의 실정이라는
것을 그들이 볼 수 있도록 전해 주라.

11,262 번째 하나님 말씀

2004년 5월 24일 0시 24분

1 사랑하는 나의 아들아!
2 "네, 아버님! 말씀하옵소서."
3 너희들이 안식일이요, 주일이라 하여
일하지 아니하며 나에게 경배드리며
너희들의 손으로 지은 죄의 온상에 와
예배드리며 찬송 부르는 것, 그와 같
은 것으로써 너희들이 하루를 역사하
는 것이요,
4 너희들이 일을 하며 무엇을 역사해서
는 아니 된다 그리하느니라.
5 그러나 나 여호와는 너희들에게 무어
라 전하였느냐?
6 너희들이 남의 재물을 갚을 자, 남에
게 지불해야 될 것이 있는 자, 너희들
은 열심히 일하여 그를 먼저 갚으라
하였음이니,
7 내가 성서에 기록하여 너희들이 나에
게 죄를 지으며 제물로 제사를 지내며
제를 올린다 해도, 형제와 화합하지
아니한 자 너희들이 나에게 제물을 드
릴 수 없으며 제사를 드릴 수 없다 했
음이니라.
8 그러니 너희들이 재물을 갚아야 될
것, 남에게 지불해야 될 것이 있는 것,
그와 같은 것을 쌓아 놓고서 너희들이
나에게 예배하고 경배하는 것은 너희
들이 자격이 없다 하지 않았더냐?
9 그러니 너희들이 그 모두를 정리하며
그것부터 먼저 해결하라, 그리하여 너
희들에게 주일에도 일하라 내가 그리
하였음이니라.
10 그러나 지금의 종교 지도자 너희들은

주일에 와 예배드리며 너희들이 가르
치는 설교를 들으며 '아멘, 할렐루야!'
하며 너희들이 원하는 그 재물을 거
둬들일 수 있도록 거기에 일조하는
것, 그것이 바른 신도요, 바른 믿음이
요, 나 여호와가 예뻐하며 기뻐하는
그리고 기억하는 백성이라 그리 현혹
하지 않는가?
11 내가 너희들에게 한번 물어보고자 함
이니라.
12 너희들은 일해서는 아니 된다 하며 너
희들이 지금 너희 신도들을 실어 나르
기 위해서 버스라는 것을 멀리 보내어
그들을 실어 나르는 것은 과연 일이
아니고 그것이 너희들이 놀고 즐기는
것이더냐?
13 그것이 바로 너희들이 주일에 예배를
드리는 것이더냐?
14 제 주변에 있는 그 교회에 그들이 걸
어가서 성경책을 놓고 그 종교 지도자
로부터 공부하고 배우면 되는 것을,
15 어찌하여 멀고도 멀리 있는 사람들을
너희들이 실어 나르는 그와 같은 행위
를 하는 것이더냐?
16 너희들이 그들을 깨우쳐 주기 위해서
그와 같은 일을 한다 하나, 너희들이
과연 그와 같은 백성들을 깨우치기 위
해서라면 너희들이 먼 데까지 가서 일
을 하면서 그를 실어 오겠는가?
17 너희들은 이해관계가 없으면 그 주변
의 교회에 가라 할 것이며, 그리고 거
기서 깨우치라 할 것이니라.
18 그러나 너희들이 그를 실어 나름으로
써 십일조를 받으며 각종 헌금을 받으
며, 능력 있는 자로부터 너희들이 재
물을 거두는 그와 같은 행위를 하니,
너희들이야말로 장사하는 자요, 사업
을 하는 자이니라.
19 주일에 일하는 자, 제 물건을 팔고 재
물을 받아들이나, 너희들은 주일에 일
하는 것이 그저 주는 것 없이 거둬들
이는 그와 같은 일을 하는 것이 아니
더냐?
20 너희들이 걸어갈 수 있는 그 교회에
가서 예배 보며 성경책을 놓고 공부하
고 배우면 될 것을, 어찌하여 너희들
은 버스를 보내 실어 나르는가?
21 그것이 너희들의 장삿속으로 움직이
는 것이 아니더냐?
22 너희들은 사업을 하면서 남들은 사업
을 해서는 아니 된다는 그와 같은 논
리가 어디서 나오는가?
23 그와 같은 것이 다 너희들이 장삿속이
요, 사업적으로 움직이는 것이 아니고
무엇이더냐?
24 너희들이 성경 공부를 하며 나의 진리
를 가르친다 하느니라.
25 그리고 너희들은 광고하며 기타 등등
여러 가지를 알려 주며 여러 가지를
전하느니라.
26 그것은 너희들이 말로써 하나, 그것은
일이 아니고 무엇이더냐?
27 너희들이 말로써 광고하고 전하는 것
이 이해관계가 있으며 일을 해결하며
너희들이 움직이기 위한 것이 아니더
냐?
28 그러니 너희들이 그와 같은 행위도 그
것이 일이니라.
29 그러니 그와 같은 이치도 깨닫지 못하
는 자들이 주일은 어떻고 너희들은

찬양을 하며 예배를 드리며 어떠한 것을 해서도 안 되고,
30 부모 형제를 찾아가는 것, 너희들이 가정에 같이 웃고 즐길 경사요, 그리고 고통스럽게 눈물 흘리는 애사요, 애경사의 그 모두도 너희들이 주일에는 참석하지 아니하는 것, 주변에 모든 사람이 역사하는 일에도 참석하지 아니하고 참석해서는 아니 되며,
31 너희들의 교회에 와 눈물 짜고 콧물 짜며 '아멘, 할렐루야!' 하며 너희들이 있는 것, 없는 것, 재물을 털어놓는 것, 그것만이 하늘에 오르는 길이라 하니,
32 너희들이 걸어서 이웃에 공부할 수 있는 교회를 가지 아니하고 너희들이 차요, 기타 기계를 운용하여 멀리 가는 것, 그것 또한 다 일하는 것이고 너희들이 역사하는 것이 아니더냐?
33 너희들은 그와 같은 이치도 몰라서 행하는가, 알면서 행하지 않는가?
34 이것이 오늘의 너희들이 그 한 입 가지고 두말하며, 한 몸 가지고 두 행동을 하는 너희들이라는 것을 알아야 될 것이니라.
35 너희들이 그리하느니라.
36 너희들이 예배요, 공부를 가르치며 심방이요, 남의 애경사에 가서 참여하는 것, 그것은 과연 일이 아니고 너희들이 움직이는 것이 아니더냐?
37 그러니 그 모두가 너희들이 잘못되었음이니라.
38 그러니 어떠한 것은 너희들이 해야 되며 어떠한 것은 하지 말라 말하는 것, 고깔 쓰고 춤추는 무당만도 못한 자들이 너희들이라면 과연 어찌하겠는가?
39 너희들이 무엇은 되고 무엇은 안 된다는 그것이 다 인간 너희들의 생각이요, 너희들의 기준에 의해서 모두가 이루어짐이니,
40 나 여호와의 뜻에 의해 모두가 역사하는 것이 아니요, 지도자 너희들이 인간의 생각이요, 인간의 뜻에 의하여 모두가 움직여지는 것이 오늘의 너희들이 역사하는 교회라는 것이라는 걸 잊지 말라.

11,263 번째 하나님 말씀

2004년 5월 24일 07시 57분

1 사랑하는 나의 아들아!
2 "네, 아버님! 말씀하옵소서."
3 나의 성전에 너를 찾아와 내가 너에게 내리는 나의 뜻을 듣는 백성들, 그리고 너를 따르는 제자들이요, 그 모두에게 내가 무어라 말하였느냐?
4 나의 성전에 항상 웃음의 꽃을 피우며, 그리고 너희들이 항상 모든 백성들에게 아름다운 마음으로 먼저 웃는 마음을 가지고 살라 내가 그리하지 아니하였던가?
5 나의 성전에 와 살아가는 백성 너희는 그 무엇보다도 서로가 웃음을 피우는 활짝 핀 꽃 한 송이가 되어 그와 같이 살아가라 하였음이니라.
6 그러니 욕심이요, 모두를 버리는 백성, 그와 같은 자는 세상을 아름답게 보니, 웃음의 꽃을 피우고 살 수 있음이니라.

7 나의 성전에 와 내가 내리는 나의 강
론을 들으며 내가 전하는 뜻을 듣는
백성 너희들이 그 웃음이 없으며 마음
이 굳어지며 얼굴이 굳어져 있다면
무엇이더냐?
8 그것은 계산을 두는 것이요, 너희들이
불안과 초조한 마음이요, 그와 같은
마음이요, 마음을 비우지 못한 증거이
니라.
9 너희들이 모두를 비우고 사는 그와 같
은 마음이 되었을 때 항상 그 웃음이
요, 인자함이 너희들과 더불어 역사하
는 것이니라.
10 그러니 너를 따르는 제자들이요, 그리
고 나의 성전에 와 강론을 듣는 백성,
너희들이 웃는 모습으로써 서로가 사
랑하는 마음이 없다 하면,
11 결코 너희들은 모두를 믿지 못하는 것
이며, 너희들 자신이 욕심을 버리지
못했으며, 모두가 계산적인 마음을 버
리지 못하고 가는 백성들이기에 웃음
이 없느니라.
12 너희들이 나로부터 은혜를 받으며 나
의 새로운 성경을 접한 것 그것 하나
로써 너희들이 부귀영화보다도 더 위
대한 영광을 얻었다면, 너희들 앞에
즐겁고 행복한 그 웃음 외에 무엇이
있겠는가?
13 그러니 너희들의 마음이 굳어져 있으
며 얼굴이 굳어져 있다는 것은 너희들
이 무엇인가를 불안하며 믿지 못하며
그리고 너희들이 신뢰하지 못하는 것,
그와 같은 마음이기에 너희들의 모든
것이 굳어져 있느니라.
14 굳어져 있는 것은 상대를 믿지 못하며
굳어져 있는 것은 남을 믿지 못하는
그와 같은 마음이기에 그 마음의 얼굴
이 굳어진 것이 아니더냐?
15 그러니 내가 너희들에게 묻나니, 과연
너희들이 이보다 더한 은혜요, 영광이
또 있으면 있다 그리 말하라.
16 그리고 너희들이 왜 마음을 열지 못하
며, 웃는 모습으로써 서로를 사랑하며
아끼는 마음으로 살아가지 못하는가?
17 이 세상에 살면서 너희들이 가장 행복
한 삶은 무엇이더냐?
18 너희들이 재물에 대한 욕심이요, 무엇
을 더 이루고자 하는 욕심이요, 제 앞
에 무엇을 쌓아 놓고자 하는 생각이
없는 백성, 그가 가장 행복한 백성이
요,
19 그가 가장 인생의 삶에서 누구도 느낄
수 없는 나에 대한 기쁨을 느끼는 자
요, 감사함을 느끼며 가장 행복한 모
습으로 살아가는 백성이니라.
20 욕심을 비우라 하였으며 모두를 비우
는 것이 하늘에 오르는 길이라 하였거
늘, 너희들이 과연 욕심을 비웠다면
왜 마음이 굳어지며 표정이 굳어져야
되느냐?
21 초조하고 불안하기 때문이니라.
22 믿음에 대한 초조와 불안이요, 너희들
의 미래에 대한 초조와 불안이요, 그
리고 너희들이 지금에 가는 그 믿음
자체 모두가 불안하고 초조하기에 너
희들의 표정이 굳어지며 마음이 굳어
지며,
23 서로가 사랑할 수 있는 마음을 열지
못하고 너희들이 그 마음을 걸어 두는
것이니 그리 알라.

24 내가 너희들에게 말했으니, 모든 백성
들이 나의 성전을 그득히 채워 너희들
이 웃는 모습으로써 웃음소리가 항상
떠나지 않는 성전이 되도록 하라 내가
명한 것을 너희들은 명심하라.
25 모두를 비우고 모두를 사랑하면 모두
가 다 그와 같이 이루어질 것이며, 웃
음의 꽃이요, 웃음의 목소리로써 나의
성전을 채울 것이니,
26 그것은 너희들이 마음을 비운 것이며,
그리고 너희들이 남을 사랑하기 시작
하는 것이니, 이를 잊지 말라 그리 가
르치라.

11,264 번째 하나님 말씀

2004년 5월 24일 08시 04분

1 사랑하는 나의 아들아!
2 "네, 아버님! 말씀하옵소서."
3 너희들이 나로부터 선택된 백성이요,
하늘의 뜻을 역사하여 대명을 받아 가
는 백성, 너희들은 인내할 줄 알며 참
을 줄 알아야 하느니라.
4 나의 법전이 세상을 덮어 만백성이 그
를 보고 깨우치는 그와 같은 역사를
위해서는 너희들이 모두를 참고 인내
하는 것, 끊임없이 노력하는 그와 같
은 자세가 있지 않고는 아무것도 이
룰 수 없음이니라.
5 그러니 지금 나의 뜻을 거역하며 다
른 길을 가며, 너희들을 핍박하며 그
저 너희들이 이단이라 그리 말하며 잘
못된 자라 말하는 종교 집단의 지도
자요, 신도,
6 그들이 어떠한 핍박과 어떠한 공격을
해 온다 해도 너희들은 인내심을 가지
고 그를 기다려야 되며, 그들을 너희
들이 참고 인내하는 그와 같은 마음으
로써 되어야 함이니라.
7 그리고 너희들이 그들과 더불어 갑론
을박의 시시비비를 하는 것이 아니라,
8 아무리 그들이 잘못 가고 잘못 가는
길을 간다 해도, 그들이 잘못 가르치
는 지도자요, 그리고 또 저희들이 알
지 못하여 그와 같이 가는 백성들, 그
들이 깨우치고 돌아올 때까지 너희들
은 인내심을 가지고 모두를 감싸고 가
는 그와 같은 마음으로 각오해야 됨이
니라.
9 그러니 내가 너희들에게 원수를 사랑
하라 하지 않았더냐?
10 이제는 너희들이 원수를 사랑하는 그
마음만이 너희들이 행해야 할 길이요,
지켜야 할 길이라 하였으니,
11 너희들이 원수를 사랑하는 마음보다
너희들이 인내하는 마음이 더 어렵고
힘들지는 아니할 것이니라.
12 그러니 나의 뜻을 받아 역사하는 새로
운 세상을 이루는 너희들은 그 누가
너희들에게 무어라 해도 바로 모든
것을 다 인내심을 가지고 그들을 기
다릴 수 있는 그와 같은 것이 너희들
의 마음 자세요, 너희들이 가야 할 길
임을 잊지 말라.
13 그리고 너희들이 또한 나의 새로운 성
경을 읽고 깨우쳐 오는 백성 그들에게
감사하는 마음으로써 그들의 마음을
읽어야 될 것이며,
14 그리고 또한 그들이 너희들의 뜻을 알
수 있도록 너희들이 그들을 가르치고

전하는 데 항상 최선을 다하는 그와
같은 마음으로써 가야 함을 잊지 말
라.
15 나의 새로운 성경을 읽고 깨우쳐 먼저
가는 나의 아들을 따르는 제자 너희들
은, 정녕 나의 새로운 성경의 한 줄을
읽고 한 권의 책을 읽고 그들이 깨우
쳐 너희들에게 왔을 때,
16 너희들은 그들을 사랑하는 마음으로,
존경하는 마음으로써 맞이하지 아니
하면 절대 아니 됨이니라.
17 그들이 그를 깨우치고 올 때까지 얼마
나 힘들고 어려운 길을 왔으며, 그 마
음의 결정이 얼마나 위대하던가?
18 너희들이야 몇 년 동안이요, 많은 세
월 동안 나의 강론을 들었으며 나의
아들을 통하여 내리는 그 가르침을 들
었기에 너희들은 그와 같은 것을 모른
다 하나,
19 그들이 올 때까지 그 마음의 고통은
이루 말할 수 없음이니라.
20 그러니 너희들이 그들을 사랑하며 존
경하는 마음으로써 가슴에 안는, 그리
고 웃음으로써 너희들이 항상 진실된
마음으로써 그들을 맞이하는 그와 같
은 마음 자세로 가지 아니하면,
21 나의 이 새로운 성경으로써 만백성을
구하며 세상을 덮는다는 것, 그 목적
을 이루고 그 뜻을 이루기가 점점 힘
들고 어려운 것이니라.
22 모두를 사랑하며, 깨우친 자는 너희들
이 사랑하며 존경하는 마음으로써 그
들을 받아들이며,
23 그리고 잘못 가는 자, 지금 깨우치지
못한 자, 그와 같은 백성들은 너희들
이 인내심을 가지고 기다려 주며, 그
들을 감싸는 마음으로 가도록 그리하
지 아니하면 아니 되느니라.

11,265 번째 하나님 말씀

2004년 5월 24일 08시 13분

1 사랑하는 나의 아들아!
2 **"네, 아버님! 말씀하옵소서."**
3 너희들이 나 여호와의 뜻에 의하여 살
며, 참진리요, 진실을 가지고 세상을
살아간다면, 그것보다 이 세상에 더
아름다운 것이 없으며, 그것보다 더
아름다운 꽃이 세상에 없음을 알아야
될 것이니라.
4 그러니 나의 아들을 따르는 제자들이
요, 나의 새로운 성경을 읽고 깨우친
백성, 너희들은 하늘의 뜻이 무엇인가
를 알며, 내가 역사하는 것이 무엇인
가를 알며, 사람이 살아가는 도리가
무엇인가를 아느니라.
5 그러니 그것이 바로 너희들이 참진리
요, 진실된 삶을 살며 너희들이 은혜
받은 백성이라 하지 않더냐?
6 그러니 나로부터 지금 은혜를 받은 백
성, 그리고 나의 새로운 성경을 접한
백성, 너희들이야말로 이 세상에 그
누구도 얻을 수 없는 모두를 다 얻은
백성이며, 구할 수 없는 것을 구한 백
성이라 하였으니,
7 그러니 너희들이야말로 정녕 참으로
아름다운 모습으로써 아름다운 한 송
이의 꽃을 피우는 데, 스스로 너희들
이 한 송이의 아름다운 꽃이 되는 데
모두를 다해야 하며, 변함없이 꾸준히

노력하는 그와 같은 마음을 갖고 살아
가야 됨을 잊어서는 아니 되느니라.
8 그러니 너희들이 그와 같이 아름다운
마음을 가지고 사는 백성이라면, 그리
고 너희들이 진심으로 참진리요, 진리
를 위하여 그 길을 가며, 나 여호와가
존재함을 알며, 내가 존재하기에 두려
움을 알며, 너희들이 나를 알기에 기
쁨을 알며, 너희들이 나에게 오는 길
을 알기에 행복이라 한다면,
9 너희들은 그 무엇을 얻으려 하며 무엇
을 더 구하려 하겠느냐?
10 그러니 그 모두를 받은 백성 너희들이
이 세상에 가장 아름다운 백성이요,
그리고 너희들이 아름다움을 지니는
백성이요, 그리고 가장 소중한 것을
지니고 사는 백성 너희들,
11 그러니 너희들이 무엇을 더 이루고자,
얻고자 하는 그와 같은 마음인 네 속
에 무슨 마음이 필요하겠느냐?
12 그러니 그와 같은 백성 너희들이 편안
하게 모두를 다 마음을 비운 자이니,
마음을 비운 자의 자세는 무엇이더냐?
13 너희들이 모든 사람을 똑같이 사랑하
고 친절하며 모두가 다정다감하게 그
들과 대화하고 살아갈 수 있는 것,
14 그리고 그들이 잘못되는 것을 너희들
이 그를 용서하며 이해할 수 있는 그
와 같은 사랑의 마음, 그와 같은 마음
으로써 너희들이 생각하고 또 행동이
그리하며 행함이 그와 같이 역사하도
록 이루어져야 되는 것이니라.
15 그렇게 너희들이 이루어지지 아니하
였다면 너희들은 참진리요, 참진실된
삶을 사는 것이 아니요,
16 나를 믿고 따르며 나의 모든 뜻을 알
아 너희들이 역사하는 자라 해도, 그
와 같은 마음 자세요, 그와 같은 길을
가는 백성이 못 됨이니라.
17 아직도 너희들 마음속에 욕심이 있으
며 계산이 있기 때문이니라.
18 그러니 내가 너희들에게 다시 한 번
말하노라.
19 참진리요, 진실된 마음으로 진실된 삶
을 살며 나 여호와가 존재함을 아는
것, 그것을 깨달았다면, 너희들이 세
상에 그보다 더 귀중하고 소중한 것이
없으니, 세상에 너희들보다 더 아름다
운 자가 없느니라.
20 그러니 아름다운 자의 자세를 내가 무
어라 하였느냐?
21 모든 백성들에게 다정다감하며 친절
하며 사랑하는 마음으로써 살아가는
것이 너희들이요,
22 더욱이 하늘의 뜻이요, 나 여호와의
뜻을 아는 자, 너희들은 누구도 갖지
못하며 누구도 이루지 못한 그 희망이
요, 꿈이 현실화되는 것이 아니더냐?
23 그들은 저희들이 어디로 흘러가는지
도 모르면서 울고불고 평생을 바치는
백성이나,
24 너희들은 나에게 오는 그 빛을 따라
너희들의 꿈이요, 희망이요, 그 모두
가 이루어지는 그와 같은 오늘의 삶을
살고 가니,
25 너희들이야말로 아름다운 마음이요,
겸손한 마음이요, 그리고 너희들이 겸
손한 자세로써 모든 백성들을 다스려
야 하며 그들을 가슴에 안고 살아가야
되는 것, 그것이 너희들이 가야 할 길

이라는 것을 잊지 말도록 그리하라.
26 언제 어디서나 너희들이 똑같은 모습
이요, 그리고 언제 어디서나 너희들이
모두를 사랑하는 그와 같은 흔들리지
않는 마음으로써 살아가는 모습이 되
지 아니하면 아니 됨이니라, 사랑하는
나의 아들딸들아!
27 너희들이 그리 살아간다면 너희들이
구하고자, 또 이루고자 하는 것, 그 모
두가 다 이루어진다는 그 위대함을 알
아야 될 것이며,
28 정녕 너희들이 나 여호와가 존재하는
그 뜻을 알며, 내가 존재함이요, 두려
움을 알며, 심판의 두려움을 아는 자
들이요, 그리고 참진리요, 그리고 나
의 새로운 성경에 기록된 내용대로 살
아가는 백성들이라면,
29 너희들은 과연 어떠한 모습으로 살아
가야 될 것인가?
30 너희들은 가장 겸손하며 가장 낮은 자
세의 형태로써 살아가도록 되어 있는
것이 너희들의 삶일 것이니라.
31 그러면서 낮은 곳에서 너희들이 높은
곳이라 하여 울부짖는 자, 그리고 높
은 곳에 있다는 자, 그들이 바라보지
도 못하며 구하지도 못하며 듣지도 못
하는 가장 위대하고 소중한 것을 너희
들은 모두가 가슴에 안고 있는 영광을
얻게 된다는 것을 잊지 말라.

11,266 번째 하나님 말씀

2004년 5월 24일 08시 23분

1 사랑하는 나의 아들아!
2 "네, 아버님! 말씀하옵소서."
3 너를 따르는 제자 그들의 가장 큰 고
민이요, 고통스러움이 무엇이더냐?
4 스스로 자신을 다스리지 못함이니라.
5 그리하여 저희들이 모두를 저 자신을
다스리지 못하며, 저희들의 깨달음이
하늘에 오르다 저희들이 그 감정이요,
저 자신을 다스리지 못하여 무너지는
그와 같은 오늘의 삶이요, 그것이 그
들에게는 가장 가슴이 아플 것이니라.
6 비우면 비운 대로 그것이 지속되지 아
니하며, 비웠던 마음이 욕심이요, 너
희들의 감정으로 그득히 채워져 감정
으로 먼저 행동을 하는 그와 같은 무
너지는 마음 앞에 너희들이 그를 영원
히 네 것으로써 만들지 못하는 것, 그
것이 너희들이 가장 가슴 아픈 것일
것이니라.
7 그러나 너희들은 들어야 될 것이니라.
8 너희들이 살아가면서 고치지 못하며
변화시킬 수 없다는 그와 같은 마음,
남에 대한 불쾌한 감정을 참지 못하는
것, 그리고 분노를 참지 못하는 성격,
남의 험담을 말하기를 좋아하는 그와
같은 성격,
9 너희들이 남을 증오하는 마음이요, 남
을 의심하는 마음, 그와 같은 마음을
다스리지 못하는 것, 그리하여 그것이
힘든 길이라 너희들이 그리 말하나,
10 사랑하는 나의 아들딸들아! 그 모두
가 다 가능하지 못한 것이 없음이니라.
11 그 모두는 다 가능하며, 그 모두는 너
희들의 생각에 따라서 모두가 다 굴복
하며 너희들이 다스릴 수 있는 것이니
라.
12 너희들이 그 누구나 다 사랑하는 마음

하나로써 그 마음을 네 가슴에 기른다
면, 너희들이 성격을 고치는 것은 쉬
운 일이니라.
13 그러니 그와 같은 너희들이 사랑하는
마음이요, 너희들이 사랑하는 마음을
기르는 데 모두를 다 바치라.
14 그러면 너희들이 참지 못하는 감정이
요, 너희들이 분노를 참지 못하는 불
같은 성격이요, 불쾌한 것을 보고도
참지 못하는 그와 같은 너희들의 성격,
15 그리고 오늘의 너희들이 천사와 같은
마음이 내일 아침 다시 사탄과 같은
마음으로 변하는 그와 같은 너희들이
흔들리는 마음, 그 모두를 너희들이
다스릴 수 있으며,
16 남을 의심하는 마음, 남을 시기하는
마음, 어떠한 마음도 너희들이 다스리
지 못하는 것이 없으니,
17 너희들이 사랑하는 마음으로써 그 싹
을 기르도록 하면 모두가 다 가능함이
니라.
18 나 여호와가 너희들을 얼마나 사랑하
면 내가 너희들에게 가능하지 못하며
역사할 수 없는 그와 같은 다스릴 수
없는 마음을 다스리라 그리하겠느냐?
19 그리고 너희들이 다스려야 한다 내가
너희들에게 그리 강요하겠느냐?
20 너희들은 사랑하는 마음을 진심으로
그 씨앗을 심어 그를 너희들 가슴속에
키운다면, 모두를 다 이길 수 있음이
니라.
21 너희들이 고칠 수 없다는 그 성격이
요, 너희들이 고칠 수 없는 그 변화되
는 마음이요, 그와 같은 모든 마음을
다 다스릴 수 있음이니,
22 너희들이 사랑의 씨앗을, 진심으로 썩
지 않는 씨앗을 뿌려 성장하도록 그리
하라.
23 그러면 모두를 다 이룰 수 있음이니라.
24 너희들이 얼마나 그와 같은 것을 버리
기가 쉽더냐?
25 너희들이 죄를 짓지 아니하고 살 수
있다 하여 너희들이 몸부림치고 가듯
이, 그리고 하나하나 세상의 죄가 너
희들이 눈에 보이는 것처럼, 너희들은
그와 같이 갈 수 있느니라.
26 사랑하는 나의 아들딸들아!
27 너희들이 죄를 짓지 아니하며 악한 짓
을 행하지 아니하고 사는 것이 지금은
힘들고 어려우니라.
28 그러나 너희들이 조금 더 전진하며 조
금 더 깨달음을 갖는다면, 너희들이
악과 선이라는 것을 명확히 구분할 수
있는 눈이 열리게 됨이니라.
29 그러니 악과 선을 구분하는 그와 같은
눈이 열렸을 때, 악을 보고 행하는 백
성이 어디 있겠느냐?
30 그러니 그때까지만 너희들이 노력하
면 모두를 다 이룰 수 있으며, 그 마음
을 너희들 가슴속에 먼저 키우도록 그
리하라.
31 그 모두의 근본이 다 사랑이니라.
32 너희들이 이 세상에 아무도 지킬 수
없는 그와 같은 길을 가며, 너희들이
누구도 행할 수 없는 거짓되지 아니하
는 것, 남을 속이지 아니하는 것, 그리
고 죄와 타협하지 않는 그와 같은 마
음으로 살 수 있는 것,
33 내가 너희들에게 그리 머지않았다 함
은 무엇인 줄 알겠느냐?

34 이제 너희들이 죄를 구분하며 무엇이
죄며 무엇이 악인가를 알 수 있는 그
와 같은 눈이 열릴 날이 머지않았음
이니라.
35 그때는 너희들이 하고 싶어도 악을 행
하지 못하며, 너희들이 선을 버리고자
해도 그 선을 버릴 수 없는 그와 같은
형국에 오르느니라.
36 그러니 그 모두를 역사하는 것은 너희
들의 가슴속에 썩지 않는 한 알의 아
름다운 사랑의 씨앗을 심어 그를 잘
가꾸고 다스려야 함이니라.
37 그리하면 너희들이 모두를 이길 수 있
음이니라.
38 그때 가면 너희들이 오늘에 지키기
힘든 진실이요, 너희들이 참진리의 길
을 가는 것을 어렵고 힘들다 생각하나,
39 너희들도 모르는 사이에 진실을 지키
며 진실을 보호하기 위한 용기가 너
희들 가슴속에 이미 성장하여 있음을
알며,
40 너희들이 참진리의 길을 가지 못하는
것, 그리고 흔들리는 것, 어느 사이에
너희들이 그와 같은 흔들리는 마음을
제거할 수 있는 용기가 있으며,
41 악이 너희들에게 근접할 때 그를 단
죄할 수 있는 그와 같이 너희들이 성
장한 백성이 되어 있음을 어느 날 알
게 될 것이니라.
42 그러니 아무 소리 하지 말며 너희들이
마음속에 사랑의 씨앗을 심도록 그리
하라.
43 그리고 세상에 너희들이 봐서 불쾌한
것, 그리고 세상에서 분노할 수 있는
것, 그리고 너희들이 남의 잘못이 눈
에 보이는 것, 남을 증오하고 싶은 마
음, 의심하고 싶은 마음,
44 그 마음이 생길 때마다 그 모두를 하
나하나 지우며 고개를 흔들어 그를 상
대하지 말며, 그들이 네 가슴에 접근
하지 못하도록 아름다움이요, 너희들
이 모두를 신뢰하고 믿는 마음 쪽으로
가라.
45 그러면 너희들 스스로가 그리될 것이
며, 상대방은 또한 그리 가게 되며 그
가 그리 가고 있는 것을 볼 것이니라.
46 너희들이 미워하는 마음, 증오하는 마
음, 의심하는 마음을 가지고 상대를
보면 상대가 그와 같은 행위를 하는
자요, 그와 같은 자로 보일 것이니,
47 네 마음이 그러하기에 상대가 그리 보
인다는 그 무서운 사실을 깨닫도록 그
리하라.

11,267 번째 하나님 말씀

2004년 5월 24일 08시 31분

1 사랑하는 나의 아들아!
2 **"네, 아버님! 말씀하옵소서."**
3 지금의 모든 믿음의 길을 가는 백성들
이요, 구원을 받았다 말하는 백성들,
울고불고 저희들이 무슨 뜻인지도 모
르며 '아멘!'이라 소리 지르는 그 백성
들과 지금 나의 아들을 따르는 너희들
과의 그 차이점이 무엇인 줄 알겠느냐?
4 너희들은 참진리요, 진실된 길을 가기
위하여 너희 스스로 몸부림치는 백성
들이요, 그들은 참진리요, 진실의 길
이 아니라 인간의 편안한 것, 육의 편
안한 길이라면 저희들이 타협하고 그

길을 가는 데 주저하지 아니하는 백성
들이니라.
5 그러니 그들은 진실의 마음을 들여다
보는 문이 열리지 아니하며 그 눈이
떠지지 않기에 사람들의 옳고 그름을
저희들이 볼 수 없으며, 상대방의 그
마음이 무엇이며, 그 뜻이 어떤 것인
가를 알지 못하는 그와 같은 백성들이
니라.
6 그러나 지금 나의 아들을 따르는 너희
들은 이제 사람의 마음을 볼 수 있으
며, 사람의 마음을 보는 그 눈이 뜨이
기 시작하고 있음을 알아야 될 것이니
라.
7 너희들이 사람의 마음속에 있는 그 보
이지 않는 마음을 보는 것이 얼마나
위대하고 소중한 것인 줄 알겠느냐?
8 너희들이 그 사람의 마음속에 가지고
있는 그 마음을 볼 수 있는 눈이 뜨인
다면, 너희들은 모두를 사랑하며 자비
로운 너희들 자신이 되어 있으며 변하
는 것을 알게 될 것이니라.
9 그러니 너희들이 그와 같은 눈이 뜨이
는 것이 지금의 너희들이 뜨기 시작한
시점이니, 너희들이 이 순간부터 남을
시기하고 의심하는 마음, 그리고 증오
하는 그와 같은 마음은 생각지도 말
고, 그리 살아가는 마음으로써 너희들
이 살아가라, 사랑하는 나의 아들딸들
아!
10 모든 믿음의 길을 가는 그 백성 그들
은 지금 너희들이 보고 있는, 너희들
이 읽을 수 있는 상대방의 그 숨겨져
있는 속의 마음을 모르느니라.
11 그리고 행동만을 보고 행동에만 치우
쳐 그를 꾸짖고 그것으로써 평가하는
그와 같은 것이 오늘의 종교 집단이
요, 믿음의 길을 가는 백성들이니, 너
희들과의 그 차이점이 그것이니라.
12 그들은 행동이요, 보이는 것만으로써
모두를 다 저희들이 행하고 상대방을
그렇게 보고 있음이니, 그것은 너희들
이 실수를 거듭하게 되는 것이며 큰
실수를 역사할 수도 있음이니라.
13 그러나 너희들은 지금 상대방의 깊은
마음속에 있는 그 본연의 마음을 알고
자 하며, 그를 들여다볼 수 있는 눈이
뜨이기 시작함이니,
14 너희들이야말로 어떠한 마음으로 세
상을 살아갈 수 있는 것인가를 깨닫지
아니하고 행하려 하지 아니한다 해도,
15 사람의 속에 가지고 있는 아름다운 마
음이요, 고운 마음을 본다면, 너희들
스스로 그를 미워하고 저주할 수 있는
것이 없으며, 행동만을 가지고 그를
평가할 수는 없음이니라.
16 그것이 너희들과 지금의 모든 믿음의
길을 가는 백성들과의 그 차이점임을
너희들은 알아야 될 것이니라.
17 사랑하는 나의 아들딸들아!
18 너희들은 상대방의 마음을 읽는 눈이
지금 뜨여지기 시작함이니, 그 길을
가기 위하여 최선을 다하라.
19 그러기 위해서 너희들이 모두를 다 비
우라.
20 증오하는 것, 미워하는 것, 그리고 무
엇을 제 앞에 쌓아 놓고자 하는 그와
같은 마음을 진심으로 모두를 다 버려
야 될 것이니라.
21 순간적으로 너희들이 참지 못하며, 순

간적으로 의혹하며 너희들이 의혹할 수 있는 상황에 의혹하지 않는 것이 너희들이 남을 믿는 마음이요,

22 너희들이 의혹할 수 있는 것에서 의혹하는 것은 결코 너희들이 비운 마음이 아니지 않더냐, 사랑하는 나의 아들딸들아!

23 너희들에게 베푸는 것만큼, 주는 것만큼 사랑하는 자, 베푸는 자를 너희들이 사랑하고 따른다면, 그것은 사랑이 아니요, 진심으로 따르는 것이 아니라 하지 아니하였더냐?

24 너희들이 베풀면서 너희들이 베풂을 받는 자이기에 너희들이 겸손한 자요,

25 그들에게 너희들이 사랑하는 마음을 전하는 것, 그것이야말로 진정한 사랑이요, 그건 불변의 사랑이요, 하늘의 뜻이요, 참진리라 내가 하지 아니하였더냐?

26 그러니 너희들은 지금 마음을 들여다보기 시작하는 그 눈이 뜨여 있음이니, 최선의 노력을 다하여 너희들이 악이요, 시기하고 질투하는, 그와 같은 네 마음속에 너를 흔드는 그 악의 씨앗이 발을 붙이지 못하도록 모두를 너희들이 뽑아 버리는 용기가 필요함이니라, 사랑하는 나의 아들딸들아!

27 모든 용기를 가지고 모든 끈을 끊어 버리라.

28 그리하면 너희들이 모두를 다 볼 수 있을 것이니라.

29 그러니 너희들이 사람 속에 숨겨 있는 그 마음을 들여다보는 눈이 뜨였을 때, 그 진실되고 고운 마음을 알 때, 너희들은 실수함이 없으며,

30 그와 같은 마음이 통하는 자 서로 사랑하며 믿고 의지하고 갈 수 있을 것이니라.

31 외형이요, 외형의 행동으로만 보고 평가하는 그와 같은 자가 아니 되어야 할 것이며,

32 그와 같은 것으로써 너희들은 계속 실수를 하며, 너희들이 진정한 것을 얻으려 해도 얻지 못하는 어리석음의 삶을 살게 된다는 것을 잊지 말라, 사랑하는 나의 아들딸들아!

11,268 번째 하나님 말씀

2004년 5월 24일 09시 02분

1 사랑하는 나의 아들아!

2 "네, 아버님! 말씀하옵소서."

3 이제 모든 백성 너희들은 차분히 오늘의 모든 흐름이요, 역사함을 진단해 보고 평가하지 아니하면 아니 됨이니라.

4 그 누구도 너희들의 마음을 잡아 줄 수 없으며, 너희들이 어떠한 길을 가야 되는가를 권유하고 깨우쳐 준다 하여 너희들이 그 모두를 알 수는 없음이니라.

5 가장 정확하고 명확한 것은 너희들이 진단해서 판단하고 답을 얻는 그것이 가장 중요하고 현명한 방법이니라.

6 그러니 너희들이 가던 믿음이요, 가던 길을 잠깐 멈추고 오늘에 너희들이 진단을 해 보는 그와 같은 시간을 갖지 아니하면,

7 너희들은 영원히 거듭나는 그 소망이요, 그 모두를 다 잃을 것이며, 그를

너희들이 역사할 수 없다는 것을 알아
야 될 것이니라.
8 그러니 가던 발길 잠깐 멈추고 너희들
이 한번 점검해 보고 평가해 보라 하
거늘, 그것도 하지 못하고 너희들이
가는 길이 나에게 오르는 길이라 달려
감이니, 그것이 나에게 오르는 길이
아니라면 어찌하겠느냐, 사랑하는 나
의 아들딸들아!
9 내가 너희들에게 묻고자 하느니라.
10 지금의 모든 종교 집단이 가고 있는
길이요, 그들이 부르짖는 믿음이 진정
한 믿음이요, 너희들이 하늘에 와 구
원을 받을 수 있는 그와 같은 참진리
요, 나 여호와의 뜻이라면, 이 세상은
어떠한 형상이 이루어졌겠는가, 그리
고 어떠한 형태로 모두가 이루어졌겠
는가,
11 너희들이 한번 생각해 볼 때가 되었음
을 알아야 될 것이니라.
12 지금의 참진리요, 나 여호와의 뜻으로
써 사랑을 베풀고 그리 가르쳤으며,
사랑을 실천하고 살아오는 그 오늘의
몇천 년 동안의 믿음이 되었다면,
13 이 세상은 과연 어떻게 변해져 있을
것인가를 너희들이 한번 생각해 보고
짚어 보도록 그리하라.
14 그리고 너희들이 또 하나 생각해 봐야
될 것이니라.
15 지금의 모든 종교 집단이요, 너희들이
구원을 받는 길이요, 하늘에 오르는
길이라 하여 재물을 바치며 울고불고
하는 그와 같은 오늘의 종교 집단 너
희들이 가는 것이,
16 너희들이 선을 선이라 보지 못하며 악
을 선으로 보며 너희들이 죄를 지으면
서도 그것을 선이라 생각하고 가르치
고 지금 가고 있다면, 그 길을 가는 백
성들이요, 그 길을 따라가는 것이라면,
17 과연 너희들이 현재 어떠한 세상이 되
었으며 어떠한 형태로 이루어졌을 것
인가, 너희들은 어느 쪽으로 변화되는
것이 정도이며, 어느 쪽으로 변화되는
것이 진정한 하늘의 뜻인가를 너희들
이 한번 여기서 점검해 보지 아니하면
절대 아니 됨이니라.
18 어느 쪽으로 변화되는 것인지 너희들
은 이 점을 놓고 깊이 생각해 봐야 될
것이니라.
19 내가 너희들에게 다시 한 번 묻나니,
내가 앞에서 너희들에게 먼저 말했느
니라.
20 너희들이 나 여호와의 뜻이요, 참진리
의 사랑을 베풀고 가는 세상의 그 믿
음을 왔다면, 그것이 진정한 믿음이라
면 지금은 어떠한 세상이 되었을 것인
가를 내가 물었느니라.
21 그러니 지금은 천사와 같은 세상이 되
었을 것이며, 아름다운 마음을 가지고
사는 백성들이 이 세상을 지배하는 형
국이 되었을 것이니라.
22 그렇다면 뒤에서 내가 말한, 너희들이
악을 선으로 알며, 선을 악으로 행하
며, 너희들이 죄를 죄로 모르고 살아
가는 그와 같은 삶을 살았다면,
23 세상은 불신이요, 세상은 너희들이 서
로 믿지 못하며 도둑이 들끓으며 너희
들은 종말의 시대라 그와 같은 말을
할 것이니라.
24 그러니 뒤에 말한 죄를 악으로 생각하

지 않고 선으로 생각하며 그와 같이 살아가는 오늘의 세상이 되었다면,

25 세상이 얼마나 험악하며 너희들이 얼마나 불안한 세상이 될 것인가?

26 그러니 내가 여기서 너희들에게 다시 한 번 묻노라.

27 오늘의 너희들이 살아가는 세상의 형태가 과연 어떠한 형태로 되어 있느냐?

28 앞에 내가 너희들에게 말한 천사와 같은 세상이 되었는가?

29 지금의 너희들이 죄를 선으로 말하며, 악을 선으로 둔갑시키는 그와 같은 세상의 삶이 되지 않았는가?

30 사람이 사람을 불신하며, 사람이 사람을 의심하며 서로 믿지 못하는 불신의 세상이 지금 되지 아니하였는가?

31 지금의 세상을 너희들이 스스로 평가해 보면 모두를 알 것이니라.

32 지금의 형태가 과연 어찌 되었는가?

33 앞의 세상이 이루어졌느냐, 뒤에서 말한 세상이 이루어졌느냐?

34 그렇다면 너희들이 앞의 세상에서 이루어졌다면 모든 종교 집단의 지도자가 가는 것은 진정한 길이요, 나 여호와의 뜻일 것이요,

35 뒤에서 말한 그와 같은 세상이 이루어졌다면 너희들은 결국 이것은 잘못된 것이요, 너희들은 지금 사탄의 역사가 되어 악을 선으로 바꾸는 자요, 그리고 너희들이 선을 악으로 바꾸는 그와 같은 행위를 하고 있다는 것을 알아야 될 것이니라.

36 악을 선으로 바꾸는 세상의 삶이 아니요, 선을 악으로 무너뜨리며 선으로 만들며, 그리고 죄를 선으로 너희들이 뒤집어씌우는 그와 같은 형국이 된 세상이 되었다면, 과연 너희들은 어찌할 것인가, 한번 너희 스스로 평가해 보라.

37 그러니 지금의 세상이 어떠한 것인지, 너희들이 앞에 내가 말한 것이 맞는가, 뒤에 말한 세상의 삶이 맞는가?

38 그렇다면 너희들이 어느 것이 잘못되었으며 어느 것이 제대로 된 것이며, 어떠한 것이 진정한 하늘에 오르는 길이요, 어떠한 것이 너희들이 지옥으로 가는 길이요, 누가 천사가 이끄는 방법이요, 누가 사탄이 이끄는 방법인가 그것을 알게 될 것이니라.

39 그러니 지금의 이 세상이 어떠한가 너희들이 생각해 보라.

40 그러면 너희가 어떠한 믿음이요, 어떠한 신앙생활을 하고 있는가, 그리고 너희들이 어찌 가야 되는가 그것을 알게 될 것이며,

41 너희들이 그리되면 엄청난 얼마나 무서운 오류 속에서 지금 허덕이고 있는가, 캄캄한 밤에 너희들이 길을 모르고 방황하며 하늘에 오르는 길이라 너희들이 하늘의 빛을 보겠다 몸부림치는 자들은 아닌가,

42 너희들 스스로 평가할 수 있으며, 너희들 스스로 판단할 수 있으며, 너희들 스스로 심판하여 그 길을 선택할 수 있는 지혜를 얻게 될 것이니라.

43 너희들 스스로 판단하여 너희들 스스로 얻도록 그리하라.

11,269 번째 하나님 말씀

2004년 5월 24일 09시 06분

1 사랑하는 나의 아들아!
2 "네, 아버님! 말씀하옵소서."
3 내가 전율을 느끼는 것, 그리고 너희
들이 더 무서운 것은 무엇인 줄 알겠
느냐?
4 지금의 너희들을 구원하여 하늘에 오
른다는 그 종교 지도자들이 나 여호
와의 뜻을 알지 못하며 제가 가고 있
는 길이 어떠한 길인지 알지 못하기
에,
5 그들 자신이 나 여호와의 뜻대로 행하
지 못하고 있는 그것이 얼마나 무서운
것이며, 나 여호와로부터 전율을 느끼
게 하는지 알겠느냐?
6 저희들이 내 뜻이라 공공연히 그리 말
하며 나를 욕되게 하는 행위를 지금
계속하고 있음이니, 이를 어찌한단 말
이더냐?
7 그러니 저희들이 내 뜻대로 행하지 못
하고 그 길을 가지 못하기 때문에, 그
들 자신이 죄가 죄인 줄 모르며 악이
악인 줄 구분하지 못하는 그와 같은
무서운 오류를 범하고 있는 자들이니,
8 그들이 종교 집단의 지도자라 하여
사랑하는 나의 백성들을 가르친다 지
금 단상에 서서 지금 소리 지르고 있
음이니,
9 이와 같은 속을 보는 것이 나 여호와
가 전율을 느낄 정도로 너무나 무섭고
무서운 형국이 되어 있음이니라.
10 그 지도자라는 자들이 그 오류로 말하
여 나의 사랑하는 백성들이 지금도 쉬
지 않고 지옥으로 수없이 떨어지는 그
길로 밀어 넣으며 그 길로 인도하고
있음이니, 이를 어찌한단 말이더냐?
11 가장 너희들이 무섭고 두려운 것, 그
리고 너희들이 바로잡아야 될 것은 알
지 못하는 종교 지도자들이 단상에 서
서 하늘에 오르는 길이요, 내 뜻대로
행한다는 자, 그와 같은 자들을 너희
들이 단죄하지 아니하면 아니 됨이니
라.
12 악을 악인 줄 모르고 저희들이 선을
악으로 만드는 자, 그리고 저희들이
악을 선이라 강조하는 자,
13 그를 구분하지도 못하는 어리석은 백
성들이 오류 속에서 나의 피조물 만백
성을 가르치고 있는 이 세상에 그들을
깨우치며 그들을 단죄하지 아니하면,
너희들이 바로 설 수 없으며 너희들이
구원을 받을 수 있는 길을 볼 수 없다
는 것을 알라.
14 그를 따르고 울고불고하는 그 백성들
에게 나의 새로운 성경을 전하여 그들
이 읽고 깨우쳐 바로 태어나도록 그리
하라, 사랑하는 나의 아들딸들아!

11,270 번째 하나님 말씀

2004년 5월 24일 09시 12분

1 사랑하는 나의 아들아!
2 "네, 아버님! 말씀하옵소서."
3 지금의 종교 집단 너희들이 해야 할
일이 무엇이더냐?
4 너희들은 모두가 하나가 되며 하나로
써 한마음이 되어야 하느니라.
5 그러나 너희들이 하나로 되지 못했으

며 하나로 되지 못하도록 하는 것이
너희들이며, 그러니 너희들이 그와 같
은 믿음 속이 어떠한 진정한 뜻이라
내가 말하겠느냐?
6 나 여호와의 참진리는 하나로써 내려
지며 한뜻으로 흘러가느니라.
7 그리고 하나로써 모두가 내려지며 그
참진리는 그대로 깨우치며, 참진리요,
그건 불변이니라.
8 그러기에 너희들이 어떠한 장소에서
나 누가 어떻게 가르치고 전하든, 그
리고 너희들이 어찌 들어서 소화해서
너희들이 다른 곳에 또 전하든 그 모
두는 한뜻으로 하나의 이야기로써 한
길로 흘러가는 것이니라.
9 거기서 바뀌고 변질되는 것은 참진리
가 아니니라.
10 그러니 너희들이 나 여호와의 진리요,
하나를 가지고 연구하며 내 뜻을 연구
하고 살아간다면, 너희들은 하나가 되
었으며 서로가 하나가 되는 그와 같은
위대한 역사를 이루었을 것이니라.
11 그러나 지금 내가 너희들을 바라보는
그 형국이요, 너희들의 자세가 어떠하
더냐?
12 너희가 하나가 되어야 함은 당연한 것
이거늘, 너희들은 서로가 하나가 되는
것을 다 저버렸으며, 하나가 된다는
것은 생각할 수도 없으며, 너희들이
계획도 세울 수 없는 그와 같은 험악
한 세상이 되었느니라.
13 셀 수 없는 종파의 그 숫자대로 찢어
지고 갈라졌으며 분열되어 있음이니
라.
14 그러니 너희들이 하나가 되어야 할 것
을, 서로 찢어지고 셀 수 없이 분열된
그것이 바로 너희들이 가짜인 하나의
증거이니라.
15 그리고 너희들이 두 번째 가짜의 증거
는 무엇이더냐?
16 사랑을 하기보다는 남의 것을 인정하
지 아니하며, 남의 것을 인정하기 전
에 너희들은 네 뜻과 같이 아니하는
자는 투쟁을 하고자 하며 투쟁을 일삼
는 것이 너희들이 또한 두 번째의 가
짜의 이유라 내가 하지 아니하였느냐?
17 너희들이 세 번째의 가짜의 이유는 무
엇이더냐?
18 아름다움과 평화로움을 지키기 위하
여 너희들이 노력하는 것이 아니라,
19 이 아름답고 평화로운 싹의 뿌리를 내
리지 못하도록 무참히 짓밟아 버리는
것이 너희들이 오늘에 하고 있으니,
세 번째의 가장 가짜인 증거라 내가
너희들에게 전함이니라.
20 그리고 너희들은 또 무엇이 있느냐?
21 너희들이 넷째의 잘못은 무엇인 줄 알
겠느냐?
22 너희들이 가짜의 그 행위는 그러니라.
23 나의 뜻을 받아들이지 아니하며 너희
들이 그와 같은 짓을 하는 것이며, 내
뜻을 알아듣지 못하며 그를 제대로 가
르치지 못함이니, 네 번째 너희들이
가짜인 증거이니라.
24 더욱이 너희들이 무서운 가짜의 증거
가 무엇이더냐?
25 나의 아들 예수를 세상에 내려보내어
너희들이 하나가 될 수 있는, 그리고
하나의 뜻을 이룰 수 있도록 내가 그
기회를 너희들에게 내려보냈거늘,

26 너희들이 그 기회를 짓밟아 버렸으며, 그 기회를 묵살하였으며, 나의 아들 예수를 그와 같이 처참히 죽이는 그와 같은 행위를 한 것이 바로 너희들이 가짜 중의 가짜의 증거임을 너희들은 알아야 될 것이니라.

27 그리하여 불쌍하고 가련한 너희들 모두를 재앙으로써 내가 손을 놓으려 하였으나,

28 내가 다시 한 번 너희들에게 기회를 줘 너희들이 하나로 뭉치며 하나로써 역사할 수 있는 것, 사랑의 끈으로써 하나가 될 수 있는 그와 같은 기회를 내가 지금 너희들에게 단 한 번의 기회를 주었음이니,

29 이것이 바로 나의 아들을 세상에 내려 보내 그로 하여금 160권의 새로운 성경을 만들어 너희들에게 전해 줌이 여기 있음이니라.

30 이것이 마지막 너희들이 하나가 될 수 있는 기회이니라.

31 여기서 너희들이 하나로써 역사하지 못할 때 그 후의 일은 너희들이 스스로 상상할 수 없는 결과가 될 것이니라.

11,271 번째 하나님 말씀

2004년 5월 24일 09시 57분

1 사랑하는 나의 아들아!

2 **"네, 아버님! 말씀하옵소서."**

3 창조주 나 여호와가 하나이니라.

4 그러니 나 하나로 인하여 모든 역사가 이루어짐이니, 나로부터 나가는 그 진실이요, 또 그가 무엇이더냐?

5 다 그 모두가 하나이니라.

6 그러니 내가 너를 따르는 그 제자들이요, 나의 새로운 성경을 읽고 깨우친 백성, 너희들에게 가장 근본이요, 하나가 되는 것, 하나로써 모두가 너희들이 형제를 이루도록 내가 그리하지 아니하였더냐?

7 그러니 너희들이 하나가 되고자 노력하고 너희들이 그 길을 가야 하거늘,

8 지금의 종교 집단의 지도자들이 수천 년 동안 흘러오면서 그들은 하나가 되고자 노력한 것이 아니니라.

9 그들은 서로가 물고 뜯는 분열과 불화합과 투쟁을 일삼고 온 것이 오늘의 종교 집단의 지도자 그들이니라.

10 너희들이 나 여호와가 하나요, 나의 참진리는 하나로써 모두가 역사함이니, 너희들이 하나가 되어 그를 가르치는 자, 또 배우는 자, 똑같이 너희들이 흐름이 같아야 한다고 하지 않았더냐?

11 위에 흐르는 맑은 물이 너희들이 그 색채가 섞여지는 그와 같은 물로 변한다면 그건 진리가 아니요, 참뜻이 아니지 않더냐?

12 변질되고 썩어져 가는 것은 나 여호와의 뜻이 아니니라.

13 그리하여 내가 하나가 되도록 모두를 역사하도록 하였음이니, 이는 사랑이요, 너희들이 양보하는 그와 같은 아름다움에서 하나가 될 수 있음이니라.

14 그러나 지금 수천 년 동안 흘러오는 그 믿음이요, 종교 집단 지도자가 말로써는 사랑을 일삼는다 하나, 너희들이 분열과 불화합과 투쟁이요, 그리고

너희들이 같이 가지 않는 자, 적으로
생각하는 이와 같은 세상이 되었음이
니, 이 세상에서 너희들이 무엇을 다
스리겠느냐?
15 내가 너희들에게 묻고자 하노라.
16 너희들이 하나가 되어 그 힘을 합쳐
너희들이 깨닫고 변화되어 악을 물리
치고 악이 존재하지 못하도록 하여 너
희들이 나에게 오를 수 있는 것이요,
구원을 받는 것이라 하였거늘,
17 너희들이 분열과 투쟁으로써 모두를
역사하는 그와 같은 믿음이요, 그와
같은 삶을 사니,
18 너희들은 이 세상에 누구에게 힘을 실
어 주며 누가 이 세상을 다스리게 하
고 있는 짓인지 알고 있느냐?
19 그러니 이 세상을 다스리는 것이 무엇
으로써 너희들이 아름다운 이 세상으
로 덮어질 수 있겠느냐?
20 그러니 아름다움으로써 이 세상을 덮
는 그와 같은 역사는 생각할 수도 없
으며, 계획도 할 수 없을 만큼 너희들
이 무너졌으며,
21 결국 너희들이 투쟁과 불화합과 분열
로써 일삼는 그 세월 속에 악에게 너
희들은 힘을 실어 줬으며 사탄에게 힘
을 실어 줘 악이 세상을 덮는 것이며,
이 세상에 다 퍼져 모두를 장악하고
있는, 그리고 다스리는 이와 같은 형
국이 되었음을 너희들은 알겠느냐, 사
랑하는 나의 아들딸들아!
22 이 세상에 많은 인간의 집단이 있으며
너희들의 모임이 있으니, 제 것만이
소중하며 제 것만이 모두를 다 역사한
다, 제 것만을 챙기며 제 형제를 챙기
는 그와 같은 집단이 어디 있는가?
23 제 것만을 소중하다고 하는 것, 그리
고 남의 것을 인정하지 아니하는 집단
이 과연 어떠한 집단이라 너희들은 말
하겠느냐?
24 그러니 누가 악에게 힘을 실어 줬으며
악이 이 세상을 덮도록 했는가?
25 그 근본의 뿌리를 너희들이 찾아보도
록 하면 답을 얻게 될 것이니라.
26 사랑하는 나의 아들딸들아!
27 그러니 내가 그들이 기도하는 것, 나
에게 들리지 아니하며, 그들이 기도하
는 것, 너희들이 그저 바위에 부딪히
는 파도 소리만큼도 내가 듣지 아니하
며 관계없다 한 그 의미를 알겠느냐?
28 하나가 되어 너희들이 힘을 합쳐 모두
가 역사하여 사랑의 참진리로써 나에
게 오는 길에 밀물처럼 몰려오는 그와
같은 너희들이 되어야 되거늘,
29 분열과 불화합과 투쟁만을 일삼으며,
제 것이 아니면 쳐다보지 않는 그와
같은 형국이 되어 악이 이 세상을 덮
어 버렸으며, 악이 세상을 지배하는
그와 같은 너희들이 만든 그 죄의 근
본이 오늘의 믿음의 길을 가는 잘못된
자들의 집단에서 이루어졌다는 것을
알라 그리 전하라.

11,272 번째 하나님 말씀

2004년 5월 24일 10시 04분

1 사랑하는 나의 아들아!
2 **"네, 아버님! 말씀하옵소서."**
3 내가 너희들이 하나가 될 수 있는 그
기회를 만들어 줬다 하였음이니라.

4 그러니 2천 년 전에 나의 아들 예수를
세상에 내려보내니 너희들이 나의 아
들과 더불어 하나로써 모두가 엮어질
수 있는 그 기회를 내가 너희들에게
내려 주었거늘,
5 오늘의 종교 집단의 지도자요, 그 신
도, 너희들의 뿌리들이 그를 하나로
만들지 못하며 사분오열의 그와 같은
형국으로 되지 않았더냐?
6 그러니 그것이 바로 너희들이 죄의 원
흉이라 함을 알아야 될 것이니라.
7 지금의 종교 집단의 지도자, 신도들의
그 뿌리의 후손들이 하나가 되지 못하
며, 너희들이 그 하나가 되지 못하는
것은 또한 무엇이더냐?
8 너희들이 너희 조상의 뿌리대로 흘러
왔듯이 너희들이 비진리요, 그리고 불
의와 타협하며 그들과 살아가기 위하
여 너희들이 그들과 야합하는 그와 같
은 믿음의 길을 왔기에, 진정한 진리
요, 참진리요, 진정한 믿음이 없었기
때문이니라.
9 그리하여 비진리와 타협하며 악과 타
협하며 너희들이 그와 같은 삶을 살아
온 것이 오늘의 너희들의 종교 집단의
지도자요, 그리고 그 조상의 뿌리를
이어받은 너희들이 바로 그러한 자들
이니라.
10 그러니 너희들이 거기에는 의지가 없
으며 너희들이 지키려는 것이 없음이
니라.
11 너희들은 의지가 약한 자요, 사랑의
힘을 뿌리를 내리지 못하여 너희들이
바로 그와 같은 백성으로 전락되어 있
기에,
12 사탄의 방해에 견디지 못하고 너희들
이 무너지는 그와 같은 지금의 오늘의
길을 가고 있느니라.
13 그리하여 너희들이 이 험악한 시대를
역사했으며, 이 험악한 세상을 만든
주역이 바로 너희들의 조상으로부터
지금까지 믿음의 길을 계승해 와 오늘
의 너희들이 목자요, 나 여호와의 기
름 부은 자요, 만백성을 구한다는 너
희들이니라.
14 그러니 바로 그것이 무엇이더냐?
15 진정한 믿음이요, 참진리의 길을 간다
면 너희들이 목숨을 바친다 해도 비협
조요, 비진리와 타협하지 아니하며 불
의한 것과도 너희들이 결국 손을 잡지
는 아니할 것이니라.
16 그러나 너희들은 진정한 믿음이요, 진
실한 믿음이요, 참진리에 의해 가지
아니하므로써,
17 너희들이 지금 이 세상을 험악하게 만
들었음을 알라.
18 그 이유는 또 무엇이더냐?
19 너희들은 조건부 믿음이요, 너희들이
조건부에서 모두를 행했으며, 우선 너
희들이 영원히 사는 영원의 세상이요,
너희들이 인간의 본 생인 다음 세상을
위하는 것이 아니라, 연습장인 너희들
의 오늘의 육의 세상의 삶에 모두를
다 바치는 어리석은 자들이요,
20 계산 속에서 주고받는 그와 같은 믿음
으로 왔기 때문에 너희들이 나약한 자
라, 그리하여 사탄의 장난에 너희들이
넘어지며 방해에 무너지는 어리석은
백성들이요, 나약한 백성이 되어 버렸
느니라.

21 이제 나의 아들을 따르는 제자 너희들
은 이 길을 갈 수 있으며, 그 모든 사
탄의 유혹이요, 방해에 넘어지지 아니
할 수 있는 너희들이니라.
22 이는 무엇인 줄 알겠느냐?
23 너희들은 악을 버리면서 나의 아들을
따르며, 나의 새로운 성경을 공부하면
서 너희들이 조건부의 믿음이 아니요,
조건부의 길을 가지 아니하기 때문이
니라.
24 그러니 너희들이 지금은 나약한 것 같
으며 미약하나, 너희들이 정의와 불의
에 부닥쳤을 때 너희들이 그를 선택할
때, 두말할 것 없이 정의의 칼로써 불
의를 내치는 그와 같은 용기 있는 자
들이 지금 나의 아들을 따르는 제자들
이요, 나의 새로운 성경을 만들고 역
사하는 자들이요, 이를 읽고 깨우친
백성들이니라.
25 그것이 바로 너희들과의 차이니라.
26 모든 믿음의 길을 가는 종교 집단의
지도자 그들은 불의와 정의의 칼을 놓
고 하나를 선택하라 하면, 그들은 며
칠 밤을 새우면서 고민과 고민을 거듭
할 것이며,
27 결국 그들은 앞에 보이는 우선 꿀이
다니 불의의 칼을 들 수 있는 자들이
수없이 많이 있음이니라.
28 그러나 나의 아들을 따르는 지금의 제
자들은 절대 1초도 생각하지 아니함
이니라.
29 바로 정의의 칼을 들어 불의를 내치
는 그와 같은 너희들이 용기 있는 자
들이요, 용기를 발휘할 수 있는 백성
으로 성장하였음이니,
30 너희들이 나약하고 미약하다 소리 하
지 말며 그리 생각하지 말라.
31 오로지 너희들만이 이 길을 갈 수 있
다는 것을 잊지 말라.
32 이제 나의 아들과 그 제자들을 가는
길이 사탄들이 그와 같은 너희들에게
더 이상 힘을 쓰지 못하며, 너희들이
그 불칼을 들지 못하도록 모든 것을
총동원하여 방해하며, 그 방해의 역사
가 힘을 합쳐 공격할 것이니라.
33 그리하여 내가 너희들에게 넘어야 할
길이며, 인간으로 넘기 어렵고 힘든
그 고비를 한 번은 넘어 그 환란을 진
압하지 아니하면 아니 된다 하지 않았
더냐?
34 이를 너희들이 넘어야 할 길이니라.
35 그러나 너희들은 갈 수 있음이니라.
36 너희들은 어떠한 고통에도 불의의 칼
을 보지 아니하며, 정의의 칼을 집어
바로 흔들 수 있는 너희들이니라.
37 네 생명이 날아간다 해도 너희들은
정의의 칼을 잡고 휘두를 자요, 지금
의 모든 종교 집단의 지도자들, 나약
하고 변질된 그들은 절대 정의의 칼을
잡아 휘두르는 그와 같은 당연한 것을
행하지 아니하고,
38 계산과 계산을 하여 이해관계요, 오늘
에 저희들이 꿀을 빨 수 있는 그 불의
의 칼을 드는 것이 그들이기 때문에,
39 이것이 하늘과 땅의 차이요, 내가 너
희들이 있기 때문에 기쁨이요, 영광이
있다는 뜻을 알라, 사랑하는 나의 아
들딸들아!
40 너희들은 모르느니라, 네가 변하고 있
는 것을.

41 너희들은 절대 불의의 칼을 들지 아니할 것이니라.
42 너희들이 길을 갈 때 너희들이 어떠한 행위에서도 불의를 보지 아니하며 그를 행하지 아니하는 너희들의 삶이 훈련이요, 훈련이 바로 정의를 높이 들며 정의의 칼을 뽑을 수 있는 훈련을 하고 있었기에,
43 훈련된 백성이 어찌하여 너희들이 불의의 칼을 들겠느냐?
44 너희들 손에는 정의의 칼을 드는 데 서슴지 않을 것이며, 1초도 생각하지 않고 그저 그를 들어 불의를 내치는 것이 너희들이니라.
45 그러니 너희들이 얼마나 위대하고 강한 병사가 되었는지 알겠느냐?
46 그러니 하늘의 선생이요, 만백성을 이끄는 전사로서 손색이 없는 너희들이라 함이니, 내 기쁨이요, 내가 사랑하느니라.

11,273 번째 하나님 말씀

2004년 5월 24일 10시 08분

1 사랑하는 나의 아들아!
2 "네, 아버님! 말씀하옵소서."
3 나의 사랑하는 백성들이 참진리의 길이요, 나에게 오르는 길을 위하여 모두를 다 바치고 살아가는 백성들이 이 세상을 덮고 이 세상을 지배하고 있다면, 지상의 낙원이 얼마나 행복하고 보람된 삶이냐?
4 시기도 없으며 질투도 없으며 미워하는 자 그들이 발붙일 수 없는 그와 같은 세상이 되지 않겠느냐?
5 사랑하는 나의 아들딸들아!
6 악한 것이 많은 세상이면 악한 것은 번식하며, 너희들이 선한 자가 많이 있으면 많을수록 악의 뿌리는 내리지 못하는 것이 아니더냐?
7 그러나 지금의 세상은 참진리의 길을 가고자 하는 그 백성보다도 비진리요, 악을 행하는 그 길을 즐겨 하는 백성들이 이 세상을 덮고 설치고 있는 이와 같은 세상이 되어 버렸음이니라.
8 그렇다 하여 너희들은 여기서 포기하지 말며 두려워하지 말라, 사랑하는 나의 아들딸들아!
9 지금 악이 모두를 덮고 세상을 지배하는 것 같으나, 나의 새로운 성경이 세상에 나오며 이를 읽는 백성들이 이제는 보지 않는 백성보다 더 많아지기 시작할 때, 나의 뜻은 이루어질 것이며,
10 나의 뜻대로 이 세상에 살아가는 백성 너희들이 옳고 정의로운 그 삶을 살아가게 될 것이니라.
11 그러니 나의 새로운 성경을 읽고 많은 백성들이 선을 향하여 하늘을 향하여 살아가는 아름다운 백성들이 늘어날 때, 이는 하늘의 뜻이 이루어지는 것이며, 나의 역사가 모두 이루어지는 것이니라.
12 너희들은 그날을 위하여 오늘을 준비할 것이며, 그날을 위하여 너희들은 열심히 노력하며 열심히 준비하는 그와 같은 삶을 살라.
13 너희들은 일개미요, 일벌로서 직무를 다하며 네 책임을 다해야 한다 하지 아니하였더냐?

14 사랑하는 나의 아들딸들아!
15 너희들이 있어 새로운 성경이 세상에
나가며, 나의 아들이 이를 받아 강론
하고 역사함이니,
16 내가 너희들을 사랑하는 마음이 얼마
나 깊고 너희들을 내가 얼마나 깊이
사랑하며, 내가 너희들을 보고자 하며
만나고자 하는지 너희들은 알겠느냐?
17 내가 너희들을 사랑함이니라.
18 너희들이 있기에 나의 새로운 성경이
세상에 나오며, 나의 아들이 새로운
성령을 받아 이 책으로 만들어 냄이니,
19 '하나님! 말씀하옵소서.' '하늘에 오르
는 길'이라는 160권의 대장정의 역사
가 빛을 보니, 그는 정의로운 것이요,
정의로운 칼로써 너희들이 불의한 가
지를 치고 나갈 때가 있을 것이니, 너
희는 그때까지 참고 인내하도록 그리
하라.
20 그리하여 너희들은 그때까지 말도 삼
가며 말도 함부로 하지 말고 행동도
함부로 하지 말며 처신도 함부로 하지
말라 함이니라.
21 말도 신중에 신중을 기하여 하며 행동
도 신중에 신중을 기해서 너희들이 하
도록 그리하라.
22 너희들로 하여금 모든 백성들이 너희
들을 보고 따르고 배우기 때문이니라.

11,274 번째 하나님 말씀

2004년 5월 24일 20시 52분

1 사랑하는 나의 아들아!
2 "네, 아버님! 말씀하옵소서."
3 인간 세상에서 너희들이 살아가면서
배가 고픈 자, 먹지 아니하면 배가 고
픈 것이며, 그 배가 고픔을 아느니라.
4 그러니 육의 세상에서 너희들이 음식
을 먹지 아니하고 배고픈 것, 그 배고
픔만을 아는 것이며, 그 배고픔을 위
해 사는 백성, 그와 같은 백성이 그보
다 더 어리석은 백성은 없음이니라.
5 너희들이 지식이요, 또한 학문이요,
모든 학문을 열심히 하여 너희들이 상
식이요, 지식을 가지고 있는 자, 그것
을 가지고 있지 아니하여 빈곤한 자가
너희들이 먹지 아니하고 배고픈 자보
다도 더 배고프며 더 고통스러움을 아
는 그와 같은 백성이 되어야 함을 알
아야 될 것이니라.
6 정녕 너희들이 배고픈 것이며 빈곤한
것은 무엇이더냐?
7 너희들이 공부하지 아니하며 학업을
소홀히 하며, 그리고 너희들이 지식을
쌓는 데 게을리하는 자,
8 그리고 너희들이 인간 세상에 전해지
는 너희들의 선배요, 그 모든 조상이
이루었던 역사를 들여다보지 아니하
며, 너희들이 그를 가지고 깨우치는
그와 같은 지식을 갖지 못하는 그 백
성이야말로 먹지 않는 백성보다도 더
배고픈 자요, 빈곤한 자라는 것,
9 그와 같은 생각을 가지고 사는 자, 너
희들이 세상을 삶에 어리석은 삶은 결
코 살지 아니할 것이니라.
10 지금의 믿음의 길을 가는 백성 너희들
은 들어야 될 것이니라.
11 너희들이 나에게 와 심판을 받게 되어
있으며 심판을 받지 않는 백성이 없음
이니, 결국 너희들은 심판을 받는 그

와 같은 삶을 살아가는 백성이 되지
아니하면 아니 됨이니라.
12 너희들이 육의 세상의 삶에 연연하여
육의 세상에 모두를 다 바침이니, 너
희들의 생명이 거듭나는 것, 그리고
영원히 거듭나는 그와 같은 너희들의
삶을 저버리고 살아가는 어리석은 백
성의 삶이요, 그가 바로 불쌍한 자들
이니라.
13 너희들은 인간 세상의 부귀영화요, 너
희들이 인간 세상에서 너희들의 빈곤
함을 탓하지 말고,
14 성령으로 임하는 것, 하늘의 이치를
깨닫는 것, 하늘의 진리를 아는 것, 거
기에 너희들이 배고픔을 느끼며 빈곤
을 느끼는 그와 같은 백성이 되어야
할 것이니라.
15 그러니 배고픈 자가 무엇을 얻고자 하
여 노력하는 것보다도 열배 백배 더
너희들이 나의 성령으로써 빈곤하지
않는 자, 영적인 그 깨우침이요, 그를
너희들이 다스려 나가는 것,
16 그리하여 너희들이 하늘을 향하여 한
점의 부끄러움이 없는 그와 같은 삶을
사는 것, 그것이 너희들이 얼마나 갈
급해야 되는 것이며, 얼마나 너희들이
배고파야 되는 것인가?
17 배고픔을 채우려는 그보다도 너희들
이 더한 노력으로 하지 아니하면 아니
된다 내가 그리 가르침을 알라.
18 이제 나의 아들을 따르는 제자 너희들
은 육의 배고픔이요, 육의 추움과 고
달픔을 생각하지 말라.
19 너희들이 영적으로 배고프지 아니하
며 영적으로 충만한 자, 그는 결코 갖
지 아니하였어도, 소유하지 아니하였
어도 배고픈 것이 없으며, 소유하지
않아도 이 세상 것이 다 너희들 것이
거늘,
20 그와 같은 너희들이 영적인 충만을 위
해 모두를 바치는 어리석지 않은 백성
으로 살아가는 삶을 살도록 그리하라,
사랑하는 나의 아들딸들아!

11,275 번째 하나님 말씀

2004년 5월 24일 20시 56분

1 사랑하는 나의 아들아!
2 "네, 아버님! 말씀하옵소서."
3 너희가 하나가 되고자 노력하지 아니
하고 분열과 불화합으로써 너희들이
그와 같은 삶을 살아서는 아니 되며,
너희들이 투쟁을 일삼는 그와 같은 삶
을 사는 백성이 되어서는 아니 된다
하였음이니라.
4 하나가 되어 한 형제처럼 아름답게 살
아야 할 너희들이 투쟁과 분쟁을 일삼
으며, 이간질을 일삼으며 이와 같이
살아가는 것이 오늘의 나의 백성 너희
들의 삶이니, 과연 너희들을 이기주의
의 백성으로서 누가 그리 만들고 다스
렸는가?
5 이것은 다 잘못된 종교 집단의 지도자
너희들이 사탄의 조종을 받으며, 사탄
이 뒤에서 조종하는 데 너희들이 그
들러리와 같은 짓을 하고 있기 때문에
오늘의 이와 같이 험악한 세상이 되었
음을 알라.
6 지금 너희들이 사랑하지 아니하며 서
로를 미워하며, 용서하지 아니하며 시

기와 질투를 일삼는 것은 바로 무엇이
더냐?
7 너희들이 사탄과 마귀의 세상을 만들
었으며, 그 세상이 되도록 그와 같이
한 것이라는 것을 알아야 될 것이니라.
8 그러니 또한 그들이 무엇을 지금 하고
있는가?
9 사랑하는 나의 아들딸 너희들을 그들
이 조종하고 있으며 너희들을 움직이
는 것이니,
10 그들이 너희들을 지배하는 속에서 그
들이 너희들을 이끌어 가는 간교한 그
방법에서 너희들은 헤어나지 못하며
거듭나는 그와 같은 길을 가지 못하고
있는 것이 불쌍한 나의 아들딸들이니
라.
11 그러니 너희들이 이를 다스리지 아니
하면 너희 사랑하는 형제요, 모두는
다 구원의 길을 보지 못하며 영원히
너희들과 같이 대화할 수 없으며 같이
만날 수 없는 지옥의 벼랑으로 떨어진
다는 것을 알아야 될 것이니라.
12 그 모두를 단죄할 수 있는 것, 그 모두
를 다스릴 수 있는 것은 딱 이 세상에
두 가지가 있음이니라.
13 하나는 내가 내리는 새로운 성경을 만
들어 만백성에게 전하여 세상을 덮는
것이요, 또 하나는 이를 접하고 가는
백성 너희들이 하늘을 향하여 한 점의
부끄러움이 없는 모범된 삶을 사는 것,
14 그것만이 너희들이 그 불쌍하고 가련
한 백성들을 구원할 수 있다는 것을
너희들은 잊지 말라.
15 그렇지 아니하고는 그들을 구할 수 없
음을 알라 그리 전하라.

11,276 번째 하나님 말씀

2004년 5월 24일 21시 02분

1 사랑하는 나의 아들아!
2 "네, 아버님! 말씀하옵소서."
3 이제는 모든 구색을 갖춰야 하며 이제
는 모든 형태를 갖춰야 하며, 이제는
모든 모습을 갖출 때가 되었음을 너희
들은 알며 너의 제자들에게 그리 전하
도록 하라.
4 사람이 모습을 갖추려면 이목구비가
수려해야 되며 모든 형태가 바로 서야
만 사람의 구실을 하며 사람으로서 바
로 설 수 있는 것이 아니겠느냐?
5 사랑하는 나의 아들딸들아!
6 지금까지는 부분만이 세상에 내려갔
으며 몸통이 존재하지 않는 그와 같
은 형국이 되었으며, 그리고 너희들의
눈과 입과 귀와 팔다리는 각자 서로
지금 떨어져 있는 그와 같은 형국이
되어 있음이니라.
7 아직은 내가 몸통을 내려보내지 아니
하였으며, 그저 너희들이 눈과 귀와
입과 코와 손과 발들이 세상에 내려
와 내 뜻이라 하여 너희들이 만백성을
인도한다 하며 구원한다며 그와 같이
노력을 했음이니라.
8 그러니 너희들이 그 형태로써는 하나
의 몸통을 가질 수 없으며 완벽한 사
람으로서 거듭날 수 없으며 그 형체
를 가질 수 없지 않더냐?
9 그러니 사람의 몸통이 없어서 그 부
분적인 것이 움직이고 떠돈다 하면,
과연 얼마나 그건 보잘것없으며 흉한
모습이더냐?

10 그리하여 내가 너희들에게 그와 같은 것을 다 내려보냈으나, 이제는 내가 원 몸통이요, 모두를 다 제자리에다 갖다 놓고 제자리에서 받아들일 몸통을 내려보내는 그와 같은 형국이 지금 바로 나의 160권의 법전을 세상에 내려보내는 것임을 알라.

11 그러니 160권의 법전이 세상에 내려가는 것은 중심인 몸통이 내려가는 것이며, 그러니 나의 몸통이 내려가니, 이제 모두가 제자리를 지키며 제자리를 찾아와야 되는 것이니라.

12 코는 코의 위치요, 입은 입이요, 귀는 귀요, 눈썹은 눈썹으로써 너희들이 모두 다 위치를 지금은 찾아와야 될 것이니라.

13 그러니 160권의 새로운 성경이 바로 너희들의 몸집이니, 이 몸통이 내려감이니 지금까지 너희들이 깨우쳤다, 너희들이 배웠다, 연구했다 모든 너희들이 전하고 역사한 것은 그 부분적인 것이니,

14 이제 몸통이 내려왔으니, 그 모두가 제자리를 찾는 그와 같은 길로써 너희들이 하나가 되어 완벽한 몸체를 만들어야 되는 것이거늘,

15 너희들이 제자리를 찾지 아니하며 아직도 너희들이 몸통인 것처럼 세상을 지배하고 흔들고자 한다면, 너희들은 이 형국이 어찌 되겠는가?

16 모두 제자리를 찾지 못하는 그와 같은 형국이 될 것이니라.

17 이제 나의 아들을 따르는 제자들이요, 그리고 새로운 성경을 읽고 깨우친 만백성이요, 나의 새로운 성경을 만드는 그 제자들이요, 너희들이 바로 열여섯 권을 기초로 하여 160권의 새로운 성경을 세상에 내려보내 몸통이 지금 내려옴이니라.

18 이제 나의 아들이 160권이라는 새로운 성경을 써 세상에 내보낼 일이 머지않았으니, 그게 바로 몸통이니라.

19 그 몸통이 완성될 때 각자 제자리를 찾아오는 자는 그 자리를 지킬 것이요, 그렇지 아니하는 자는 그를 버리며, 내가 다른 새로운 것으로써 그 자리를 찾을 것이니,

20 너희들은 그와 같은 지금의 믿음이요, 너희들이 믿음을 왔던 것, 깨우침을 왔던 것, 공부를 했던 것, 모든 것은 너희들이 부분적인 걸 가지고 공부했다는 것을 깨우치라 그리하라.

21 팔을 잡은 자는 팔을 가지고 공부했으며, 코를 잡은 자는 코를 가지고 공부했으며, 입을 잡은 자는 입을 가지고 공부했으며, 귀를 잡은 자는 귀를 잡고 공부했다는 것을 알라.

22 그 이치를 너희들이 깨달으면 지금의 160권의 몸통이 무엇이라는 걸 너희들이 알아야 될 것이며, 현명한 자는 그를 알 것이니,

23 이제 몸통을 지키며 몸통의 자리를 지켜 굳건히 버티도록 그리하라.

24 그러면 하나하나가 저희들이 아무리 발버둥치고 떠든다 해도 제자리를 서지 아니하면 갈 곳이 없기에 제자리를 다 찾게 될 것이니,

25 이것이 나 여호와가 이루고자 하는 역사이기에, 160권의 법전을 6천 년이라는 세월이 흐른 다음에 지금 내려보

내는 것이니,
26 바로 몸통이요, 눈사람처럼 머리요,
몸집만 해서 지금 내려보내니,
27 모두가 다 제자리를 찾아왔을 때 완벽
한 사람이 될 것이니, 그 작업이요, 그
와 같은 역사를 이루고자 하는 것이
나의 뜻이었음을 알라 그리 전하라.

11,277 번째 하나님 말씀

2004년 5월 24일 21시 08분

1 사랑하는 나의 아들아!
2 "네, 아버님! 말씀하옵소서."
3 내가 너를 통하여 내리는 160권의 새
로운 성경은 사람으로 말하면 몸통이
라 그리 말하였음이니라.
4 그러니 그 몸통이 존재하며 그가 굳건
히 섰을 때, 모두가 다 제 기능을 하
며, 지금 내가 먼저 보낸 그들이 다 제
자리를 찾아와 완벽한 기능을 발휘할
수 있는 사람으로 역사한다 그리하지
않았더냐?
5 그러니 너희들은 또한 여기서 깨달아
야 될 것이니라.
6 내가 내리는 160권의 새로운 성경이
바로 몸통이라 함은 무엇이더냐?
7 이는 부서지지 아니하며 태워도 없어
지지 아니하며 너희들이 버려도 버릴
수 없는 것이기에 이게 곧 몸체라는
것을 내가 너희들에게 깨우쳐 줌이니
라.
8 인간이 이루어 놓은 것, 너희들이 역
사한 것은 그 모두가 끝이 나며, 그 끝
이 나면 무엇이더냐?
9 다 부서지고 없어지게 되는 것이 아니
더냐?
10 인간들이 만든 그 교회에 너희들이 지
금 이 세상에 나로부터 만백성을 구하
는 부름을 받았다는 자, 예수라 하는
자, 그저 각종 이름을 대고 이끌어 가
는 자,
11 너희들이 그와 같은 집단을 이루어 놓
고 그 궁궐 같은 곳이요, 하나의 제왕
같은 나라를 이루었다 해도,
12 그 이루어 놓은 자요, 그 창업자요, 그
를 이끌어 가던 지도자가 운명하여 죽
어 나간다면,
13 결국 그것이 서로 너희들이 싸움하며
아귀다툼을 하며, 서로가 그 자리를
차지하기 위하여 싸움을 하고, 또한
형제지간에 안면을 바꾸며 너희들이
모르는 사람보다 더 무서우리만큼 돌
아서서 서로 시기하고 질투하는 그와
같은 싸움이 벌어짐이니,
14 그것이 다 부서지고 깨지고 제자리를
지키지 못하는 것이니라.
15 그것이 한 인간이 만들어 놓은 결정판
이요, 인간이 인간의 능력으로써 만든
것은 그러하니라.
16 그러나 너희들 인간이 만든 종파는 그
우두머리요, 너희들이 만든 그 모두의
사주요, 그리고 교주라는 자들이 죽고
무너지고 난 다음에,
17 그 모두는 내분이 나서 그 썩은 것이
이제 돌출하기 시작하여 모두가 부서
지고 파산되는 것이니, 그 줄기요, 뿌
리가 얼마 가지 못하는 것이니라.
18 그러나 지금 나의 아들을 통하여 내리
는 160권이요, 너희들 인간으로 말하
면 그 몸통이라는 이 새로운 성경은,

19 그를 받아 기록한 나의 아들이 죽는다
해도 그 성령의 가르침이요, 그 뜻은
변함없이 그대로 전해질 것이며 또 살
아서 움직일 것이니라.
20 그렇다면 과연 어떠한 종교 집단이요,
믿음이 몸통이며 실체인가를 너희들
이 알게 될 것이니라.
21 너희들이 부서지고 없어지는 것은 몸
통이 아니요, 어떠한 것에도 견딜 수
있으며 부서지지 아니하고 깨지지 아
니하고 변하지 않는 것이 내가 만든
나의 인간의 몸통이라는 것,
22 그리하여 거기에서부터 너희들이 모
두가 기능을 발휘하는 것이 다 모여들
도록 내가 세상을 만들었다 했음이니,
23 바로 나의 새로운 160권의 성경이 세
상에 나가니, 나로부터 명받아 세상에
부분적인 역할을 한 그 부속들, 모두
가 몸통을 완성하는 데 너희들이 최선
을 다하며 그 자리를 지켜야 될 것이
니라.
24 그리하면 너희들이 그 뜻을 지킬 것이
며, 너희들의 수고로움을 알 것이며
너희들이 이룬 상을 받을 것이니라.
25 그렇지 아니하고 너희들이 아직도 대
장이요, 너희들이 그 명받은 자라 하
는 자, 결코 너희들은 그 자리를 지키
지 못하며 유황불에 떨어지는 벌을 받
게 될 것이니라.
26 이제 너희들은 알았느냐?
27 인간이 만든 모든 종교 집단이 세상을
덮는다 해도 그가 죽고 나면 그 종파
요, 지파는 쓰러지게 되어 있음이니라.
28 그리고 내분이 나게 되어 있음이니라.
29 그러니 변하지 않으며 아무리 어떠한
역사가 온다 해도 그 명맥을 유지하는
것은 내가 나의 아들을 통하여 내리는
새로운 160권의 성경, 그는 지탱될 것
이니 그리 알라.

11,278 번째 하나님 말씀

2004년 5월 24일 21시 13분

1 사랑하는 나의 아들아!
2 "네, 아버님! 말씀하옵소서."
3 지금도 너는 갖춰진 것이 없으며 다스
리지 아니한 너를 나 여호와가 왜 내
아들이요, 너를 선택된 자요, 태초부
터 준비된 아들이라 그리 말하는지,
그리고 왜 네가 지금 이와 같은 역사
를 이루며 이 세상에 그 누구도 이룰
수 없는 단 한 사람, 모든 종교요, 세
상의 모두를 다 개혁하는 이 역사를
이루는 데 왜 네가 선택되었으며 네가
왜 그리 가고 있는지 모르는가?
4 "네, 아버님! 이제야 그 뜻을 저는 조
금은 알고 있사옵나이다.
5 아버님! 완벽한 사람을 써 가지고 이
루는 것은 아버님의 뜻이 아니요, 아
버님의 능력이 아니라 저는 그리 생각
되옵나이다.
6 아버님께서 저같이 잡석같이 모자라
고 부족하며 능력이 없는 자를 선택하
여 저로 하여금 아버님의 뜻을 역사할
수 있으며, 그리고 종교 개혁을 할 수
있으며, 모든 종파들을 다스려 새로운
역사를 이룰 수 있는 것,
7 유능하고 똑똑한 자를 이룬다면 그가
똑똑하여 그 역사를 이룰 수 있다 하
나,

8 부족하고 부족한 제가 그와 같은 역
사를 이루었을 때 이는 곧 창조주 아
버님의 능력이요, 아버님께서 역사했
으며 아버님이 모두를 지배한다는 것
을 그들이 느낄 수 있으며 그 위대함
을 알 수 있기 때문이옵나이다.
9 그리하여 제가 지난날의 삶이요, 오늘
의 제가 이와 같이 부족하며 흔들리
는 그와 같은 저로서 아버님께서 그
리 만드셨으며, 그리 오늘까지 오도록
하신 것을 이제 저는 그렇다 그리 생
각하옵나이다."
10 사랑하는 나의 아들아!
11 너의 제자들도 부족한 그 제자들을 왜
선택했으며, 이제는 왜 내가 그들을
쓰고 있는지 알겠느냐?
12 "네, 알고 있사옵나이다.
13 그들도 저와 같이 가진 것 없으며 부
족한 그 백성들, 그리고 내놓을 것 하
나 없는 그와 같은 백성들, 그들로 하
여금 새로운 종교 개혁을 이루며 160
권의 법전을 세상에 내보내니,
14 갖춰지고 여건을 갖추며 인격을 갖춘
자라 하여 이름만 대도 알 수 있는 자
들이 그를 역사했다면,
15 그것은 인간의 능력이요, 아버님의 능
력이 아니라 그들은 생각할 것이옵나
이다.
16 절대 그들은 아버님의 능력으로써 아
버님께서 역사한 것이 아니라, 인간의
능력으로써 한 시대에 그가 태어났으
며, 그리고 그가 가지고 있는 모든 주
변의 여건에 의하여 그는 만들고 역사
했을 것이라 그리 말할 것이며,
17 또한 능력 있는 자가 만들면 이것은
그가 만든 것이 아니요, 그 참모요, 그
직원들로 하여금 그들의 머리로써 모
두를 만들었다 그리 말할 것이며, 그
리하여 믿지 않는 자들이 있을 것이며,
18 수천 년의 세월이 흐르면 구약과 신약
과 제3의 시대의 이 성경이 서로가 삼
파전이 벌어질 것이며, 그를 믿는 자,
안 믿는 자가 또 이와 같이 벌어질 것
을 아버님께서 아시기에,
19 저의 제자들처럼 내놓을 것이 없으며
부족한 자요, 남을 다스려 할 수도 없
는 이와 같은 환경에 있는 백성들을
선택해서 이루는 것, 그것이 바로 아
버님의 기적이요, 아버님의 역사요,
능력이라는 것을,
20 그를 증명하시고자 하여 이와 같이
부족한 저희들을 선택했다, 그리고 저
희들이 그와 같은 삶을 살도록 하셨다
저는 그리 생각하고 있사옵나이다."
21 사랑하는 나의 아들아!
22 이제는 네가 알았느냐?
23 네가 그리 알았으면 너의 제자들에게
그와 같은 뜻을 가르쳐 주며, 그러니
그와 같은 뜻에서 선택된 너희들이 얼
마만큼 노력을 하고 얼마만큼 쉬지 않
고 역사해야 되는 것인가,
24 그들에게 네가 다시 한 번 그 자세를
바로 하고 최선의 노력을 다하도록 그
리 인도하라, 사랑하는 나의 아들아!
25 능력 있는 자를 가지고 내가 역사한다
면 네 말대로 그를 믿지 않을 것이니
라.
26 그리고 그가 일대일로 나로부터 내가
내린 성령을 받아쓴 것이 아니요, 기
능 있는 자, 능력 있는 자, 상식 있는

자를 모아서 그들로 하여금 모두를 다
만들어 역사했다 그리할 것이니라.
27 그러니 능력 없는 자를 가지고 이와
같은 대역사요, 대변화요, 개혁을 이
루는 것이 바로 나 여호와의 위대함이
라는 것, 나 여호와의 전지전능함이라
말하는 것을 그들은 알게 될 것이며,
너희들의 후손이 그를 깨달을 것이니,
28 그리하여 내가 너희들을 이와 같이 오
늘의 삶이요, 이와 같은 형국인 너희
들에게 책임을 쥐여 줬다는 것을 안다
면,
29 너희들이 목숨을 바쳐 이 길을 가는
데 최선을 다하도록 그리 전하라.

11,279 번째 하나님 말씀

2004년 5월 24일 21시 20분

1 사랑하는 나의 아들아!
2 "네, 아버님! 말씀하옵소서."
3 이제 나의 새로운 시대가 열리며, 새
로운 시대에 맞춰 새 역사를 이루고자
내가 160권의 새로운 성경을 세상에
내려보내니, 이것이 너희들이 얼마나
축복이요, 영광이더냐?
4 너희들이 수천 년 동안 알지 못하며
비밀에 싸여 있던 것, 인봉되었던 성
경의 그 모든 비밀을 다 드러내어 내
가 너희들에게 이를 깨우쳐 주는 그
역사가 시작되었음이니, 이보다 너희
들이 큰 영광이요, 그보다 더한 축복
이 어디 있단 말이더냐?
5 160권이 구약과 신약의 모든 비밀 됨
을 너희들에게 가르쳐 주며, 그리고
오늘의 너희들의 삶이요, 미래에 너희
들이 어떠한 삶을 살아야 되는 것이며,
6 너희들의 영혼을 다스리며 사후의 세
상에 영적인 구원의 길은 무엇인가,
하늘에 오르는 길은 무엇인가를 모두
를 내가 여기다 기록하여, 너희들이
읽는 자는 알 수 있도록 모두를 내가
표현하여 내려보냄이니, 너희들이 얼
마나 선택된 백성이요, 축복된 백성들
이더냐?
7 그러니 너희들이 이를 읽지 아니하면
알 수 없으며, 이를 정독하지 아니하
면 하늘에 오르는 길을 볼 수 없다 했
으며,
8 이 뜻을 너희들이 듣지 아니하고 이것
을 너희 것으로 만들어 이를 행하고자
하지 아니하면 너희들이 하늘에 오르
는 반석 위에 설 수 없으며,
9 그리하여 너희들이 하늘에 오르는 빛
을 볼 수 없다는 무서운 나의 뜻을 너
희들이 정녕 소홀히 듣지 말라 그리
전하는 것이니라, 사랑하는 나의 아들
딸들아!
10 그러니 더욱이 이것을 만들고 이것을
전하며 내 뜻을 알고 나의 아들의 수
많은 강론을 듣고 가는 너희들이야말
로 얼마나 축복된 백성들이더냐?
11 그러니 너희들이야말로 가시덤불에
피어 있는 고고한 한 송이의 꽃처럼,
그 속에 피어 있는 꽃이 묵묵히 고고
히 자리를 지키면서 아름다운 향기를
보내는 것처럼,
12 오늘의 사랑하는 나의 아들딸 너희들
이 어떠한 핍박이요, 어떠한 고통이
있다 해도 너희들이 제자리를 지키는
백성으로서 그 자리를 양보하지 말며

그 자리에서 흔들리지 아니하며,
13 고고한 향기를 내뿜는 한 송이 가시덤
불에 있는 아름다운 꽃처럼, 너희들이
그와 같은 삶이요, 그와 같은 자태로
써 살아가지 아니하면 아니 됨이니라.
14 사랑하는 나의 아들딸들아!
15 내가 너희들에게 일찍이 너희 스스로
한 송이의 아름다운 꽃을 피우라 하지
않았더냐?
16 그러니 가시덤불에서 유난히도 고운
꽃 한 송이가 있음이니, 그리고 그 속
에 있는 꽃은 고고히 아름다운 향기를
품어내고 전하고 있음이니,
17 그와 같은 너희들의 모습으로써 자리
를 지키고 살아가는 삶을 살지 아니하
면 아니 되며, 그와 같이 고고한 모습
으로써 변하는 삶을 살라.
18 그리하여 너희들이 나에게 받은 은혜
에 보답하는 길이요, 그와 같은 마음
자세요, 행동으로써 살아가는 백성이
나에게 오를 수 있는 영광을 얻을 수
있기 때문이니,
19 절대 너희들이 나 여호와가 새로운 성
경에 기록하여 전하는 이를 소홀히 듣
지 말며 흘려버리지 말도록 그리하라.
20 듣고 흘려버리며 읽고 흘려버리면 아
무런 의미가 없느니라.

11,280 번째 하나님 말씀

2004년 5월 24일 21일 24분

1 사랑하는 나의 아들아!
2 "네, 아버님! 말씀하옵소서."
3 진리는 서서히 커 가느니라.
4 그리고 진리는 서서히 뿌리를 내림이
니라.
5 그리고 진리는 서둘지 아니함이니라.
6 그리고 진리는 성급하게 가지 않느니
라, 사랑하는 나의 아들아!
7 그리고 진리는 남 앞에서 먼저 가지
아니하며, 진리는 높은 자리에 앉고자
하지 아니하는 것이 진리니라.
8 그러니 참진리는 서서히 뿌리를 내려
가며 서서히 커 나가느니라.
9 그러나 서서히 큰다 해도 그 진리는
무너지지 아니하며 부러지지 아니하
며, 그 자태는 타협을 하지 아니하며,
그는 어떠한 것과도 야합하지 않는 그
것이 바로 진리라는 것을 알라, 사랑
하는 나의 아들딸들아!
10 그러니 지금 나의 아들을 통하여 내가
내리는 새로운 성경은 무엇이더냐?
11 하늘의 참진리요, 인간 세상의 진리
요, 이 지상과 하늘 그 모두의 권세를
누릴 수 있는 그와 같은 참진리의 뜻
이라는 것을 알라.
12 너희들이 이를 행하고 따랐을 때, 지
상과 하늘에서 너희들이 모든 영광의
권세를 누릴 수 있는 것이 바로 너희
들이 나의 새로운 성경을 읽고 깨우치
는 것이라는 것을 절대 잊지 말라.
13 그리하여 160권의 나의 새로운 성경
이 세상에 내려오니, 이는 하늘의 진
리요, 인간 세상에 너희들의 진리니라.
14 그러니 성급할 것도 없으며 급한 것도
없으며 서둘러 가지도 아니하느니라.
15 서서히, 서서히 뿌리를 내려 가며 서
서히, 서서히 성장하느니라.
16 그래도 이를 뽑아 버리지 못하며 이를
자르지 못하며 너희들이 그 뿌리를 캐

내지 못하는 것이 진리이니라.
17 이는 곧 나 여호와가 주관하며 내가 모두를 받치며 내가 같이 가기 때문이라는 걸 너희들은 알라.
18 사랑하는 나의 아들딸들아!
19 그러니 160권의 나의 새로운 성경이 세상에 전하여져 만백성이 읽고 깨우치는 그것이 늦고 늦는다 해도 두려워하지 말라.
20 진리는 서서히 가지 않느냐?
21 그래도 그는 클 대로 다 크는 것이며 모두가 다 역사함이니라.
22 그러니 너희들이 조급해하지 말며 두려워하지 말라.
23 서서히 크느니라, 서서히 성장하느니라.
24 그것이 진리이니라, 그리고 참진리는 그와 같이 커 감을 너희들은 알라.
25 사랑하는 나의 아들딸들아!
26 너희들이 그 이치를 알며 그 뜻을 안다면, 지금 160권의 법전이 세상에 나와 너희들이 하루아침에 모두를 역사하며 버릴 것 버리고, 쓸어버릴 것 쓸어버리는 그와 같은 변화를 이루고자 하나, 그것은 아니 되느니라.
27 모두가 부서지고 깨지니 그 형태를 무너뜨려서는 아니 됨이니라.
28 그러니 내가 서서히 성장하는 참진리의 순리에 따라 지금 서서히 뿌리를 내려 가며 서서히 성장함이니라.
29 이는 나는 알고 있음이니, 너희들이 두려워하지 말며 걱정하지 말고 겁먹지 말라 그리 전하라.

11,281 번째 하나님 말씀

2004년 5월 24일 21시 30분

1 사랑하는 나의 아들아!
2 "네, 아버님! 말씀하옵소서."
3 너희들이 천 가지 무어라 말하며 너희들이 하늘에 오르는 길이라며 울고불고 찬송하며 재물을 바치고 온갖 짓을 다 한다 해도 너희들이 다 부질없는 짓이요, 그것이 하늘에 오르는 길이 아니요, 너희들이 나에게 오르는 길이 아님을 알라.
4 너희들이 정녕 구원을 받고자 하며 나에게 오르고자 한다면, 너희들은 무엇보다도 예수의 그 외로운 길이요, 그리고 예수의 그 고난의 길을 가는 것,
5 그것이 너희들이 곧 믿음이요, 너희들이 나에게 오를 수 있는 길이라는 것을 그리 전하라.
6 너희들이 나의 아들 예수가 세상에 나와 살아갔던 삶의 그 전철을 그대로 들여다봐 너희 것으로 만들며,
7 그리고 그가 얼마나 외롭고 고통의 길을 갔는가, 외로운 길의 삶을 산 것, 그것을 너희들이 너희 것으로 만드는 것이 진정한 믿음이요,
8 그리고 그가 얼마나 고난의 길을 갔느냐?
9 그 고난의 길이 바로 너희들이 믿음의 길이요, 나에게 오르는 길이니라.
10 그리고 그는 마지막 어떤 길을 선택했던가?
11 그는 울며 또 몸부림치며 말했느니라. 정녕 그 잔을 받지 아니하면 아니 되며 그를 비켜 갈 수는 없는가, 피보

다 진한 눈물로써 기도를 드렸음이니
라.
12 그러나 나 여호와가 그를 받아들이지
아니하여, 그가 그와 같은 고통의 길
을 갔으니,
13 너희들이 그와 같은 믿음으로써 가는
것이 하늘에 오르는 믿음이요, 진정한
믿음이라는 것을 알라.
14 스스로 죽어 가면서, 그를 죽게 하는
그 백성들에게 '저들을 사랑하며 저들
을 용서하여 주옵소서.' 기도드렸던
나의 아들의 그 절규의 기도,
15 그것이 바로 너희들이 나에게 오르는
믿음이요, 진정한 믿음의 길이라는
것, 그것이 아니고는 너희들이 나에게
오는 길이 아니요, 나에게 올 수 있는
길이 아니라는 것을 알라.
16 아무리 너희들이 재물을 바친다 해도
나의 아들의 그 고통만큼 하겠는가?
17 그리고 너희들이 재물로써 나의 아들
이 겪어 간 그 고통의 만 가지 중에 한
가지라도 너희들이 그 값으로써 따질
수 있다 생각하는가?
18 너희들이 재물을 얼마나 바쳤기에, 바
침으로 나의 아들이 그 고통의 하나라
도 그를 면제받았으며 그를 살 수 있
다 생각하느냐?
19 재물 아니라 세상 걸 다 줘도 나의 아
들이 고통스럽게 간 그 외로운 삶이
요, 고통스러운 삶이요, 그 십자가에
매달려 목이 말라 물 한 방울을 갈구
하던 나의 아들의 그 죽음,
20 너희들이 십자가에 못 박혀 죽으면서
그 목마름에 갈구하는 나의 아들의 고
통, 그것을 너희들이 재물이요, 돈으
로써 무엇을 살 수 있으며 그를 너희
들이 대신할 수 있다 생각하는가?
21 너희들이 지금 천 가지 만 가지 어떠
한 믿음의 길도 그를 대신할 수 없으
며, 너희들이 나에게 올 수 있는 그 믿
음의 길이 아니니라.
22 그러니 너희들이 낮은 자로서 고난이
요, 외롭고 고통스러운 길, 그 길과 같
은 믿음의 길을 가는 것이 너희들이
진정한 믿음이요, 나에게 올 수 있다
는 것을 알아,
23 낮은 자요, 겸손한 자요, 너희들이 그
와 같은 믿음의 길을 가도록 그리하라.
24 그리고 너희들이 천사와 같은 마음으
로 변화되는 그와 같은 삶을 살라.
25 그것만이 너희들이 진정한 믿음이요,
나에게 오를 수 있는 믿음의 길이라는
것, 그렇지 않은 것은 아무것도 너희
들이 다 부질없다는 것을 이제 만백성
에게 전하라.

11,282 번째 하나님 말씀

2004년 5월 24일 21시 33분

1 사랑하는 나의 아들아!
2 "네, 아버님! 말씀하옵소서."
3 수많은 백성들에게 내가 역사하고자
수많은 사명을 주었으며, 헬 수 없는
많은 백성들에게 내가 사명을 주었다
그리하였느니라.
4 그들에게 내가 재물도 주었으며 명예
도 주었으며, 그리고 그들에게 방대한
조직도 내가 주었느니라.
5 그러나 그들은 다 무너지게 되었으며
다 무너져 갔느니라.

6 그리고 그들은 바른 믿음이요, 진정한
믿음의 길을 가지 아니하였음이니라.
7 너희들이 배고픈 자 배를 채우고자 노
력하듯이, 너희들이 성령의 갈증이 있
는 자 그를 채우기 위하여 최선의 노
력을 다하나,
8 육의 세상에서 배가 부른 자, 육의 세
상에 편하면 너희들이 영혼의 갈증을
느끼지 못하며, 그 영혼의 갈증을 채
우고자 노력하는 백성들이 없음이니
라.
9 그러니 너희들이 재물 앞에 마음이 흔
들리며 재물 앞에 마음을 파니, 너희
들이 네 마음을 다른 곳에 팔았으니
네 마음이 어디 있으며 정신이 어디
있겠느냐?
10 그러니 네 마음과 정신을 재물을 받고
다 팔아 버린 자들이니, 너희들이 하
늘에 오르는 진리요, 나 여호와의 뜻
을 따라 너희들이 하늘에 오르는 정신
이요, 영혼의 마음이 다 없는 자들이
니,
11 그걸 받아들이지 못하며 역사하지 못
한다는 무서운 사실을 알겠느냐?
12 내가 너희들에게 재물도 줘 봤으며 명
예도 줘 봤으며 조직도 줘 봤음이니라.
13 그러나 너희들은 결국 무엇이더냐?
14 그 핵심 인물이 무너지면 너희들은 그
재물 때문에 종파가 생기며, 그것 또
한 너희들이 그 종파끼리 투쟁을 하며,
15 그리고 형제끼리 적이 되며 형제끼리
남남이 되는 그와 같은 형국이 되는
것이 오늘의 너희들의 믿음의 종파요,
너희들이 수천 년 동안 흘러온 그 역
사의 뿌리임을 알라.
16 그러니 내가 나의 아들을 통하여 뭐라
말했더냐?
17 그를 만들어 낸 교주가 죽으면 그들은
무너지게 되며, 그리하여 너희들이 서
로 치고받고 싸우니,
18 그리하여 모두 스스로 너희들이 지옥
의 웅덩이로 떨어지는 그와 같은 형국
이 된다 하였음이니라.
19 그리하여 내가 그와 같은 역사를 모두
다스리며 영원히 불변인 나의 새로운
성경을 160권의 법전으로써 세상에
내려보내니, 이것이 참진리라 하였음
이니라.
20 그리하여 이를 보고 깨우치지 아니하
는 너희들은 영혼이 구원을 받을 수
없으며 나에게 오를 수 없다는 그 의
미를 깊이 깨우치라.
21 모든 교주가 만든 것, 인간의 교리로
가르친 것, 그들은 한계가 있으며 때
가 있느니라.
22 그리하여 그들은 무너지며 물거품이
되고 재가 되니, 그 너희들의 우두머
리요, 그 교주가 죽게 되면,
23 모두가 세월이 흐르면 흐를수록 부서
지고 깨져 모두가 거미줄을 치는 그와
같은 형국이 되며,
24 영원히 존재하지 아니하며 존속할 수
없다는 것을 너희들은 알라.
25 그리하여 내가 내리는 새로운 성경은
영원히 존속하며 영원히 존재함이니,
어떠한 세파의 변화가 있다 해도 나의
160권의 책은 변화되지 아니하며, 그
내용은 바뀌지 아니하기 때문이라 전
하니 그리 알라.

11,283 번째 하나님 말씀

2004년 5월 24일 21시 38분

1 사랑하는 나의 아들아!
2 "네, 아버님! 말씀하옵소서."
3 너희들이 두 사람이 모여서 뜻이 맞느니라.
4 그러니 세 사람이 모이면 또 뜻이 다름이니라.
5 그러니 하늘의 뜻이요, 참진리를 공부하고 가르치는 백성, 그리고 또 배우는 백성, 너희들이 많이 모아 놓고 강론하고 설교하면 내 뜻을 역사하는 것이며 만백성을 너희들이 구한다 그리 생각하느니라.
6 그러나 너희들은 이제 알아야 될 것이니라.
7 인간인 너희들의 그 심리요, 너희들의 상태가 무엇이더냐?
8 너희들이 많이 모이면 모일수록 너희들이 모인 장소는 썩어지며 그 집단은 썩게 되어 있음이니라.
9 이것이 너희들의 심리이니라.
10 그리하여 나 여호와가 지금 내 새로운 성경을 어찌 심어 가느냐?
11 나 여호와가 직접 일대일로 너희들을 다스리며 내가 너희들을 심어 가고자 함이니라.
12 사랑하는 나의 아들아!
13 너는 나의 성전에서 모든 백성들을 가르치고 다스리며, 그곳에서 2백 명이라는 너의 제자들이 넘지 않도록 그를 항상 유념하도록 하라.
14 한 곳의 성전에서 2백 명을 넘지 않도록 너는 그와 같이 다스려야 될 것이며,
15 2백 명이 넘을 때 너희들이 다른 성전으로써 준비를 하며 그들이 역사를 할 수 있도록 그와 같은 방법으로 가르치라.
16 2백 명이라는 숫자가 넘었을 때, 너희들은 썩고 또 썩어 거기에서 썩은 냄새가 나는 그와 같은 형국이 되니,
17 내가 전하고자 하는 참진리요, 하늘의 뜻이 오염되며 그것이 변질됨이니, 절대 너는 2백 명이 넘는 그와 같은 성전을 만들지 말도록 그리하라.
18 그리고 절대 큰 교육장이요, 성전에서 공부하는 그와 같은 곳으로 지금 역사하지 말라.
19 화려하고 궁궐 같은 그와 같은 곳으로 꾸리려 하지 말며 그와 같은 방법으로 하지 말라.
20 너희들이 그저 초라한 지금의 그 형태로써 유지하며, 그와 같은 평수로써 유지하여, 한 곳에 2백 명 이상을 모아 놓고 가르치는 그 집단을 이루지 말도록 그리하라.
21 내가 가장 적절한 숫자요, 너희들을 다스려 나갈 수 있는 숫자요, 너희들이 썩지 아니하고 항상 새로운 물로써 새 생명을 불어넣는 그와 같은 곳으로써 클 것이니,
22 그리하여 2백 명이 넘지 않는 곳으로써 너희들은 그와 같은 곳을 만들고 또 만들어, 많은 백성들이 은혜를 입으며 혜택을 입으며 나의 새로운 성경을 읽을 수 있도록 그리 다스려 나가라, 사랑하는 나의 아들아!
23 너는 내 뜻을 알겠는가?

24 "네, 아버님! 아버님께서 말씀하시는
그 뜻을 알고 있사옵나이다.
25 지금의 성전처럼 더 크지도 말며 더
작지도 말며 그만한 곳에서 2백여 명
의 제자들이요, 그와 같이 공부하는
자들을 거기서 항상 가르쳐,
26 한 사람 한 사람 낙오자 없이 성심성
의껏 그들에게 아버님의 새로운 성경
의 의미요, 그 뜻을 개인에게 심어 주
듯이 심어 주라 하시는 그 말씀을 알
고 있사옵나이다.
27 그리하여 저희들이 그와 같이 깨우친
자, 새로운 성경을 읽고 눈이 뜨인 자,
그와 같은 백성을 아버님께서 한 사람
한 사람 그와 같은 농사를 지으신다
는 것,
28 그리하여 아버님이 선택하여 버릴 자
와 거둘 자를 구분하여 거둬들이고자
하신다는 것, 그리하여 개인 대 개인
으로써 역사하시는 아버님의 그 뜻을
저는 대략 그리 느끼고 깨닫고 있사옵
나이다."
29 나의 아들아! 2백 명을 초과하는 그와
같은 짓을 하지 말며, 그와 같은 욕심
을 부리지 말도록 그리하라, 사랑하는
나의 아들아!
30 그 모두가 다 어떠한 곳이든지 선착순
이니라.
31 너희들이 먼저 오는 자, 그리고 그 명
단에 기록되는 자, 그리고 영원히 떠
나지 아니하고 존재할 수 있는 자, 그
와 같은 것은 내가 다음에 선별할 수
있는 방법이요, 이끌어 가는 방법이
요, 그를 가르쳐 줄 것이니,
32 2백 명이라는 숫자는 먼저 온 사람부
터 너희들이 기록할 것이며, 못나고
잘난 이가 없음이니라.
33 그리하여 그 숫자를 넘지 않도록 너는
나의 성전에서 가르치며 성심성의를
다하도록 그와 같은 방법으로 이 세상
을 이끌어 가도록 그리하라.

11,284 번째 하나님 말씀

2004년 5월 24일 21시 41분

1 사랑하는 나의 아들아!
2 "네, 아버님! 말씀하옵소서."
3 너희들이 이 세상에 살아가면서 작고
큰 경기요, 모든 단체의 그와 같은 행
위에는 심판자가 있으며 심판관이 있
음이니라.
4 그리고 옳고 그른 것을 구분해 주는
것이 있지 않으냐?
5 모든 경기는 그리하여 심판이라는 것
이 존재하며, 그가 또 심판을 하니, 모
두는 그 심판에 따라 움직이는 것이
너희들이 아니더냐?
6 그러나 너희들은 들어야 될 것이니라.
7 너희들의 인생이요, 너희들 개인이 이
세상에 사는 너희들은 인생의 삶에 있
어서 너희들을 심판하는 자가 없어
심판이 없는 것이 너희들의 인생을
살아감이니라.
8 너희들이 살아가는 것을 그 누구도 심
판하지 못하며, 심판관으로서 네 앞에
존재하지 못하는 것이 인간 세상에 너
희들이 살아가는 모습이요, 너희들의
삶이라는 것을 알라.
9 그러나 사랑하는 나의 아들딸들아!
10 너희들이 인간 세상에 살아서 심판을

받지 않는다 하여 심판관이 존재하지
아니하는 것은 아님을 알라.
11 인간 세상에서 너희들이 살아가는 모
든 경기요, 모든 것은 다 그때 그 시절
에 그 시기에 그 장소에서 모두가 심
판관에 의하여 심판을 받고 너희들이
그를 복종하여 그 모두를 지탱해 나가
나,
12 너희들이 가장 소중한 너희들의 인생
에 대한 것은 이 세상에서 심판받음이
아니니라.
13 그러니 너희들이 그 심판을 받는 것은
무엇이더냐?
14 사랑하는 백성 너희들만이 이 세상에
살아 있어서 네 인생에 대해서 심판을
받는 것이 아니라, 죽어 너희들이 나
에게 왔을 때 그때에 심판을 받는다는
것,
15 그때 너희들이 어떠한 것도 통하지 아
니하며 어떠한 것도 융통성이 없으며
어떤 것도 변질될 수 없는 것,
16 그저 있는 그대로 너희들이 변화되지
아니하고 그대로 받는 그 심판, 가장
무섭고 두려운 심판이 너희들에게 남
아 있음을 잊지 말라.
17 인생에 살면서 너희들이 육의 세상에
서 인간의 삶만이 심판자가 없으나,
18 너희들이 곧 죽어 나에게 왔을 때 그
는 통하지 않는 엄격한 너희들의 그
심판을 하는 심판관이 있으며 심판을
받게 된다는 것, 그것이 너희들이 이
세상의 모든 동식물과의 차이라는 것
을 그들에게 전하라.

11,285 번째 하나님 말씀

2004년 5월 24일 21시 45분

1 사랑하는 나의 아들아!
2 "네, 아버님! 말씀하옵소서."
3 하늘에 오르는 길이요, 너희들이 구원
의 길에 오르는 것은 그 누구도 대신
할 수 없으며 그를 가르쳐 줄 수 없으
며 그를 인도할 수 없다 하였음이니라.
4 그러니 이제 나의 아들을 따르는 제자
너희들은 들으라.
5 너희들이 하늘에 오르는 길이요, 구원
을 받는 것, 거듭나는 영광은 너희들
스스로가 깨우치고 터득하여 너희 것
으로 변화되는 삶을 사는 것,
6 그것만이 너희들이 그 모든 영광을 얻
을 수 있다는 것, 그 외에는 아무것도
너희들이 그 기회요, 그 길을 올 수 없
으며 그 영광을 얻을 수 없다 함을 알
라.
7 남이 가르친다 하여, 남의 강론을 듣
는다 하여, 남이 너희들에게 설교를
한다고 해서 너희들이 그걸 들음으로
인하여 완벽하게 모두를 해결할 수 없
으며 완벽한 백성으로서 거듭날 수 없
는 것이 너희들이 지금 배우고 가르치
는 그와 같은 형국이니라.
8 남들로부터 가르치는 것을 들으며 그
가르침을 받음으로 인하여 너희들이
완전무결하게 스스로 깨우쳐 구원의
길에 오를 수 있는 그 깨달음을 터득
할 수 없다는 것이니라.
9 그러니 스스로 너희들이 깨우치는 자
만이 스스로 깨우쳐 그 길을 아는 자
만이 행할 수 있으며, 스스로 깨우쳐

너희들이 선과 악을 구분하여 선을 선
택할 수 있는 그와 같은 위대한 변화
의 삶을 사는 것, 그것만이 너희들이
구원을 받고 못 받는 그와 같은 결과
라는 것을 알라.
10 그러니 지금의 잘못됐다 함이 무엇이
더냐?
11 나 여호와는 나의 아들을 통하여 새로
운 성경에, 누구도 선택되어 하늘에
오르는 것을 대신할 수 없는 것이라
했지 않더냐?
12 그러나 그것을 대신하여 가르쳐 주고
인도하며 구원해 준다는 그와 같은 자
들이 있기에, 그게 바로 희대의 사기
극이요,
13 그리하여 나 여호와를 팔아 내 앞에
서 사기극을 벌이는 사악한 자, 그들
은 갈 곳이 없으며, 그 죄는 어떠한 것
으로도 사할 수 없다 내가 이미 못을
박아 두었으니, 그 무서움을 너희들은
알아야 될 것이니라.
14 그리하여 스스로 깨닫는 자, 스스로
깨달아서 악과 선을 선택할 수 있는
능력을 갖춘 백성, 그와 같은 백성이
야말로 진정한 그 길을 올 수 있으며,
15 아무리 어렵고 힘들어도 무너지지 아
니하며 나의 뜻을 역사하는 전사로서
그 사명을 다할 수 있는 백성이니라.
16 너희들이 남들로부터 들은 것, 남들로
부터 강론을 들은 것, 그것만으로는
하늘에 오르는 그 모두를 인내하기에
역부족이니라.
17 그리고 사탄의 유혹이요, 사탄이 너희
들을 무너뜨리고자 하는 것에서 견딜
수 없음이니라.
18 그러니 바로 너희들이 스스로 깨우치
며 스스로 깨닫는 것, 그것만이 너희
들이 그 뿌리가 깊이 내려짐이요, 마
음속으로부터 새로운 싹이 역사하는
것이니, 바로 너희들이 그와 같은 위
대함을 얻도록 그리하라.
19 그렇지 아니하면 너희들이 결코 견딜
수 없는 것이 오늘의 나의 백성 너희
들의 삶이라는 것을 그들에게 전하라.

11,286 번째 하나님 말씀

2004년 5월 24일 21시 49분

1 사랑하는 나의 아들아!
2 "네, 아버님! 말씀하옵소서."
3 너희들이 세상 것을 다 던지고 다 날
려 버리고 다 놓는다 해도, 너희들이
지금 나의 아들을 통하여 내리는 새로
운 성경, 이를 붙잡지 못하면 결코 아
니 된다는 것을 알라.
4 모두를 다 놓고 모두를 다 잃는다 해
도, 너희들이 나의 아들을 통하여 내
리는 새로운 성경은 절대 놓지 말아야
될 것이며,
5 이것은 너희들의 생명과 바꿔서라도
지키는 그와 같은 각오로 지키고 보호
하고 깨닫고 가지 아니하면 절대 아니
됨이니라.
6 이는 바로 무엇이더냐?
7 너희들이 육의 세상에 사는 것은 삶의
연속이요, 너희들이 본 경기를 하기
위하여 몸을 푸는 그와 같은 연습의
기간이라 하였음이니라.
8 선수가 본 경기에 들어가는 것은 너희
가 죽어 나에게 와 심판을 받을 때 거

듭나느냐 못 나느냐 하는 것으로써 모
두가 귀결된다 하였음이니라.
9 그러니 너희들이 그와 같은 영광을 받
고 못 받는 것, 그리하여 너희들이 새
로운 생명으로서 태어나고 못 태어나
는 것, 그것이 나의 새로운 성경을 너
희들이 보고 깨우쳐 그대로 행하느냐
행하지 않느냐에 달렸기 때문에,
10 그 원본인 나의 새로운 성경을 너희들
이 잡았을 때 절대 놓지 말라는 것이
나 여호와의 뜻이니라.
11 너희가 그와 같이 아니 하고는 나에
게 오를 수 있다는 생각을 하지 말라.
12 나에게 오를 수 있다는 그와 같은 생
각을 아예 너희들이 포기하며 두 번
다시 생각하지 아니하는 것이 나을
것이니라.
13 결코 이를 보지 아니하며 나의 십계명
대로 나의 새로운 성경대로 살아가지
아니한다면, 너희들은 구원이라는 길
을 보려 하지 않는 것이 차라리 너희
들에게 편할 것이니라.
14 이 무서운 나의 가르침을 너희들이 읽
고 또 깨우쳐, 내가 어떤 의미요, 어떠
한 뜻에서 이와 같은 명을 내리는가
한번 돌이켜 보도록 하라.
15 너희들이 아무리 노력하고 간다 해도
비진리요, 잘못된 길을 가면 구원의
길을 올 수 없기에, 참진리요, 나 여호
와의 뜻을 꼭 접하라는 나의 간곡한
말임을 알라.
16 영원히 돌이킬 수 없는 후회를 하게
되며, 이를 접하지 아니하고 또 접한
자 이를 놓았을 때, 너희들은 돌이킬
수 없는 후회와 후회를 하게 됨이니라.
17 그러니 후회하고 후회하는 것으로써
너희들이 끝나면 오죽이나 좋겠으며
오죽이나 편하겠느냐?
18 그러나 너희들은 한번 가면 영원히 돌
이킬 수 없는 너희들이 상상할 수 없
는 지옥의 세상에 간다는 것을, 나의
법전을 정독하고 읽고 깨우쳐 후회 없
는 너희들이 되도록 그리하라.
19 내가 너희들에게 말하느니라.
20 이제 나의 아들을 따르는 제자 너희들
은 거짓 하지 말며 남을 속이는 말을
하지 말라 했음이니,
21 너희들이 지금서부터 거듭나지 못하
고 지옥으로 갔을 때, 너희들이 거짓
된 말, 남을 속이는 말, 그 말 한 마디
한 마디 한 것만큼 네 몸에서 버러지
가 되어 벌레들이 네 입에서 나온다는
것, 그 대가를 그와 같이 무섭게 치른
다는 것을 알라.
22 그렇지 아니하면 너희들이 불에 달군
쇠를 네 입과 네 혀에서 토하는 그와
같은 고통을 겪고도 너희들이 그를 용
서받지 못한다는 그 무섭고 두려운 사
실을 생각한다면,
23 과연 너희들이 거짓말하며 남을 속이
고 살아갈 수 있는가, 사랑하는 나의
아들딸들아!

11,287 번째 하나님 말씀

2004년 5월 24일 22시 03분

1 사랑하는 나의 아들아!
2 **"네, 아버님! 말씀하옵소서."**
3 지금 나의 아들을 따르는 제자들, 그
리고 나의 법전을 만드는 백성이요,

그리고 나의 새로운 성경을 읽고 깨우
친 백성, 너희들에게 내가 물어보느니
라.
4 너희들이 지금 이 삶을 살다가 바로
그 종착역의 죽음을 맞이했을 때, 과
연 나에게 너희들이 불려 왔을 때 고
개 들고 나를 쳐다볼 수 있는 그와 같
은 삶을 살았는가?
5 그리고 또한 너희들이 나에게 불려 와
심판을 받을 때 과연 너희들은 어느
곳에 가 있을까, 그리고 너희들이 어
디로 흘러가며 심판의 결과가 어찌 나
왔을까 그것을 한번 생각해 보았느냐?
6 너희들이 심판을 받은 후에 쇠사슬에
묶여 심판대에 내려가자마자 사탄들
이 기다렸다는 듯이 지옥으로 이끌어
갔을까,
7 그렇지 않으면 나에게 불려 하늘나라
에 너희들이 들어왔을까, 너희들의 삶
이 지금쯤 과연 어디쯤 가 있는 삶을
살았는가 한번 생각해 보도록 그리하
라.
8 너희는 정녕 나에게 올라올 수 있는
백성이 되었을까, 그렇지 않으면 지옥
으로 가는 그와 같은 백성이 되었을까?
9 너희들이 이를 놓고 오(O), 엑스(X)의
답을 한번 너희 스스로 매겨 보라.
10 과연 너희들이 오(O)가 많을 것인가,
엑스(X)가 많을 것인가?
11 너희가 지옥으로 가야 할 몸이라면 과
연 어떠한가?
12 지금의 참진리요, 그리고 나 여호와의
뜻이요, 나의 아들을 통하여 새로운
성경으로 가르침을 들어 너희들이 변
하는 그와 같은 삶을 살고 있으며,
13 나의 성령을 만들고 전하고 너희들이
그리 감으로 인하여 지금 깨우침을
얻으며 너희들이 죄지은 자, 회개를
받으며, 지금 지옥으로 가야 할 백성
이 나의 은혜를 입어 너희들이 지옥
으로 가지 아니하며, 오늘의 이 기회
를 얻었다면, 그리고 이 기회를 내가
너희들에게 주었다면,
14 과연 너희들은 어떠한 마음으로 살아
가야 되겠는가 한번 생각해 보았는가?
15 너희들이 죽어 와 나에게 심판을 받았
을 때 너희들이 지옥으로 가는 백성이
라면, 지금 살아가는 이 삶에서 과연
너희들이 지금의 삶에 더 목숨을 유지
하여 나의 새로운 성경을 만들되,
16 너희들이 지옥으로 가 영원히 나오지
못하는 고통 속에 던져지는 그와 같은
너희들의 고통보다도 더 어렵고 힘든
길도 너희들이 견디고 이겨 나가며 역
사를 해야 되지 않겠는가?
17 너희들이 게으름을 피우며, 지금 나의
새로운 성경을 만들되, 모두를 다 던
져 그와 같은 역사를 하지 아니하며
나태한 자세로 살아갈 수 있는가, 한
번 너희들이 생각해 보도록 그리하라.
18 너희들이 지옥에 던져지는 백성이 되
었더라면, 너 자신이 그와 같이 던져
진 백성이 되었다면 너는 과연 어찌하
겠느냐?
19 그러니 지금 네가 지옥으로 던져져야
될 백성이요, 그와 같이 가야 되는 너
의 점수가 나왔다면, 너희는 지옥에
가야 될 백성이 아니더냐?
20 그러니 지옥으로 던져질 그 백성이 지
금 나의 은혜를 입어 너희 자신이 회

개할 수 있는 기회를 얻었으며, 더욱
이 만백성을 구하는 그와 같은 역사를
너희들이 지금 하고 있는 것이라면,
너희들은 나로부터 얼마나 큰 은혜요,
영광을 받았는가?
21 그러니 무엇을 너희들이 두려워하며
무엇을 주저하며, 너희들이 나의 법전
을 만드는 데 너희 자신이 그와 같은
태만한 길로 갈 수 있단 말이더냐?
22 그러니 지옥으로 가야 할 너희들에게
내가 구원의 기회를 주었으며 그 구원
의 역사를 내가 해 주지 않았더냐?
23 그러니 모든 백성 너희들에게 물어보
라.
24 내가 나의 아들을 통하여 너희들이 구
원의 길이요, 하늘에 오르는 길이 한
자리가 있는 것, 그것을 양보하고 양
보하는 그와 같은 믿음의 길을 가라
한 것이니, 바로 이 의미가 무엇이더
냐?
25 너희들이 심판을 받아 지옥으로 가야
할 백성이라면, 지금 너희들이 지옥으
로 가지 아니하고 이와 같은 기회요,
영광을 얻은 자들이니,
26 너희들이 이래저래 지옥으로 가야 할
몸이 하늘에 오르며 하늘의 영광을 받
겠다고 지금 몸부림친다 하는 그와 같
은 백성의 마음으로 가야 될 것인가?
27 내가 지금 당장 불러 온다면 너희들은
지옥으로 가야 할 몸이거늘, 내가 너
희들을 불러들이지 아니하였기 때문
에 너희들이 오늘에 살 수 있는 기회
요, 다시 구원의 길을 볼 수 있는 영광
을 얻었다 하면,
28 과연 그와 같은 자가 이래저래 지옥을
갈 너희들이 지옥을 간다는 그 마음
자세로써 모든 자리를 양보하는 그와
같은 마음으로 너희들이 생각하며 그
뜻을 알라 하는 것이,
29 내가 너희들에게 믿음의 자리요, 구원
의 자리요, 하늘에 오르는 자리 하나
가 있다 해도 양보하라는 그 나 여호
와의 뜻임을 너희들은 알겠느냐?
30 내가 너희들에게 다시 한 번 심어 줌
이니라.
31 너희들이 지금 나에게 불려 와 심판을
받으면 지옥으로 갈 자이니라.
32 그러니 너희들이 지금 가면 지옥으로
갈 자이니, 너희들이 지금 천국으로
가는 것을 양보하며 지옥으로 스스로
가 만백성을 구할 수 있는 그 은혜를
얻는다는 것, 그것도 너희들이 얼마나
영광이요, 축복인가 그것을 생각한다
면,
33 너희들이 지옥으로 가는 것을 선택하
며 하늘로 오르는 그 천국에 오르는
길을 양보하는 것이 너희들이 무슨 큰
양보요, 대단한 것이요, 너희들이 깨
우친 자요, 경지가 높은 자가 할 수 있
는 길이라 생각하느냐?
34 네 자리를 네가 가는 것뿐이라는 그와
같은 깨달음을 얻도록 그들에게 전해
주라.

11,288 번째 하나님 말씀

2004년 5월 24일 22시 13분

1 사랑하는 나의 아들아!
2 "네, 아버님! 말씀하옵소서."
3 지금 내가 당장 너희들을 불러들인다

면 너희들은 과연 지옥으로 가야 할
몸이더냐, 천국으로 가야 할 몸이더냐?
4 내가 물어보나 마나 너희들은 천국은
쳐다보지도 못할 것이며 모두가 다 지
옥의 벼랑으로 떨어지는 자들이요,
5 쇠사슬을 그 죄의 숫자만큼 칭칭 감아
사탄들이 너희를 짐승을 끌어가듯이
끌고 지옥으로 내려갈 것이라는 것은
뻔한 것이니라.
6 그러니 지금 내가 당장 부르지 아니하
여 너희들이 나의 법전이요, 새로운
성경을 만들며, 이 세상에 살아가는
삶이 아무리 고통스럽고 고통스럽다
해도, 너희들이 고통스럽다는 그 말을
할 수 있겠는가?
7 육의 세상에서 사는 삶이 너희들이 지
옥 가는 고통보다 더하다 말할 수 있
겠느냐?
8 결코 지옥에서 너희들이 그 대가를 치
르는 그 고통만큼은 못할 것이니라.
9 그러기에 너희들이 오늘의 삶에 있어
서 나에게 인간사의 불평불만이요,
너희들의 고통을 고통이라 그리하지
말라.
10 살아서 숨을 쉬고 너희들이 존재하고
살아가는 것만으로도 크나큰 영광이
거늘, 내가 당장 오늘 너희들을 불렀
을 때 지옥으로 갈 자들이니, 결국 너
희들이 갈 자리가 어디더냐?
11 그러니 너희들이 천국에 가는 자리도
양보하는 자가 되라 하는 것은, 너희
들이 큰 인물이요, 큰 깨달음이요, 위
대한 자가 아니라, 너희들이 갈 자리
에 너희들이 찾아가는 것이라 하지 않
았더냐?
12 그러니 그 찾아갈 자리를 가야 할 몸
인 너희들이 하늘에 오르는 욕심을 내
지 말며,
13 너희는 감히 하늘에 갈 수 없는 자라
하여 너희들이 하늘에 오르는 하나의
자리도 양보하라는 나 여호와의 뜻의
가르침을 이제 들어서 알 것이니라.
14 내가 사랑하는 나의 아들딸 너희들에
게 묻는다면, 만일 너희가 지금 지옥
에 가서 영원히 헤어나지 못하는 그
곳에 가 너희들이 상상할 수 없는 그
무서운 죄를 네가 받겠느냐 물을 때
너희들은 뭐라 하겠느냐?
15 지옥에 가 너희들이 지금 남을 속이고
남에게 거짓말한 그 숫자만큼 너희들
에게서 흉측한 벌레들이 나오며, 달궈
진 쇠를 너희들의 몸에서 토해내는 그
고통을 겪는 벌도 그것도 다 쉬운 벌
이라 말한다면, 과연 너희들은 그 어
렵고 힘든 길을 가겠느냐?
16 그렇지 않으면 너희들이 그 무서운 벌
을 받지 아니하며 인간으로 살아서 너
희들이 그 모든 은혜 받을 수 있는 그
영광을 얻겠느냐, 내가 너희들에게 그
리 묻는다면, 너희들은 뭐라 말하겠느
냐?
17 이 세상에 남아서 너희들이 그 모든
죄를 사할 수 있으며, 그리고 어떠한
고통이 따른다 해도, 어떠한 시험이
따른다 해도, 어떠한 참지 못할 일이
따른다 해도 이 세상에 살아서 너희들
이 지은 죄를 용서받으며 만백성을 구
할 수 있는 그 대명을 이룰 수 있다면,
그 길을 가게 해 달라 너희들이 울고
불고할 것이 아니더냐?

18 그러니 구원을 받고 못 받는 것이 너
희들이 무슨 상관이 있겠느냐?
19 그것을 생각지 말라는 것이 내 뜻이
아니더냐?
20 모든 백성들을 구하며 너희들이 거듭
나는 은혜를 입을 수 있다면, 오늘의
삶의 길을 너희들은 선택하며 나에게
그와 같이 해 달라 울고불고할 것이
니라.
21 너희는 들으라.
22 너희들이 살아서 어떠한 고통도 감내
하며 나의 새로운 성경을 만들어 만백
성에게 전하는 그 길을 간다 해도, 가
시밭길이라 해도 너희들이 이 길을 마
다해서 안 되며 어렵다 생각해서는 아
니 될 것이니라.
23 그보다 더 험악한 길을 가야 될 것이
너희들의 오늘의 점수요, 너희들의 운
명이지 않느냐?
24 거기에다 내가 새로운 성경을 줘 하늘
의 진리를 알며 내 뜻을 들으며 나의
아들과 더불어 한 시대를 살아갈 수
있는 그 은혜를 받았으니,
25 개인적으로는 구원의 길을 가 지옥의
그 무서움을 넘지 아니하며, 그리고
너희들이 그 고통 속을 가지 아니하
며, 더욱이 만백성을 구하는 그와 같
은 은혜의 상을 받는다면,
26 너희들이 지옥으로 갔을 때 너희들의
죄가 많을 때 내가 뭐라 했느냐?
27 너희들이 죄짓고 거짓말한 것만큼 흉
측한 벌레를 한 마리씩 그 숫자만큼
네 몸에서 토해내야 되는 벌이 있다면
어찌하겠느냐 하였느니라.
28 그러나 너희들이 지금서부터 바로 살
아 나에게 오르면 너희들이 지금까지
한 모든 아름다운 그 향기로움이 너희
들의 입에서 나오는 그것이 지옥과 천
국의 받는 그 벌의 차이라면 너희들은
어떤 길을 선택하겠느냐?
29 그러니 무섭고 흉측한 그 벌을 면할
수 있도록 기회를 주었으며, 더욱이
나의 아들을 통하여 내리는 나의 새로
운 성경을 읽고 깨우치는 너희들이 만
백성을 구하여 은혜를 받는다면 너희
들은 과연 어떠한 길을 가겠는가?
30 이제 사랑하는 나의 아들을 따르는 제
자 너희들은 들으라.
31 너희들은 나로부터 어떠한 길을 가겠
느냐 해도, 너희들이 살아서 그 은혜
받는 길을 가겠다 약속을 하지 아니했
다 해도, 너희들은 이미 나에게 그와
같은 약속을 한 자들이니라.
32 너희들의 영혼이 나에게 약속했으며
그 영혼이 그 길을 가겠다 하여 내가
너희들에게 이와 같은 기회를 한 번
준 백성이라는 것을 너희들은 알도록
그리하라.
33 너희들의 영혼이 알기 때문에 너희들
의 영혼이 그와 같은 길을 가지 아니
하려 지상에서 만백성을 구하며 너 스
스로 축복의 구원의 영광을 받도록 기
회를 달라 울고불고한 것이 너희들의
영혼이요,
34 그 영혼의 대답을 들어 내가 너희들에
게 이와 같은 기회를 주었다면 너희들
은 이미 나에게 대답한 백성들이 아니
더냐?
35 그러니 너희들이 임의로 대답을 하지
아니하였다 해도, 영혼의 너희들이 그

대답을 했기에 내가 그것을 받아 준
백성이라면,
36 너희들은 오늘의 고통과 너 자신의 시
련이요, 그리고 악습을 버리지 못하
며, 너희들이 가지고 있는 모든 악습
을 버리지 못하고 잘못된 것을 버리지
못하며, 죄를 짓지 아니하고 살 수 없
다 있다 그와 같은 생각을 하지 말며
자세를 갖지 말도록 하라.
37 감히 지금 너희들이 죄를 지을까 말까
죄가 되는 듯 안 되는 듯 그저 넘어가
면 되는 듯, 아직도 너희들이 정신을
차리지 못하고 있으니, 너희들이 어찌
만백성을 구하는 전사로 선생으로서
갈 수 있단 말이더냐?
38 다시 한 번 너희들이 마음 자세를 다
스리며 너 자신을 들여다보도록 그리
하지 아니하면 아니 됨이니 그리 알라.
39 오늘 내가 너희들을 부르면 너희들이
지옥으로 갈 자를 내가 부르지 아니
하고 여유를 주는 것은 무엇이냐?
40 너희들이 나의 아들과 더불어 나의 새
로운 성경을 만드는 역사요, 그리고
너희들에게 한 번의 기회를 내가 주
었다 했음이니 그 기회요, 너희들의
영혼이 나에게 약속한 것을 저버리는
어리석은 삶을 살지 말라 그리 전하
라, 사랑하는 나의 아들아!

11,289 번째 하나님 말씀

2004년 5월 25일 01시 12분

1 사랑하는 나의 아들아!
2 "네, 아버님! 말씀하옵소서."
3 모든 생명수가 되는 물도 흐르는 물이
고여 있으면 그 물이 썩는다 하지 아
니하였더냐?
4 그러니 오늘의 믿음의 길을 가는 그
백성들이요, 너희들의 지금 종교 집단
의 지도자 그들이 어찌 가는가?
5 그들은 지금 내가 새로 내리는 성경이
요, 이를 인정하지 아니하려 하며 이
를 믿으려 하지 아니하며 이를 들으려
하지 않는 것이 아니더냐?
6 그러면서 그들이 오늘의 믿음이요, 그
부르짖음이 무엇이더냐?
7 성서는 한 자도 빼도 더해도 안 되며
그래서 손을 댈 수 없으며, 그래서 그
걸 가지고 저희들이 재탕하면서 그냥
공부만 하고 가르치면 된다는 것, 그
리고 변화를 할 수 없도록 만드는 것
이 그들이니라.
8 그러나 너희들은 들어야 될 것이니라.
9 모든 게 변화되지 아니하는 것이 없으
며 전진되지 않는 것이 없느니라.
10 변화되고 전진되지 아니하면 너희들
이 새로운 역사를 이룰 수 없으며 새
로운 것을 역사할 수 없는 것이니라.
11 지금 너희들이 구약이요, 신약이라는
그 성서를 가지고, 더욱이 거기에 비
밀로 되었으며 봉인된 그 내용을 알지
도 못하며 그 참뜻을 알지도 못하는
너희들이 그를 움켜쥐고, 이는 변화될
수 없으며 뚜껑을 열어서도 아니 된다
몸부림을 치고 있지 않으냐?
12 그러니 지금 내가 새로운 성경을 만들
어 너희들에게 전하는 그것도 무엇이
더냐?
13 성서에 덮여 있는 그 비밀을 내가 열
어서 너희들에게 전함이니, 이게 바로

변화를 원하는 것이요, 변화를 너희들
이 역사하는 것이 아니더냐?
14 그 변화가 없다면 너희들처럼 지금 새
로운 성경이요, 내 뜻이 무엇인 줄 알
수 없으며 역사하는 것을 알 수 없는
것이 너희들이 아니더냐?
15 그러니 너희들이 얼마나 잘못된 백성
들이던가?
16 변화하지 아니하면 아니 되는 것을,
변화해서는 아니 된다 하여 절대 변하
지 못하도록 너희들이 그 틀을 묶고
있는 것이요,
17 변화에 따라서 너희들이 동참하지 아
니하며 변해야 되는 그 길에 편승하지
아니하고 그는 이단이요, 사탄이라 그
리 말함이니,
18 변화되는 것을 막고 있음이니, 새로운
뜻을 너희들이 받아들일 수 없으며 새
역사가 이루어질 수 없는 것이니라.
19 그러면서 너희들은 이것은 고쳐도 안
되며 더해도 빼도 안 된다 하니, 그러
니 이것은 고이고 고인 물로써 만드는
것이니라.
20 아무것도 모르며 참진리요, 그 속에
있는 숨겨져 있는 비밀의 뜻을 알지
못하는 자들이 그를 움켜쥐고 너희들
이 풀려 하지도 아니하며 놓으려 하지
도 아니하며,
21 제가 깨닫지 못하면 남에게 그를 넘겨
주고 남에게 가르침을 받으면 될 것
을, 가르침을 받아서도 안 되며, 남에
게 조언을 받아서도 안 되며, 남에게
너희들이 그 뜻의 깨우침을 받아도 아
니 되는 것, 그저 너희들이 잘못된 것
을 움켜쥐고 그것에만 매달리는 그와
같은 행위를 하고 있음이니,
22 너희들이 지금 그 성서를 제대로 가르
치지도 못하며 변하지도 못하게 하는
것, 이것이 오늘의 종교 집단이요, 너
희들이 가지고 있는 가장 큰 병폐요,
너희들이 나의 피조물 만백성을 구원
의 길로 인도하지 못함이 거기 있음이
니라.
23 그러니 내가 지금 새로운 성경을 깨우
쳐 너희들에게 전함은 얼마나 무서운
변화요, 얼마나 전진의 역사로 흘러가
던가?
24 그러니 결국 성서에 기록되어 있는
것, 한 자도 한 뜻도 너희들이 고치지
아니하고 행하지 아니하는 게 있느냐?
25 너희들이 힘을 합쳐 합의하에 너희들
이 필요한 것, 유리한 것은 마음대로
고치고 마음대로 쓰는 것이 너희들이
아니더냐?
26 그러면서 참진리요, 너희들이 어려운
길이요, 하늘에 오르는 그 길은 보지
아니하며 듣지 않으려 하는 것이 오늘
의 너희들의 심성이니,
27 그로 하여 나의 피조물 만백성이 지금
나에게 오르지 못하며 그 사탄이요,
지옥의 벼랑으로 떨어지는 그와 같은
형국을 만든 것이 너희들이 변하지 못
하도록 묶은 것이요, 너희들이 깨닫지
못하도록 묶은 것이요, 그리고 제대로
공부하지 못하게 묶어 놓은 것이니,
28 이것으로 인하여 나의 피조물 만백성
이 구원의 길을 가지 못하고 지옥의
길로 가는 그와 같은 형국을 만든 것
이니,
29 아래로도 묶어 놓으며 위로도 묶어 놓

으며 좌우로도 묶어 놓은 것이 오늘의
종교 집단의 지도자들이요, 신도들이
가고 있는 길이니라.
30 절대 너희들이 변하지 아니하면 이룰
수 없으며, 변하지 아니하면 너희들이
역사할 수 없음이니라.
31 변하고자 노력하는 자, 무엇인가를 찾
고자 노력하는 자, 그와 같이 노력하
는 종교 지도자가 되지 아니하면, 너
희들이 아무것도 알 수 없으며 깨달을
수 없는 가장 어리석은 자들이라는 것
을 내가 전함이니, 그리 명심하여 깨
우치도록 그리하여,
32 변화의 물결이요, 새로운 것에 너희들
이 귀를 기울이고 새로운 것에 편승하
여 그것을 연구하고 깨우쳐, 과연 어
떠한 것인가 너희들이 들여다보는 그
와 같은 최소의 노력이라도 하지 아니
하면 아니 됨이니라.

11,290 번째 하나님 말씀

2004년 5월 25일 01시 17분

1 사랑하는 나의 아들아!
2 "네, 아버님! 말씀하옵소서."
3 사랑하는 백성으로서 성령이 임한 그
와 같은 삶을 살아가는 백성이요, 그
리 변해 가는 백성은 성서의 뜻을 모
두를 다 알며 그 모두를 깨우칠 수 있
으며, 지금 나의 아들을 통하여 내리
는 그 모두도 받아들일 수 있는 자라
그리하였느니라.
4 그러나 사랑으로 임하지 아니하며 성
령으로 임하지 않은 백성, 너희들이
아무리 보고 들여다봐도 이는 알 수
없으며 깨우칠 수 없다 하였음이니,
5 이것이 바로 너희들이 변하고자 하는
자와 변하지 아니하고자 하는 자와의
무서운 차이임을 알라.
6 그러니 내가 뭐라 하였느냐?
7 사랑으로 임하는 백성이 되라, 그리하
지 아니하면 아니 된다 내가 강조하고
또 강조했음이니라.
8 사랑으로 임하여 성령이 임한 백성 너
희들은 변화를 알 것이며, 새로운 역
사의 기틀이 무엇인가를 알며, 내가
역사하는 것이 무엇인가를 깨달을 수
있는 그와 같은 은혜를 입음이니라.
9 그러나 그와 같은 마음이 아닌 백성은
절대 이를 알지 못하니, 구습이요, 옛
것을 가지고 몸부림치다 그저 지금
천국이요, 나에게 오르는 길이 아니라
그 반대의 길로 가 벼랑에 떨어지는
그때, 너희들이 그 고통이 무엇인가를
알게 된다 내가 전하지 아니하였더냐?
10 너희가 사랑을 받아들이고 실천하지
아니하면 나 여호와의 뜻을 따르는 것
이 아니요, 나의 뜻을 거역하는 자요,
나를 배척하는 자들이라 내가 그리하
지 아니하였더냐?
11 사랑으로 살지 아니하며 사랑을 행하
지 않는 자, 너희들은 창조주 나 여호
와를 울고불고 찾으며 구원의 아버지
라 하나, 나를 능멸하는 행위를 하는
너희들의 삶이라 내가 하지 아니하였
더냐?
12 그 의미를 너희들은 깊이 받아들여야
될 것이니라.
13 내가 너희를 세상에 내보냈으니, 인간
너희들이 무엇이더냐?

14 짐승과 너희들은 다르며 그들과 차별
화가 되어 있지 않더냐?
15 그러니 너희들은 형제와 이웃 간에
서로가 사랑하며 의지하고 살도록 하
는 것이 인간 세상에 살아가는 나의
백성들이 살아가는 기본이요, 근본이
니라.
16 그러나 너희들이 그와 같은 마음으로
살지 아니하며 서로 사랑하지 아니하
고 삶이니, 서로를 이간질하는 그와
같은 사악한 자들이 뿌리를 내리고 사
는 세상이요,
17 그리고 너희들이 미래를 위하여 또 변
하고자, 그리고 또 아름답게 살아가고
자, 그리고 나 여호와의 뜻에 살아가
고자 노력하는 그와 같은 백성들을
비방하며 바보요, 천치요, 이단이요,
사탄이라며 너희들이 그냥 밀어붙이
는 이와 같은 험악한 세상이 되지 아
니하였더냐?
18 모두가 사랑의 결핍에서 오는 것이니
라.
19 그리고 너희들은 질투하고 분노하는
그와 같은 삶을 사느니, 너희의 분노
의 고함 소리가 하늘을 놀라게 하는
그와 같은 행위를 서슴지 않고 살아가
는 것이 오늘의 너희들의 삶이 아니더
냐?
20 형제간에 오해가 있을 때 화해하지 못
할 때도 너희들이 그를 모두 다 풀고
나에게 기도하며, 내 뜻에 너희들이
무엇인가를 얻고자 하는 그와 같은 제
를 드릴 수 있다 하였거늘,
21 너희들이 분노하는 그 고함소리가 하
늘을 놀라게 하는 그와 같은 지금의
형국으로 살아가고 있음이니, 이게 형
제요, 이웃 간에 그와 같은 삶을 사는
것이 너희들이니,
22 과연 너희들이 죄가 없다 하며 나에게
기도하여 무엇을 이루고 들을 수 있는
백성이라 그리 생각하는가?
23 너희들은 그와 같은 생각도 하지 말아
야 될 것이니라.
24 나 여호와의 고통이 어떠한지 너희들
이 생각해 보았느냐?
25 그와 같은 나의 백성들을 바라보는 내
마음이 어떤 것인가 너희들이 내 마음
을 한번 들여다보며, 내가 어떠한 생
각으로써 지금 존재해 가는가 내 생각
을 한번 해 보도록 그와 같은 시간을
갖지 아니하면 아니 될 것이니라.
26 모두가 사랑으로 행하라 하였거늘, 너
희들이 사랑을 저버리고 내 뜻을 배척
하며 나를 능멸하는 그와 같은 오늘의
행위만을 하고 살고 있다는 것, 이를
너희들은 절대 잊어서는 아니 될 것이
니 그리 알라.

11,291 번째 하나님 말씀

2004년 5월 25일 01시 21분

1 사랑하는 나의 아들아!
2 "네, 아버님! 말씀하옵소서."
3 나 여호와가 나의 아들을 통하여 내
리는 새로운 성경, 이를 너희가 정독
하여 깨우쳐 너희 것으로써 만들지 아
니하면 나를 볼 수 없으며 너희들이
거듭나는 그와 같은 삶을 살 수 없다
하였음이니라.
4 그러니 지금의 모든 종교 집단이 타

락할 대로 타락했으며 세상 속에서
너희들이 상업적으로 변하고 변할 대
로 모두가 다 변한 그와 같은 형국이
되었으니,
5 오늘의 너희 종교 집단이 기초에서도
벗어나지 못하고 지금 몇천 년 동안
제자리를 맴도는 그와 같은 형국이
되어 있음이니라.
6 그러니 그 기초적인 종교 집단이요,
오늘과 같은 너희들의 그 믿음을 과
감히 버려 버리고 털어 버리지 아니하
면, 너희들은 결코 나에게 오르는 길
을 추구할 수 없다는 것을 알아야 될
것이니라.
7 지금의 기초적인 종교 집단의 지도자
들이 그 틀을 벗어나지 못하며 비진리
의 길을 계속 추구하며 그 길을 간다
하면,
8 세상사 인간의 삶에 대하여 부귀와 영
화를 버리지 못하며 그 모두를 바쳐
너희들이 살아가는 그와 같은 길을 산
다면,
9 결코 내가 너희들을 모른다 할 것이
며, 너희들이 아무리 기도하고 울고불
고 나에게 바친다 해도, 아무것도 나
는 받아들이지 아니하며 받아들일 수
없는 그와 같은 형국임을 알아야 될
것이니라.
10 지금의 종교 집단의 지도자요, 믿음의
길을 가는 백성, 너희들이 정의로움에
모두를 바치며 진실된 길을 위해 모두
를 살아가는 그와 같은 삶을 살아야
되거늘,
11 오늘의 모든 종교 집단의 지도자요,
그 신도들이 죄가 되는 일과 타협하며
그와 더불어 협조하고 살아가는 그와
같은 형국이 되었음이니,
12 이것이 바로 내 뜻에 의하여 만백성을
구하는 자들이 정면으로 나 여호와의
뜻을 거역하며 나를 지금 욕되게 하는
그와 같은 행위를 하고 있음이니,
13 그러면서 너희들이 나의 나라에 오며
나로부터 은혜와 축복을 받는다 그리
하나,
14 너희들은 나를 볼 수도 없으며 내 음
성을 들을 수도 없으며, 나와 더불어
결코 갈 수 없는 백성이라는 것을 너
희들은 알아야 될 것이니라.
15 너희들이 육이 있고 젊음이 있어 오늘
을 살아감이니, 너희들은 나 여호와에
게 와 심판을 받는 것, 그 심판의 대가
가 무엇이라 내가 알려 줘도 너희들이
그리 무시하고 살아가나,
16 정녕 너희들이 죽어 나에게 와 심판을
받는 그날, 너희들이 얼마만큼 통곡하
며 후회하는지 그것을 봐야 될 것이며,
17 아무리 후회하고 통곡해도 그때는 돌
이킬 수 없으며 다시 돌아갈 수 없으
며, 어떠한 것도 너희들이 저지른 죄
에 대한 대가를 거기서 다 치러야 된
다는 그 무서운 사실을 알라.
18 내가 그렇지 아니하면 나의 아들을 통
하여 오늘의 새로운 성경을 너희들에
게 내려보내지 아니하며, 모두를 풀어
서 너희들을 구원하는 이 역사를 이루
지도 아니할 것이니라.
19 너희들이 후회하는 날 너희들이 통곡
하는 것, 돌이킬 수 없는 그 길에서 울
고불고 지옥으로 가지 아니하려는 그
처참한 광경을, 내가 그래도 너희들이

면하도록 하며 그 길을 가지 않도록
하기 위하여, 내가 오늘의 그 역사함
이요, 160권에 모두를 기록하고 풀어
서 너희들에게 전하거늘,
20 이를 읽고 정독하여 너희들 것으로 만
드는 그와 같은 삶을 살지 아니하고,
이단이요, 사탄이라 그리 함부로 부르
짖고 있으니,
21 그 죄를 감당키 어려울 것이며, 너희
들이 그를 다 어찌 감당할 수 있다 하
느냐?
22 내가 160권의 새로운 성경을 내렸음
이니, 너희들이 1권서부터 차분히 한
번 읽어 보면, 내가 무엇을 추구하는
것이며, 너희들이 어찌 살아야 될 것
이며 어찌 가야 할 것인지 거기에 모
두를 다 기록해 놓았으니,
23 그걸 보고도 깨닫지 못한다면 그것은
네 복이나, 너희들은 한번 정독이라도
해 보도록 그리하라, 사랑하는 나의
아들딸들아!

11,292 번째 하나님 말씀

2004년 5월 25일 01시 26분

1 사랑하는 나의 아들아!
2 "네, 아버님! 말씀하옵소서."
3 이 세상을 바로 역사하려면, 너희들이
바로 서려면, 그리고 나의 피조물 만
백성이 죽음으로부터 구원을 받으며,
너희들이 기도하고 소원하는 하늘에
서 이루어진 것같이 지상의 낙원이 이
루어지려면,
4 오늘의 이 방법으로써는, 이 형태로써
는 아무것도 이룰 수 없다는 것을 너
희들이 스스로 너무나 잘 알고 있음이
니라.
5 그러니 이와 같은 것을 바로잡고 역사
하기 위해서는 종교 개혁이요, 대혁명
의 역사를 하지 아니하고는 아무것도
이룰 수 없으며 바로잡을 수 없는 이
와 같은 지경에 이르렀음이니라.
6 그러니 나 여호와가 지금 나의 아들을
통하여 모두를 역사하는 것이 무엇이
더냐?
7 앞만 보고 질주하는 자, 그리고 너희
들이 좌우를 보지 아니하며 지금의 그
모든 길을 가는 것, 재물을 바침으로
써 구원을 받는다는 인간 세상의 마음
의 위로를 받는 그와 같은 삶으로 너
희들이 달려가니,
8 너희들이 아무리 가고 가도 나에게 오
르는 길이 아니요, 반대의 길로만 달
려가는 그 지경에 도달하였으니, 이를
보고 내가 어찌하겠는가?
9 그리하여 너희들이 말할 수 없으며 이
룰 수 없는 개혁과 대혁명의 역사가
지금 이루어지고 있음을 너희들은 알
아야 될 것이니라.
10 이와 같은 대혁명이요, 그 개혁이 없
이는 너희들의 썩은 것을 도려낼 수
없으며, 썩은 자들을 뽑아낼 수 없으
며, 내가 이루고자 하는 지상의 낙원
을 이룰 수가 없음이니라.
11 나의 백성 너희들을 통하여 이 모두는
개혁과 혁명을 이루어야 하며, 나의
백성을 통하지 아니하면 또 그것을 이
룰 수 없으니,
12 그것이 바로 나로부터 선택된 백성 너
희들이 모두를 다스리고 이루어 나가

야 함을 절대 잊지 말라.
13 사랑하는 나의 백성들을 통하지 아니
하고는 이 지상의 개혁과 혁명이요,
어떠한 것도 이룰 수가 없음이니라.
14 종교의 혁명이요, 믿음의 그 혁명도
결코 너희들을 통하지 아니하면 이룰
수 없는 것이 이치임을 너희들은 알라.
15 이제 나의 사랑하는 백성 너희들은 거
듭나는 길이요, 새로운 성경을 통하여
너희들이 참진리의 길을 갈 수 있으며
볼 수 있음이라는 것,
16 이것부터 너희들이 확실한 믿음을 갖
고 나갈 때, 너희들이 다른 백성들에
게 또한 그와 같은 것을 확실히 심어
줄 수 있는 자신과 용기가 있을 것이
니라.
17 이를 안 보고 이를 통하지 아니하고는
절대 너희들이 진리를 알 수 없으며,
18 진리를 알 수 없으니 하늘에 오르는
길을 볼 수 없다는 것을 그들에게 꼭
심어 주고 전해 주도록 그리해야 될
것이니라.
19 사랑하는 나의 아들딸들아!
20 내가 너희들에게 뭐라 말하더냐?
21 모두를 풀어서 내리는 새로운 성경을
너희들이 읽고 정독하여 깨우쳐 너희
들 것으로 만들라, 그리해야만 너희들
이 원초적인 마음이요, 어린아이의 마
음으로 너희 스스로 돌아간다 그리하
지 아니했더냐?
22 너희들이 어린아이와 같은 마음으로
돌아가지 아니하면 아무것도 이룰 수
없다 하지 아니하였더냐?
23 그러니 너희가 변화되어야 하느니라.
24 너희가 변화되는 만큼 내가 모두를 내
려 주며 은혜를 내려 줌이니,
25 너희들이 변해진 것만큼 너희들은 구
할 수 있으며 얻을 수 있으며 나로부
터 받을 수 있다는 그 법칙을 알라.
26 너희들이 달라, 이루어 달라 울고불고
하지 아니하여도, 너희들이 아이들과
같은 마음으로 변화되는 것, 인간의
원초적인 마음으로 돌아서고 변할 때,
27 거기에 대한 너희들이 구하고 얻을 수
있는 것, 그 모두를 얻을 수 있을 것이
며, 너희들이 받을 수 있는 것은 모두
를 다 받는 영광을 얻을 수 있다는 것
을 그들에게 전해 주라.
28 너희들이 원초적인 마음이요, 어린아
이와 같은 마음으로 변화되지 아니하
면 아무것도 이룰 수 없는 것이며 역
사할 수 없다는 것을 그들에게 전해
주도록 그리하라.
29 그리고 너희들이 모두를 역사했던 이
것을 지금 내가 나의 아들을 통하여
다 다시 세우며 다시 다스리는 것은,
30 너희 스스로 그를 자초했으며, 너희
스스로 그리해 주기를 바랐으며, 그리
하지 아니하면 아니 되도록 너희들이
모두를 만들어 놓았던 그 모든 책임은
오늘의 종교 집단의 지도자 너희들이
스스로 만든 것이라 그리 전하라.

11,293 번째 하나님 말씀

2004년 5월 25일 01시 31분

1 사랑하는 나의 아들아!
2 "네, 아버님! 말씀하옵소서."
3 구약의 그 역사가 이루어진 것, 그 많
은 기적의 역사를 이루었던 것, 그리

고 신약의 시대에 이루었던 모든 기적
이요, 그 역사가 과연 무엇을 위하여,
누구를 위하여 그와 같은 역사가 이루
어졌는가?
4 그리고 지금 나의 아들을 통하여 새로
이 역사하는 제3의 시대요, 나의 성령
이요, 내 모두를 태워서 내려보내는
'하늘에 오르는 길'이요, '하나님! 말
씀하옵소서.' 이 책, 이와 같은 것을
내가 역사하는 것은 누구를 위해서 한
단 말이더냐?
5 내가 동물들을 위해서 이와 같은 것을
역사했던가, 그리고 식물들을 위하여
내가 지금 이 길을 가고 있으며 이 길
을 역사하고 있는가?
6 너희들은 알아야 될 것이니라.
7 오로지 사랑하는 나의 아들딸 너희들
을 위해서 내가 모두를 내려보내며 모
두를 역사하는 것이 아니더냐?
8 그러니 내가 이와 같은 모든 역사를
이루는 것은 바로 사랑하는 나의 아들
딸들을 위함이니, 이를 받아들이고 깨
우쳐 바로 서고 하늘에 오르는 길을
볼 수 있는 것은 누구더냐?
9 나의 사랑하는 아들딸, 나의 백성 너
희들이 아니더냐?
10 그러니 정녕 이를 받아들이고 깨우쳐
야 할 백성 너희들이 어찌하여 이를
외면하고 이단이요, 사탄이라 거부하
며 이를 태워 버리고 찢어 버리려 그
리하는가?
11 이게 얼마나 귀하고 소중한 것인 줄
너희들은 알겠느냐?
12 이와 같이 귀하고 소중한 것을 세상에
내려보냄은 사랑하는 나의 아들딸 너
희들을 위하여 깨우치고자 함이거늘,
13 이 세상에 한 줄이요, 한 책이요, 너희
들이 무엇이 하나 이루어지는 것, 풀
한 포기가 새로운 잎으로써 태어나는
것, 다시 거듭나는 것, 이 모든 역사도
다 누구를 위해서 존재하는 줄 알겠느
냐?
14 사랑하는 나의 아들딸 너희들을 위해
서 내 그 모두를 주며 그 모두를 다 역
사하였거늘,
15 그러니 이 세상의 모두는 다 나 여호
와의 뜻이 아닌 것이 없다 너희들이
그리 말하며, 나의 뜻에 의하여 주관
되어 이루어지며 너희들을 위하여 소
중히 다 모두가 존재하는 것이라 너희
들이 말하지 않더냐?
16 그러나 어찌하여 너희들이 달면 삼키
고 쓰면 뱉는 그와 같은 행위를 하더
냐?
17 너희들에게 유리하고 좋은 것은 나
여호와의 뜻에 의해서 모두가 이루어
졌다 말하며,
18 너희들이 깨우쳐야 될 것이며, 너희들
이 보고 본받아야 할 것이며, 너희의
잘못된 것을 가죽채로 다스리고자 하
는 그 가르침에 대해서는 이는 이단이
요, 사탄이라 하여 거부하고 보지 아
니하려 함이니,
19 너희들이 과연 그러고도 나에게 오를
수 있는 백성이라 생각하며 사랑을
실천하고 살아가는 백성이라 말할 수
있겠느냐?
20 그러니 나 여호와의 뜻을 이루기 위해
서 내가 더 이상 묵과할 수 없어, 더
이상 너희들이 존재하는 것을 용서치

아니하며,
21 그리하여 내가 새로운 성경으로써 너
희들을 다 다스리는 그와 같은 역사를
이루고 있음을 알아야 될 것이니라.
22 이대로는 결코 용납되지 아니하며 이
대로는 결코 갈 수 없음이니라.
23 그리하여 내가 지금 선택된 나의 백성
들을 통하여 새로운 성경을 만들며 그
역사를 이루어 가고 있음이니라.
24 그러니 나의 새로운 성경을 만들어 전
하며 나의 아들로부터 강론을 듣는 백
성 너희들은 최선의 노력을 다해야 될
것이며,
25 최선의 노력을 다하여 나의 새로운 성
경이 세상을 덮는 그 역사를 이루는
길밖에 없음을 너희들은 다짐하고 또
다짐하는 그와 같은 마음으로 하루하
루를 살아가지 아니하면 아니 되느니
라, 사랑하는 나의 아들딸들아!

11,294 번째 하나님 말씀

2004년 5월 25일 01시 37분

1 사랑하는 나의 아들아!
2 "네, 아버님! 말씀하옵소서."
3 내가 일찍이 너에게 가르쳐 주지 아니
하였더냐?
4 너희들이 모든 종교 집단의 지도자들
은 선을 그어 놓고, 그 백성을 선상에
세워 놓고 앞으로 가도 너희들은 재물
이요, 뒤로 가도 재물이요, 좌로 가도
재물이요, 우로 가도 재물을 받아들이
는 그와 같은 것으로써 모든 종교 집
단이 지금까지 흘러왔음이니라.
5 그러니 그와 같이 너희들이 존재할 수
있으며 그와 같이 사악한 행위를 할
수 있는 것이 무엇이었더냐?
6 모든 나의 사랑하는 백성들에게 너희
들이 악한 짓, 사악한 짓을 하면서, 이
것이 다 하늘의 뜻이요, 하나님의 뜻
이라 너희들이 그들을 세뇌시켜 왔으
며,
7 그것 외에 너희들이 두 번 다시 입을
열지 못하도록 그와 같이 다스려 왔
기 때문이니, 이것이 바로 너희들이
죄의 온상이 되었음을 알라 이르느니
라.
8 그러면서 너희들은 뭐라 말하느냐?
9 선한 일이요, 착한 일이라 하든 어쨌
든 너희들이 그와 같은 뜻을 가지고
무엇이 이루어졌을 때 또한 뭐라 말하
느냐?
10 그 모두도 나 여호와의 뜻이라 너희들
이 그리 말하느니라.
11 그러나 너희들이 바로 서지 못하며 바
로 행하지 못할 때, 그리고 너희들이
선한 일을 행하지 못했으며 선한 일을
역사하지 아니하였을 때,
12 그 부끄럽고 추한 모습으로써 너희 자
신을 감추기 위하여 변명과 이유를 대
는 데는 너희들이 박사 학위를 몇 개
씩 가지고 있는 것이 오늘의 종교 집
단의 지도자 너희들의 오늘의 삶이라
는 것을 알아야 될 것이니라.
13 이제 내가 너희들에게 경고함이니라.
14 너희들이 나의 백성이라 하며 나의 모
든 백성을 이끄는 종교 지도자라 하
는 자, 이제는 너희들부터 스스로 깨
우치는 그와 같은 삶을 살지 아니하면
절대 아니 됨을 알라.

15 그리고 그들을 따라가는 맹종 맹신하는 신도 너희들이 구원을 받고 나에게 오르는 것은 다른 사람이 역사할 수 없으며 아무도 너희들을 인도하는 것이 아니라는 것을 알라.

16 누구도 바로 너희들을 잡아 주는 그 역사를 할 수 없으며 너희들을 잡아 줄 수도 없음이니라.

17 너희들이 나에게 심판을 받아 지옥으로 떨어지며 너희의 죄의 숫자에 따라서 쇠사슬에 얽매어 심판대에 내려 감이니,

18 기다렸다는 듯이 사탄들이 그 쇠줄을 끌고 너희들을 죽어 가는 짐승을 끌고 가듯이 그리 끌어가는 처참한 꼴이요, 그 모습, 그게 바로 누군 줄 알겠느냐?

19 그와 같은 것을 누구도 막아 줄 수 없으며 그를 지켜 줄 수 없는 것이니라.

20 나에게 심판을 받을 때 누구도 너희들을 잡아 주지 못하며 너희들을 이끌어 줄 수 없으며 이 세상에 살아서도 그러하니라.

21 너희 스스로 모두를 역사하는 것이지, 누가 너희를 잡아 줄 수도 없으며 잡아 주지도 아니한다는 것을 너희 스스로 알아야 될 것이니라.

22 그러니 이제 모든 백성 너희들은 들으라.

23 남의 기도요, 남을 위하는 것, 그리고 너희들을 위해서 기도하며 너희들을 위해서 축도한다 하는 것, 그 모든 허황된 말이요, 거짓된 짓이요, 사기극을 벌이는 자들의 말을 믿고,

24 너희들이 스스로 어렵고 힘든 길을 선택하지 아니하며, 참진리의 길을 깨우치지 아니하며, 정의로운 그와 같은 일을 하는 데 너희들이 행하지 아니하며,

25 너희들이 부끄러운 일이요, 내가 볼 수 없는 추한 일을 하고 사는 그와 같은 삶을 산다면 너희들은 결국 나와 아무런 관계도 없는 백성이라 내가 명한 그 뜻을 알아야 될 것이니라.

26 이제 사랑하는 나의 아들딸들아!

27 누구도 너희들을 지옥에서 지켜 줄 수 없으며, 그 지옥에서 건져 줄 수 없다는 엄연한 사실을 알아야 될 것이며,

28 그 길을 가지 아니하고 나에게 오르고자 한다면, 너희들이 스스로 깨우쳐 정의로운 일을 행하며 아름다운 일을 행하며 사랑을 실천하고 살아가는 그와 같은 삶을 살도록 그리하라.

29 그러면 너희들이 나를 볼 수 있으며 나와 관계있는 백성이요, 나와 하나의 끈으로써 너희들이 이루어지나,

30 그와 같은 삶을 살지 않을 때, 나와 관계가 없는 백성들이요, 그러한 백성은 나를 볼 수 없으며 내가 너희들을 모른다 한다는 그 무서운 뜻을 깊이 새겨 두지 아니하면 절대 아니 됨을 알아야 될 것이니라.

31 누구도 너를 대신해서 역사할 수 없으며, 누구도 바로잡아 줄 수 없으며, 누구도 너희를 인도할 수 없으며, 누구도 너희들을 대신해서 모두를 역사하지 않으며,

32 잡아 주지도 아니하며 잡아 주려 하지도 아니하는 것이 인간 세속의 너희들의 오늘의 흐름이라는 것을 이를 잊지 말도록 그리하라.

33 그 속에서 너희들 스스로 살아나는
자, 스스로 정의로움을 알고 깨우치는
자, 참진리의 길을 깨우치고자 노력하
는 그와 같은 백성만이 모두를 얻을
수 있다는 것,
34 그리고 변화되는 것을 느낄 수 있으며
볼 수 있다는 것을 내가 다시 한 번 너
희들에게 전함이니,
35 이를 명심하고 명심하여 너희 것으로
만들도록 그리하라.

11,295 번째 하나님 말씀

2004년 5월 25일 01시 41분

1 사랑하는 나의 아들아!
2 "네, 아버님! 말씀하옵소서."
3 나 여호와의 본체요, 내가 모두를 이
루는 것은 사랑이라 하지 아니하였더
냐?
4 그러니 사랑하는 나의 아들딸들아!
너희들이 사랑을 실천하고 사는 것이
얼마나 위대한 것이며, 그것이 어떠한
능력을 가지고 있는지 너는 알겠느냐?
5 "아버님! 저는 감히 그를 알 수 없으
며, 물으시는 그 말씀의 답을 드릴 수
있는 그와 같은 깨달음은 없사옵나이
다.
6 그러나 다만 아버님께서 저에게 하문
하시니, 제가 말씀을 드릴 수 있는 것
은, 제가 지금까지 깨닫고 느끼는 것
은,
7 사랑의 힘이라는 것은 그 힘이야말로
모두를 참고 인내하는 그 힘까지도 거
기에 있으며, 그리고 모두를 사랑할
수 있으며 천사와 같은 마음으로 살아
갈 수 있는 것, 그 모두가 다 사랑의
그 힘으로써 모두가 이루어진다는 것
을,
8 그리고 세상사의 아무리 어렵고 힘든
것이라도 용서할 수 없는 것이라도,
같이할 수 없는 자라 해도,
9 그 모두를 이겨 낼 수 있으며 그 모두
를 다 아름다운 모습으로 승화시키며
아름다움 속으로 모두를 역사할 수 있
는 위대한 힘이 있기 때문에,
10 아버님께서 사랑하는 마음이요, 사랑
을 실천하는 삶으로 살라 그리 말씀하
시는 것이라 생각되옵나이다."
11 사랑하는 나의 아들아!
12 사랑하는 그 힘이야말로 모두를 다 참
고 인내하며 모두를 다 이겨 낼 수 있
는 그 위대한 힘이 거기 있다 네가 말
하였으니, 그러하니라.
13 그리고 사랑의 행함은 무엇인 줄 알겠
느냐?
14 너희들이 그 사랑이라는 것은 닳지도
아니하며 없어지는 것도 아니며 손해
보는 것도 아니거늘,
15 어찌하여 너희들이 깎이고 닳아지지
도 않는 그와 같은 사랑함을 행하지
못하며 남을 위하여 너희들이 그와 같
은 길을 갈 수 없단 말이더냐?
16 너희들은 그와 같은 것을 이치를 깨달
으라.
17 아무리 너희들이 전하고 베풀고 또 베
푼다 해도 그 사랑이라는 것은 깎이지
아니하며 닳지도 아니하니, 네 앞에
그대로 더 쌓임이니라.
18 다만, 너희들이 사랑이라는 것은 쓰면
쓸수록 거기에 또 쌓이고 또 쌓이는

그와 같은 영광을 얻게 됨이니,
19 그리하여 너희들이 나에게 왔을 때 그
쌓이고 쌓인 사랑의 실천에 대하여 너
희들이 상을 받는 것이라 함을 너희들
은 믿겠느냐?
20 반드시 그와 같은 역사가 있음이니라,
그는 반드시 이루어짐이니라.
21 그러니 너희들이 모두의 살아가는 것,
행하는 것, 그리고 너희들이 아름답게
사는 것,
22 사랑을 실천하고 사는 것은 쌓이고 쌓
이는 것이며 나에게 오는 길이 넓어지
며 평탄한 길로써 모두가 변화되는 것
이라는 것을 너희들은 잊지 말라.
23 사랑하는 마음이야말로 하늘에 오르
는 길이 넓어지며 너희들이 평탄한 길
로 올 수 있으며, 사랑이라는 것이야
말로 너희들이 모두를 참고 인내하는
위대한 힘이 거기에 있다는 것,
24 핵폭발보다도 더 강력한 것이 너희들
이 사랑하는 마음이요,
25 생명을 너희들이 던지고 역사하는 것,
그 모두도 사랑하는 그 마음의 근본에
서는 너희들이 두려움 없이 실천하고
행할 수 있는 것이 너희들의 마음이니
라.
26 그리하여 사랑의 힘이 그와 같이 위대
하여 사랑하는 마음으로 살며 사랑을
실천하며 사는 백성이 되라 내가 너희
들에게 간곡히 간곡히 전함이니라.

11,296 번째 하나님 말씀

2004년 5월 25일 01시 54분

1 사랑하는 나의 아들아!
2 “네, 아버님! 말씀하옵소서.”
3 나의 아들 예수가 하늘나라에 처소를
만들어 놓고 너희들을 데려오기를 기
다리며, 그와 같이 너희들에게 기다리
라 말하여, 너희들은 그와 같이 되기
를 바라고 바라는 것이 오늘의 믿음이
아니더냐?
4 그러니 그 뜻이요, 그 의미를 너희들
이 얼마나 잘못 깨닫고 잘못 가는 백
성인 줄 알겠느냐?
5 너희들은 여기서 들어야 될 것이니라.
6 나 여호와가 역사하는 것이 무엇이더
냐?
7 이 지상의 나라를 하늘의 천국같이 내
가 만들며 그와 같이 모두를 역사하여
나 여호와의 권세 아래 땅과 하늘이
같이 역사하는 것,
8 그리하여 지상의 천국을 만들어 지상
에서 사는 백성들이 육의 삶을 다하고
바로 나에게 그냥 올라올 수 있는 그
와 같은 역사를 이루는 것, 이와 같은
내가 지상의 낙원을 이루고자 하는 것
이 나 여호와의 뜻이 아니더냐?
9 너희들의 지금의 형국으로써는 한 사
람도 오를 자가 없음이니, 그리고 너
희들이 나에게 오르는 길이 얼마나 고
통스럽고 힘든 길이더냐?
10 그러니 너희들이 오늘의 삶의 이와 같
은 형태로써는 나에게 오를 자 한 사
람도 없으며 오를 백성이 없기에,
11 내가 지상에서 너희들을 처음서부터
다스려, 기초 교육으로써 모두를 다스
려 나에게 올 수 있는 그와 같은 백성
들이 지상에 살도록, 그리고 그 백성
만이 존재하도록 하는 그것이 내가 이

루는 지상의 천국이요, 내 뜻을 너희
들은 알았을 것이니라.
12 그와 같은 백성을 내가 역사함이니,
그러니 너희들은 예수가 내려오고 안
내려오는 것, 이와 같은 것을 시시비
비하지 말라.
13 너희들은 나의 아들 예수가 하늘에 가
그 처소를 만듦이니, 그 처소를 만드
는 것은 바로 무엇이더냐?
14 그 자격을 가진 자가 올라오는 것을
나의 아들 예수가 기다린다는 것이요,
내가 너희들을 기다리는 내 뜻을 그리
전하였음을 알아야 될 것이니라.
15 그리고 너희들은 여기서 깨달아야 될
것이니라.
16 나의 아들 예수가 그와 같은 자를 기
다리며, 또한 나의 아들 예수가 처소
를 만들어 놓고 지상에 다시 내려온다
함은,
17 너희들이 나의 아들 예수가 내려올 수
있는 지상의 천국을 만들어 놓았을 때
나의 아들이 내려온다는 그 의미라는
것을 또한 너희들은 알아야 될 것이니
라.
18 너희들이 이와 같은 깊은 의미요, 그
뜻을 모르니라.
19 나의 아들이 너희들의 처소를 만드는
것은 각자 처소에 올 자격이 있는 자
가 되라 하였으며,
20 그리고 나의 아들이 또한 세상에 내려
와 구원할 자, 구원하지 않을 자를 구
분하는 것을 너희들은 기다리고 있으
나, 너희들은 그리 생각하지 말라.
21 나 여호와가 지상에 하늘과 똑같은 천
국을 만들려 함이니, 그 천국을 만들
어 놓으면 너희들은 누가 내려오고 올
라감이 상관이 없음이니라.
22 그러니 나의 아들 예수가 말한 것은
무엇이더냐?
23 너희들이 지금 지상의 천국을 만들었
을 때, 이 모두를 관장하는 창조주 아
버지께서 모든 권세를 내리며,
24 권세로써 통제할 때, 너희들이 모두를
다 얻는 그와 같은 영광의 은혜를 얻
는다는 말이니,
25 이제 나의 아들을 따르는 제자 너희들
은 그와 같은 것을 시시비비하지 말
며, 이 지상이 천국이 되었을 때 나 여
호와가 새로운 성령이요, 내 뜻을 모
두 내려보낸다는 것, 그와 같은 뜻으
로 받아들이며, 그와 같은 의미가 거
기 있음을 알라 그리 전하라.
26 나의 아들이 처소를 만들어 너희들이
하늘에 올라가는 것이 아니요, 너희들
이 지금 하늘의 천국과 같이 지상의
천국을 이루었을 때, 나 여호와의 천
사요, 그 모두가 다 지상에 내려올 수
있는 것이니, 너희들에게 그리 만들라
하는 그와 같은 가르침의 의미이니,
27 그들이 뭐라 받아들이든 나의 아들을
따르는 제자 너희들은 그와 같은 의미
요, 그와 같은 뜻이 거기 있으며, 내가
바라는 것이 그와 같은 뜻이라는 것을
알라.
28 지상이 천국과 같이 되었을 때, 하늘
의 모든 천사가 지상에 내려올 수 있
는 그와 같은 터전을 너희들이 만들면
하늘과 땅이 하나가 되는 것이니라.
29 그러니 그것부터 먼저 역사하도록 하
라는 그 가르침의 깊은 의미가 거기

있거늘, 이와 같이 너희들이 행하지
아니하며,
30 이와 같이 행하려면 너희들의 오늘의
삶이 완전히 바뀌어야 하며, 모두가
다 너희들이 뒤틀려야 하기 때문에,
31 그와 같은 의미를 아는 자 그 뜻을 안
다 해도 너희들이 표현하지 아니하며
전하지 않는 것이니라.
32 내가 이제 너희들에게 말함이니라.
33 새로운 성경이요, 하늘의 천사요, 나
의 권세요, 그 모두는, 너희들이 나에
게 올라오는 백성이 되기 전에 너희들
이 지상에서 내가 모두를 임할 수 있
으며 내려올 수 있는 그와 같은 세상
을 먼저 만들면,
34 너희들이 보지 못할 것이 없으며 이루
지 못할 것이 없으며, 나의 아들 예수
가 또한 세상에 내려오지 못할 이유가
없음이니라.
35 너희들이 천사와 같이 변화되어 그와
같은 세상을 만들지 않으며, 하늘과
같은 천국이 지상에 이루어지지 않으
면, 하늘의 천사도, 그리고 나의 아들
도 누구도 지상에 내려오는 일은 절대
없음을 알라.
36 너희들이 나의 아들 예수가 내려오며
천사가 내려온다면, 이 지상이 하늘과
같은 천국의 낙원으로 만들어졌을 때
만 그 모두가 다 내려지며 그와 같이
내려올 수도 있으며 다녀갈 수 있으
며, 내가 또한 너희들에게 보여 줄 수
도 있는 것이니라.
37 그러나 너희들이 지상의 천국을 만들
지 아니하면 아니 됨이니,
38 그 모두의 내가 가르친 뜻은, 그 비중
은 너희들이 천국과 같은 세상을 먼저
만들라, 그러면 예수가 내려올 수 있
으며 천사가 내려올 수 있다는 그와
같은 의미이니,
39 그것을 너희들이 교묘하게 지금 가르
치고 있으며 교묘하게 변질시켜 임의
대로 지금 전하고 있는 것을 알라.
40 이제 나의 아들딸 너희들은 들으라.
41 나의 아들 예수가 다시 내려올 수 있
으며 천사가 내려올 수 있는 것은 하
늘과 같은 나라, 하늘과 같은 천국이
되었을 때만 내려올 수 있다는 것을
너희들은 마음속에 깊이 새겨 두도록
그리하라.
42 이 지상의 천국을 건설하고자 하는 것
이 나의 뜻이요, 내가 역사하는 것이
거늘,
43 어찌하여 하늘과 땅이 똑같이 이루어
지는 그 세상에서 누가 오고 가는 것
이 무엇이 상관이 있으며 그와 같은
너희들이 오고 가지 못할 것이 무엇이
있더냐?
44 그리하여 내가 그와 같은 세상을 만들
기 위하여 천 년을 준비하여 160권의
새로운 성경을 내려보내며, 지금 그
기초를 다지며 그 역사를 하고 있거늘,
45 이와 같은 세상에서 누가 혼돈을 이루
며 누가 이것을 흔들기 위하여, 예수
가 내려와서 너희들을 데려가며 너희
들을 인도하며, 또한 천사들이 내려와
서 너희들을 인도하며 데려간다 하는
가?
46 감히 너희들의 삶을 가지고 나에게 오
를 수 있다 그와 같은 생각을 하는 그
자체도 너희들이 불쌍한 자이니라.

47 내가 너희를 바로 오늘 심판대에 불러
세웠을 때, 너희들은 지옥으로 갈 것
이며, 천국이라는 것은 쳐다도 못 볼
그와 같은 삶이거늘,
48 앞으로 변화되고 변화되지 아니하면
나를 볼 수 없다 하였거늘, 변화되는
삶을 살아가기도 바쁘거늘,
49 너희들은 구원을 받았다, 너희들은 나
에게 올 수 있다는 그 허황된 생각이
요, 꿈에 그리는 그와 같은 짓을 이제
중단하라 그리 전하라.
50 너희들이 모든 권세가 하늘에 이루어
졌을 때 모두는 왕래할 것이니라.
51 또한 너희들이 죽어서 나에게 오를 수
있으며, 하늘의 모두가 지상에 내려올
수 있는 것, 이것이 교통될 수 있는 것
은 아래위의 자격이 갖추어지지 아니
하면 아무것도 이룰 수 없다는 것을
알라.
52 그러니 지금 너희들이 이와 같은 고통
속에서 살아가는 백성들은 한 사람도
나에게 올 수 없으며 구원을 받을 수
있는 사람이 없지 않더냐?
53 그리하여 너희들의 오늘의 삶의 이와
같은 고통 속에서 너희들이 나에게 오
기 위하여 그 거짓된 선지자들이요,
거짓된 자들에게 재물을 바치며 오늘
의 그 고통의 길을 가는 것도 불쌍하
지만,
54 너희들이 아무리 몸부림쳐도 나의 세
상에 하늘에 오를 수 없기에,
55 내가 이제 그 모두를 다 다스리며 그
모두를 잡아 너희들에게 이 지상에서
사는 데 기초를 다져, 너희들이 하나
도 손색이 없는 그와 같은 세상이요,
그와 같은 나라를 만들고자 하는 것이
내 뜻이라는 것을 너희들은 이제 알았
을 것이니라.
56 이것이 나의 뜻이요, 내가 이루고자
함이니라.
57 그러니 예수가 온다는 것, 와서 너희
들을 구원한다는 것, 인도한다는 것
은, 너희들이 지상을 하늘의 천국같이
만들 때 그 모두가 이루어지고 역사할
수 있는 것이라는 걸 그들에게 깨우쳐
주라.

11,297 번째 하나님 말씀

2004년 5월 25일 02시 00분

1 사랑하는 나의 아들아!
2 내가 너희들에게 다시 전하며 너희들
을 깨우치고자 함이니라.
3 내가 나의 아들이 새로운 성경에 기록
하여 너희들에게 뭐라 하였느냐?
4 천국에 온 자가 없다 나는 명확히 기
록하여 전했으며 너희들에게 깨우쳐
주었음이니라.
5 그러나 지금도 너희들이 어떠한 속에
서 믿음의 길을 가고 있느냐?
6 너희들은 나의 아들 예수가 2천 년 전
에 이 세상에 죽은 그 길이요, 그리고
그 죽음으로써 하늘에 오르며 그가 한
말은 너희들을 다시 구원하러 오겠다
는 그와 같은 말이요,
7 그리고 나의 아들 예수가 하늘나라에
서 너희들이 존재할 수 있는 처소를
예비해 모두를 만들어 놓고 다시 내려
와 너희들을 구원한다는 것, 그리하여
너희들이 영접하게 만든다는 그와 갈

은 생각을 바꾸라 함을 알겠느냐?
8 너희들이 그와 같은 것이 아니요, 지
상의 천국을 너희들이 만들었을 때,
나의 아들 예수와 천사들이 내려올 수
있는 것이요, 내려가겠다는 뜻이라는
것을 알라.
9 너희들이 지상의 천국을 만들어 놓지
아니하면 예수도 오지 아니하며 천사
도 내려오지 아니하며,
10 하늘과 땅이 하나로 교류가 되지 못하
며 나 여호와의 권세가 거기에 임하지
아니한다는 그 뜻임을 알라 그리 전하
며,
11 그들이 이를 반박하거든 나의 아들을
따르는 제자 너희들만이라도 그와 같
은 것을 알라 그리 전하느니라.
12 예수가 재림하여 내려오지 아니하였
으니, 나의 새로운 성경에 전했듯이
천국에 아무도 온 자가 없다는 것은
당연한 말이 아니더냐?
13 예수가 이 세상에 와서 너희들을 이끌
어 갔다면 천국에 온 자가 없다는 말
이 잘못된 것이요, 거짓된 말이라 너
희들이 할 수 있으나,
14 이는 정녕 그와 같은 뜻이 이루어진
역사가 없음이니, 너희들이 나의 아들
을 통하여 내리는 나의 새로운 성경을
가지고 시시비비하지 말라.
15 너희들은 얼마나 시시비비를 하며 이
를 세상에 존재하지 못하도록 사악한
행동으로써 막을 것인가, 그리고 환란
을 자초할 것인가를 나는 알고 있기
때문이니,
16 너희들이 이와 같은 뜻을 깊이 깨우치
고 음미하면, 너희들이 어찌 처신해야
할 것인가를 알게 될 것이니라.
17 그리고 너희를 구원해 준다는 말이 어
디 있더냐, 나의 아들 예수가 죽어 가
면서 너희들을 구원한다는 말이 어디
있는가?
18 너희들을 구원한다는 그와 같은 말이
없거늘, 어찌하여 나의 아들 예수의
죽음으로써 너희들이 구원을 받았다
그와 같은 변질된 말을 함부로 할 수
있단 말이더냐?
19 너희가 스스로 변화되어 오라 함이니
라.
20 나의 아들은 너희들에게 말하기를, 너
희들이 스스로 변하여 하늘에 올 수
있는 자격을 얻어 오라 했으며,
21 하늘에 올 수 있는 자격을 만백성이
얻었을 때, 예수는 기쁨으로 이 세상
에 내려오고자 했으나, 너희들은 2천
년 동안 흘러오면서 어찌했는가?
22 그와 같은 너희들이 하늘나라같이 이
땅의 나라를 만들지 못했으며, 너희들
이 나의 아들 예수가 내려올 수 있을
만큼 깨끗한 백성이 되지 못했으며,
깨끗한 이 지상을 만들지 못하였기 때
문에, 2천 년 동안에 오지 아니하였으
며 내려오지 아니하였음이니,
23 앞으로도 지금과 같은 형국으로 너희
들이 간다면, 결코 나의 아들은 올 수
없다는 그 가르침의 의미를 너희들은
알아야 될 것이니라.
24 너희들은 처소를 예비하여 준비할 것
이며, 너희들이 하늘에 오르는 그와
같은 것을 기다리지 말라.
25 그와 같은 것으로써 너희들이 이루어
진다는 것은 상상하지도 말라.

26 너희들이 바로 살며 진실된 삶이요,
진정한 믿음의 길을 가는 것, 그것만
이 너희들이 나에게 올 수 있다는 것
을 절대 잊지 말라.
27 예수가 구름을 타고 온다는 것, 그리
고 너희들이 영접하면 구원을 받는다
는 말, 그와 같은 말을 두 번 다시 하
지 말라.
28 내가 그리하여 너희들에게 다시 한 번
기록하여 전함이니라.
29 너희들은 어떠한 형태든 스스로 노력
하여 얻지 아니하면 아니 되며, 너희
들이 이루지 아니하면 아니 된다는 것
을 알라.
30 지금 너희들이 구원을 받았다 그리 말
하는 백성, 구원을 받을 수 있다 말하
는 백성, 너희들이 나의 아들 예수가
내려와 너희들을 데려가며 이끌어 갈
때 구원받는다 그리 배웠거늘,
31 나의 아들이 세상에 내려오지 아니하
였으니, 바로 무엇이더냐?
32 미완성인 상태요, 미완성인 너희들의
삶이요, 미완성인 제품이 아니더냐?
33 그와 같이 미완성인 제품이 완제품이
되어 너희들이 기능을 발휘할 수 있
다, 발휘한다는 그 어리석은 우매한
짓을 이제 그만두도록 그리하라.
34 너희들은 말이 맞지 않는 것으로써
오늘에 이끌어 왔음이니, 그것도 모르
는 것이 그 신도들이니라.
35 모두가 막혀 있음이니라, 그리고 모두
가 감겨 있음이니라.
36 모두가 귀가 막혀 듣지도 못하며 눈
이 감겨 읽지도 못하는 어리석은 백성
이니라.
37 그러니 인간의 교리로써 인간의 생각
으로써 그저 짜깁기하여 중언부언 가
르치는 것을 참진리요, 하늘의 뜻이라
울고불고하는 것이 너희들이니,
38 여기서 깨어나지 못하면 너희들은 나
를 볼 수 없으며 나에게 올 수 없다는
그 뜻을 알라.

11,298 번째 하나님 말씀

2004년 5월 25일 08시 49분

1 사랑하는 나의 아들아!
2 "네, 아버님! 말씀하옵소서."
3 내가 너희들에게 뭐라 말하였느냐?
4 내가 이 나라에 새로운 성경이 세상을
덮을 것이며, 그리고 너희들은 반드시
승자가 될 것이라 하였음이니라.
5 그리고 너희들이 복음을 전하는 것,
또한 지금의 너희들이 하는 것, 그리
고 모든 종교 집단의 지도자들이 전하
고 오는 그와 같은 방법으로써 내가
전하지 아니하며,
6 내가 나의 피조물 만백성들을 일깨워
인도함에 있어서 그와 같은 방법으로
역사하지 아니한다 하였음이니라.
7 그와 같은 방법으로 그와 같은 형태로
써 간다면, 이 또한 그들과 똑같은 형
국으로써 너희들이 빛을 볼 수 없으며
오류에서 오류를 낳는 그와 같은 결과
가 되기 때문이니라.
8 그리하여 나의 새로운 성경은 만백성
을 구하기 위하여 나 여호와가 마지막
내리는 나의 뜻이요, 그리고 내가 너
희들을 구원하고자 내리는 것이기에,
9 이 모두를 증거하기 위하여 너희들이

이와 같은 형국으로써 절대 내가 복음
을 전하지 아니함이니라.
10 그러니 너는 두려워하지 말며 겁먹지
말라.
11 이 세상에 그 누가 뭐라 해도 나의 새
로운 성경은 대혁명이요, 그리고 너희
들이 그 모두를 혁신하는 그와 같은
무서운 불칼로서, 내가 다스릴 것 다
스리고 구할 것 구하는 그와 같은 무
서운 방법으로써 모두를 역사할 것이
니라.
12 그와 같은 개혁이요, 그때가 되면 내
가 거침없이 그 모두를 이룰 것이며,
숨 쉴 사이 없이 내가 모두를 다스려
나갈 것이니라.
13 그러니 그때가 준비되기를 바라는 것
이며, 그 준비 과정이 오늘의 너희들
이 어렵고 힘든 이 길의 역사를 간다
는 것, 이를 너희들은 알아야 될 것이
니라.
14 그러니 여기서 좌절하는 자, 여기서
포기하는 자, 너희들은 나를 볼 수 없
다 하였음이니,
15 여기서 너희들이 좌절하지 말며 포기
하지 말며, 너희들이 모두 다 승자가
되는 그날까지 버티고 견디고 나가야
될 것을 잊지 말라.
16 너희들이 인간 세상에 하나의 뜻을 이
루는 것도 얼마나 노력하며 힘든 인생
의 과정의 삶을 살아서 그를 얻을 수
있더냐?
17 그러니 만백성을 구하는 것이요, 새로
운 성경을 역사하는 것이요, 새로운
모든 개혁을 이루는 이와 같은 역사를
이루는 것을 너희들이 그리 간단하고
편함이요, 그 모두를 쉽게 이룰 것이
라 생각하지 말라.
18 너희들이 다스려 나가며 그 모두를 견
디고 이길 수 있는 완벽한 훈련이 되
지 아니하면, 모든 것이 이루어져도
물거품이 되기 때문이니라.
19 너희들이 바로 서고 바로 가는 그와
같은 훈련이 되어 있을 때, 내가 내 새
로운 뜻이요, 내 뜻대로 복음을 전파
했을 때 그 모두가 맞게 되어 있으며
모두가 지탱할 수 있는 것이니라.
20 버팀목이 하나가 빠지면 안 되듯이,
너희들이 지금 깨우치는 것, 그리고
내가 복음을 전하는 그 역사가 같이
이루어져야 모두가 지탱하며 너희들
이 견딜 수 있기 때문이니라.
21 사랑하는 나의 아들아!
22 "네, 아버님! 말씀하옵소서."
23 모두를 너는 알고 있지 않은가?
24 너는 모든 역사의 흐름을 알고 있지
않으냐?
25 그러니 네가 흔들리지 말며, 너 자신
이 거기서 한 발짝이라도 물러나는 그
와 같은 마음을 가져서는 아니 되느니
라.
26 네 주변이 어찌 흔들리든 무엇이 어찌
흘러가든 그것에 개의치 말며, 특히나
너 자신이 흔들려서는 아니 됨이니라.
27 종교 지도자요, 그리고 지도자라는 것
은 확신을 가지고 역사해야 될 것이며
소신을 가지고 일해야 될 것이며, 흔
들리는 마음 자세로는 안 되는 것이니
라.
28 더욱이 네가 흔들려서는 모두가 다 무
너짐이니라.

29 그러니 너를 따르는 제자들이요, 그리
고 이를 믿고 가는 백성들에게 너희들
자신이 흔들리는 자가 되어서는 아니
된다 그리 전하라.
30 흔들리는 자는 아무것도 이룰 수 없으
며 흔들리는 자는 아무것도 역사할 수
없으며,
31 그러니 굳건한 믿음이요, 한마음을 가
지고 너희들이 오로지 하늘을 향하여
가는 마음 자세로써 가지 아니하면 아
니 됨이니,
32 그와 같은 마음이 흔들리는 자가 있어
서는 아니 될 것이니라.
33 모두를 다 이루어 놓은 다음에 너희들
이 흔들려서는 아니 됨이니라.
34 모두가 다 이루어져 가고 있다는 것을
그들에게 전해 주며 그들에게 깨우쳐
주라.

11,299 번째 하나님 말씀

2004년 5월 25일 09시 08분

1 사랑하는 나의 아들아!
2 **"네, 아버님! 말씀하옵소서."**
3 예수가 너희들의 처소를 만들기 위해
하늘에 오르며, 그리하여 그 처소를
만들어 놓고 너희들을 데리러 오며
너희들을 인도하여 간다는 그와 같은
믿음이요, 너희들이 그와 같이 지금
생각을 하고 있음이니라.
4 그러나 오늘까지 너희들이 한 명도
나에게 오른 자가 없으며, 몇천 년 동
안 흐르는 그 세월 속에 그와 같은 은
혜를 받은 백성이 없다 하였음이니라.
5 그러니 아직 나의 아들 예수가 하늘
에 와 너희들의 처소를 만들고 하늘
에서 지상으로 내려가지 아니하였으
며 그 역사가 없었음이니, 이는 당연
히 내가 기록한 그 뜻이 맞지 않는가?
6 더욱이 너희들은 여기서 알아야 될 것
이니라.
7 나의 아들 예수가 너희들을 위하여 처
소를 만들러 하늘에 올라왔으나, 지금
그와 같은 처소를 만들 필요가 없으며
그 만드는 그와 같은 역사도 하지 아
니하고 있음을 알라.
8 이는 왜 그런 줄 알겠는가?
9 너희의 오늘의 삶의 형태로써는 하늘
에 오를 자가 한 명도 없음이니 그 처
소를 만들 필요가 없으며, 그리하여
처소를 만들어 놓고 너희들을 인도하
러 내려갈 일도 또한 없음을 너희들
은 알라.
10 올 자가 있어야 올 곳을 만드는 것이
며, 올 자가 있어야 인도하러 가지 않
겠느냐?
11 그리하여 이대로 하늘에 오를 수 없
는 것이 너희의 오늘의 삶이 아니더
냐?
12 너희들이 하늘에 오를 수 있는 그와
같은 백성이 없음이니, 하늘의 처소를
만들 이유도 없으며 또 그와 같은 수
고로움을 할 필요도 없음이니라.
13 그러니 이는 너희들이 먼저 깨우쳐야
될 것이니라.
14 나의 아들 예수가 먼저 가 처소를 만
든다 했음이니, 너희들이 지상에서 삶
을 살다 하늘에 오를 수 있는 자격을
먼저 갖추라 하는 것이요,
15 그 자격을 갖추는 자 구원의 길에 손

을 내밀 것이라는 그와 같은 뜻임을
알아야 될 것이니라.
16 그리하여 너희들이 지금의 이 형태로
써는, 오늘의 이와 같은 방법으로써는
하늘에 오를 자가 한 명도 있을 수 없
으며 오를 수가 없기에,
17 내가 지상의 낙원과 지상의 천국을 먼
저 건설하고자 하는 것이 나의 뜻이니
라.
18 그리하여 지상의 낙원을 건설하여 그
속에 사는 백성들이, 그리고 나에게
오를 수 있는 자격이 있을 때 내가 너
희들을 이끌어 갈 것이니라.
19 그러나 지금 몇천 년 동안 흘러오면서
도 나에게 오른 백성이 단 한 명도 없
다 했으니,
20 이 형태요, 오늘의 종교 집단의 지도
자들이 이끄는 그 믿음, 그리고 맹종
맹신하며 구원을 받았다 착각하는 그
백성들,
21 이대로 세월이 아무리 흐르고 흐른다
해도 단 한 명도, 너희들이 또 몇천 년
이 흐른다 해도 나에게 올 수 있는 백
성이 없음이니, 이게 다 부질없는 것
이라 내가 함이니라.
22 그리하여 내가 새로운 160권의 성경
을 내려보내는 것은 무엇인 줄 알겠느
냐?
23 너희들을 다시 기초 교육부터 시키며
기초부터 다스려 오는 그와 같은 삶을
역사하며, 그 모두를 너희들을 다스려
나가기 위하여 내가 지금 역사함이니
라.
24 그리하여 기초부터 다시 시작하여 너
희들이 하늘에 올 수 있는 백성으로서
내가 육성하고자 하며, 그와 같은 백
성으로 지금 가르치고자 함이니라.
25 너희들이 썩을 대로 썩었으며 육의 세
상의 삶에 병들 대로 병든 너희야말로
바로 서고 바로 가르치기가 얼마나 힘
들고 어려운 길이던가?
26 그러니 어린아이와 같은 심성을 가지
고 있는 백성 그들을 찾아서 내가 그
들에게 기초 교육부터 지금 부어 넣음
이요, 그것부터 가르치고 있음을 알라.
27 그리하여 나의 새로운 성경을 받고 읽
는 자, 만 명 중의 하나가 보고 깨우치
며 아무나 이를 보고 깨우칠 수 없으
니,
28 어린아이와 같은 순수한 마음을 가지
고 있는 백성은 이를 보고 '아! 이는
정녕 여호와 하나님의 뜻이다.' 말할
것이며, 그렇지 못한 백성은 깨우칠
수 없음이니라.
29 그러니 지금의 너희들이 어른이 되어
다 변질될 대로 변질된 그와 같은 백
성들이 아니요,
30 아직도 너희들의 육은 성장했되, 그
마음은 어린아이와 같은 백성, 그들에
게 내가 기초 교육을 시키며 내가 성
령을 부어 넣어, 너희들이 지상의 낙
원을 이루는 데 모두를 역사하고자 함
이니라.
31 지상의 낙원에서 너희들이 다시 시작
하며 다시 깨우쳐, 오늘의 너희들이
오는 믿음이 아니라,
32 새로운 나 여호와가 이루는 그 역사의
믿음이 다시 시작되어 너희들이 하늘
에 오를 수 있는 그와 같은 백성을 육
성하고자 하는 것이 나의 뜻이요,

33 이 이치요, 이 의미를 깨우쳤으면 너
희들은 내가 원하는 길이요, 내가 역
사하고자 하는 뜻에 맞춰 최선을 다하
도록 그리하라, 사랑하는 나의 아들딸
들아!
34 어린아이와 같은 자를 육성함이요, 그
들에게 나의 새로운 성경을 깨우쳐,
그것이 곧 너희들이 깨우침의 성령이
임함이니, 그리하여 다시 시작하는 것
이 천 년의 역사이니라.
35 지금의 방법으로써는 너희들이 하늘
에 오를 자가 하나도 없으니, 하늘의
처소를 만들 필요도 없으며 예수가 내
려올 필요도 없음이니라.
36 다만, 너희들이 하늘에 오를 수 있는
백성이 되었을 때, 이는 천사와 나의
아들 예수와 하늘과 땅이 교통이 됨이
니,
37 그때는 너희들이 오고 가는 것을 생각
할 것이 없으며, 그것이 또한 귀하고
중한 것이 아니니라.
38 다만, 너희들은 명심해서 들으라.
39 너희들이 나의 뜻에 따라서 천사와 같
은 백성으로 거듭나는 세상, 그리고
한 점의 부끄러움이 없는 삶을 사는
그와 같은 세상,
40 그리하여 너희들이 구원할 자가 세상
에 있을 때 그를 구원하기 위하여 내
려오는 것이며, 천사가 명을 받고 내
려올 것이며, 나 여호와가 또한 직접
내려가 관장하는 그와 같은 변화가 이
루어진다는 그 의미를 깊이 너희들이
깨우쳐 들여다보도록 그리하라.

11,300 번째 하나님 말씀

2004년 5월 25일 09시 14분

1 사랑하는 나의 아들아!
2 "네, 아버님! 말씀하옵소서."
3 지금의 너희들의 그 믿음의 형태로써
는 나에게 오를 수 있는 백성이 없으
며, 천년만년 역사가 흐른다 해도 그
와 같은 기적은 이룰 수 없으며 그와
같은 역사는 이루지 못한다 하였음이
니라.
4 그리하여 내가 새로운 성경을 내려보
내 기초부터 너희들을 다스려 나가며,
어린아이와 같이 곱고 아름다운 마음
을 가진 백성들을 구원하기 위하여 역
사한다 하지 않았더냐?
5 그리하여 그와 같은 위대한 나의 새로
운 성경이 내려감이니, 오늘의 종교
집단의 지도자들이 그 귀가 막혀 듣지
못하며 눈이 열려도 보지 못함이니,
6 모든 종교 집단 지도자들이요, 그 신
도들까지도 지금 내가 내리는 이 새로
운 성경이 저희들을 구원하여 하늘에
오를 수 있는 길이요,
7 천사와 같은 마음으로 다스려 나갈 수
있는 이 귀하고 소중한 나의 하늘에
오르는 이 책을 너희들이 다 태워 버
리며 찢어 버리며, 이를 사탄이요, 이
단이라 그리 말함이니라.
8 나 여호와가 직접 나의 아들을 통하여
내려보내는 이 귀하고 소중한 책을 보
지 아니하면 구원의 길을 올 수 없으
며, 구원의 역사를 얻을 수 없거늘,
9 이 귀하고 소중한 '하늘에 오르는 길'
이요, '하나님 말씀'이라는 이 책을 너

희들이 지금 사탄이요, 이단이라 하며,
10 나의 아들을 세상에 존재치 못하도록
온갖 방법을 다 동원할 것이니, 너희
들은 여기서 깨우치라.
11 그와 같은 너희들의 마음 자세로 가는
것이 얼마나 너희 자신을 지금 무너뜨
리고 있는 것인가를 너희들은 정녕 알
지 못하거든,
12 너희들이 가르치고 듣는 대로 이 세상
의 모두는 창조주 나 여호와의 뜻에
의해 역사하는 것이라 생각하여, 그
겸허한 자세로 너희들이 조용히 기다
리는 그와 같은 자세를 갖지 못함이
얼마나 잘못된 것인 줄 알겠느냐?
13 너희들이 그와 같은 마음이라도 갖고
있으며 기다리며 너희들이 그저 흘러
가는 걸 보는 것만으로도 다행인 백성
일 것이니라.
14 그러나 너희들이 앞장서 사탄이요, 이
단이요, 나의 아들의 가슴에 비수를
꽂으려는 그와 같은 자, 그와 같은 것
이 나를 위하는 길이요, 나에게 기쁨
을 주는 것이라는 그 광란된 백성, 너
희들이야말로 너희들의 행동과 모두
를 자제하지 아니하면 너희들의 그 벌
이 얼마나 무서운 것인가를 머지않아
알게 될 것이니, 그때는 아무리 너희
들이 통곡하고 후회해도 때가 늦음을
알라 그리 전하라.
15 지금 사탄이 지배하는 세상을 만든 것
이 누군 줄 알겠느냐?
16 오늘의 종교 집단의 지도자 너희들이
그리 만들었으며 그와 같이 역사했으
니, 이 세상을 사탄이 지배하는 세상
으로 만들었음이니라.
17 그러니 너희들은 들으라.
18 너희들이 왜 이와 같은 세상을 만든
줄 알겠느냐?
19 너희들이 눈은 있되 보지 못하는 자들
이 되었음이니라.
20 그러니 너희들이 눈은 있되 보지 못하
며, 보고 깨우치는 그와 같은 깨달음
을 얻지 못함이니, 너희들이 바로 그
와 같은 형국으로써 지금 이와 같은
행위를 하고 있음을 알아야 될 것이니
라.
21 너희 자신의 눈이 가려져 있는 자가
어찌하여 남의 모습을 보며, 너희들이
남의 모습을 제대로 볼 수 있단 말이
더냐?
22 제 눈이 가려져 있으니, 너희들이 남
의 모습을 제대로 볼 수 없는 자가 되
어 버렸기에,
23 너희들이 내가 내리는 새로운 성경이
사탄이요, 이단의 것이요, 마귀의 것
이라 하며,
24 그리하여 나의 아들을 세상에 존재치
못하도록 너희들이 그 흉악한 짓을 또
저지르려는 것이니, 그러니 너희들이
눈을 뜨고 세상을 보도록 그리하라.
25 네 눈을 씻고 네 눈을 뜨도록 그리하
라.
26 내가 성경에 기록하여 너희들에게 전
하기를, '제 눈에 박혀 있는 들보는 보
지 못하며, 앞에 있는 저희 형제들의
눈에 티가 박힌 것은 본다.' 했으니,
27 너희들이 그 들보를 뽑아내지 아니하
면 그 티를 바로 볼 수 없는 것이니라.
28 그러니 바로 오늘의 그와 같은 형국이
되어 있는 것이 너희들이니라.

29 눈이 보이지 아니하며 눈이 제대로 뜨
이지 아니하였기에 너희들이 상대의
아름다운 모습이요, 고운 모습을 제대
로 보지 못하는 것이며,
30 그러니 흔들리는 모습만 너희들이 보
게 되니, 사탄이요, 이단이라는 그와
같은 무서운 말을 할 수 있는 것이니
라.
31 지금 그와 같은 형국에 있는 것이 모
든 종교 집단의 지도자 너희들이 울부
짖고 온 믿음의 결과라는 걸 알라.
32 너희들이 나의 아들이 가는 것을 비판
하기 전에 너희 스스로 먼저 너희들을
비판하며 너희들을 들여다보는 그와
같은 삶을 살도록 그리하며,
33 너희 자신을 먼저 비판하는 그와 같은
깨달음을 얻어 용기 있는 백성이 되도
록 그리 전하라.
34 그와 같이 용기 있는 백성이 되지 아
니하면 너희들은 아무것도 이룰 수 없
으며 역사할 수 없다는 것을 전하라.

11,301 번째 하나님 말씀

2004년 5월 25일 09시 22분

1 사랑하는 나의 아들아!
2 "네, 아버님! 말씀하옵소서."
3 4백여 년의 나의 선택된 백성 그들이
종과 노예와 같은 그와 같은 삶을 살
면서도 그 백성들의 그 머릿수가 많으
며 그 숫자가 그리 많으나,
4 스스로 저희들이 탈출할 수 있는 기회
를 만들지 못했으며, 저희들 스스로
자립하는 그와 같은 역사를 이루지 못
하였음이니라.
5 그리하여 그 백성을 구하기 위하여 내
가 무엇을 역사했는가?
6 내가 모세를 보내어 그들의 지도자로
서 그들을 구하는 역사가 시작되지 아
니하였더냐?
7 그것도 더욱이 많은 기적과 이적으로
써 내가 그 백성들을 놀라게 하며 그
백성들을 다스려, 그들이 그곳에서 헤
어날 수 있는 그와 같은 역사를 이루
었던 것이 아니더냐?
8 그러니 그와 같은 역사가 있듯이, 오
늘의 나의 피조물 만백성 너희들의 믿
음이 지금 너무나 깊이 세뇌되었으며,
오로지 한 길만을 볼 줄 알며 뒤돌아
볼 줄 모르며 돌이켜 볼 줄 모르는 너
희들이 그 굳어진 백성,
9 너희들이 아무리 깨우치며 인도한다
해도, 지금의 믿음이요, 지금의 지도
자들이 가는 방법으로써는 아무것도
역사할 수 없는 그와 같은 형국이 되
어 있음을 알아야 될 것이니라.
10 그러니 그 이유가 무엇인 줄 알겠느냐?
11 너희들이 새로운 성경이요, 그리고 이
가 내려오기 전에 나의 성경의 뜻을
모르며, 숨겨져 있는 비밀을 알지 못
하며, 실체를 보지 못하고, 그림자만
을 보고 따랐으며, 그림자만을 가지고
연구하는 그와 같은 형국이 되지 아니
하였더냐?
12 그림자라는 것은 지워지며 없어지며
그 형체가 없는 것이 아니더냐?
13 모든 종교 집단의 지도자요, 지금의
모든 백성들이 그림자를 보고 믿었으
며, 실질적인 본체를 보고 너희들이
믿음의 길을 오지 못하였기 때문이니,

이는 곧 성서의 비유의 뜻을 알지 못
하기 때문이니라.
14 그러니 너희들의 굳어지고 굳어진 그
와 같은 나의 백성들이 거듭나는 역사
를 이룰 수 있는 것은,
15 모세가 노예의 생활을 하면서도 그를
벗어나지 못했던 그 백성들을 인도했
던 것처럼, 그들을 너희들이 인도하고
깨우쳐 주지 아니하면 결코 그들은 거
듭날 수 없음이니라.
16 그리하여 지금 나의 아들을 통하여 새
로운 성경으로써, 바로 모세가 그 백
성들을 이끌어 내듯이, 지도자로서 그
들을 이끌어 변화시키는 것이니,
17 이것이 오늘의 새로운 성경이 세상에
내려가는 그 의미임을 너희들은 알아
야 될 것이니라.
18 그러니 지금의 백성으로서는 노예의
생활이요, 너희들이 죽음의 생활이라
도 깨어나지 못하던 그 백성들처럼,
19 너희들이 아무리 사탄에 젖어 있으며
사악한 세상을 만들었다 해도 거기에
서 안주하며 거기에 길들여졌기에 너
희들이 벗어날 능력이 없으며 헤어날
능력이 없음이니라.
20 그리하여 내가 나의 아들을 세상에 내
려보내어 너희들을 구원할 수 있는 길
이요, 너희들을 안내할 수 있으며 너
희들을 인도할 수 있는 160권의 새로
운 성경을 세상에 내려보내는 것이며
그와 같은 역사가 이루어짐을 알라.
21 스스로 해결할 수 없으며 스스로 일어
날 수 없는 그와 같은 형국이 되었기
에, 오늘의 새로운 성경이 세상에 내
려가는 그 의미를 너희들은 깨달으라.
22 이제 너희들은 그림자를 보고 믿어 왔
던 믿음, 그림자를 따라왔던 그와 같
은 믿음에서 너희들이 스스로 깨우쳐
야 될 것이며 이제 실체를 보도록 하
며 몸통을 보도록 하라.
23 그 몸통이 나의 새로운 성경 160권이
라 하지 아니하였느냐?
24 이제 몸통을 보기 시작하면 너희들의
눈이 뜨일 것이며 귀가 열릴 것이며,
진정한 믿음이 무엇이며 하늘에 오르
는 길이 무엇인 줄 알 것이니라.
25 너희들 자력으로써는 역사할 수 없으
며, 너희들 뜻으로써는 나에게 올 수
없기 때문에 이와 같은 오늘의 역사가
이루어지는 것이니,
26 너희들이 무능하며 판단력이 없으며
자신을 돌아다보지 못하는 그와 같은
세뇌된 백성으로 지금 주저앉아 있기
때문에 이와 같은 160권의 새로운 성
경이 역사함이니라.
27 그리하여 모세가 종노릇을 하는 백성
들이 헤어나지 못하며 거듭나지 못하
며 거기서 벗어나지 못하는 것을 인도
하여 깨우쳤듯이,
28 160권의 새로운 성경이 지금의 종교
집단이요, 그 속에서 헤어나지 못해
지옥으로 떨어지는 그 백성들을 인도
하고 구원하고자 이 역사가 이루어짐
이니 그리 알라 전하라.

11,302 번째 하나님 말씀

2004년 5월 25일 11시 18분

1 사랑하는 나의 아들아!
2 **"네, 아버님! 말씀하옵소서."**

3 이 세상의 모두가 살아가는 것이 질서
가 있으며 기본이 있으며, 너희들이
정해 놓은 작고 큰 법도가 있으며 또
한 너희들이 지키고 가야 할 예의범절
이 있느니라.
4 그러나 이 세상에 단 하나의 집단이
그를 무시하며 그와 같은 것이 없으
며, 예의가 없으며 기준이 없으니, 그
것이 바로 무엇인 줄 알겠느냐?
5 그와 같이 이 세상을 흩트려 놓았으며
모든 질서를 파괴하였으며 나의 피조
물 만백성을 혼란에 빠지게 한 것이
바로 오늘의 종교 집단의 지도자요,
그리고 너희들이 구원을 받았다는 그
와 같은 백성들이니라.
6 너희들이 필요할 때는 어떠한 명분을
붙여서라도 재물을 거둬들이며, 필요
하면 너희들이 어떠한 이유를 대든 나
여호와요, 우리 부자의 이름을 팔아
역사하는 것에 모두를 부리고 써먹으
니, 이와 같은 것이 원칙이 없으며 기
준이 없는 것이 바로 너희들이니라.
7 그와 같이 모든 질서를 파괴한 자들이
요, 그 질서를 무너뜨린 것이 바로 오
늘의 종교 집단 너희들이니,
8 너희들이 존재함으로 이 세상이 이리
험악하게 되었으니, 이 세상에 존재하
지 말아야 될 것이 바로 너희들이니라.
9 그러니 존재하지 말아야 할 것이 존재
하기에 나 여호와가 더 이상 볼 수 없
으며 그를 묵과할 수 없기에,
10 지금 내가 그 모두를 다스리기 위하여
160권의 새로운 성경을 내려보내니,
이는 질서가 있으며 법도가 있으며 예
절이 여기 있음이니라.
11 그리하여 너희들이 하늘에 오르는 길
의 법도요, 예절이요, 기준이 없이 어
찌하여 하늘에 오를 수 있단 말이더냐?
12 너희들은 사악한 짓을 하고도 나 여호
와의 뜻이요, 너희들이 부끄러운 짓을
한 것도 나 여호와의 뜻이요, 남들이
지을 수가 없는 죄를 지으면서 나 여
호와의 뜻이라 하니,
13 너희들이 바로 법도가 없으며 질서가
없으며 기준이 없는 자들이니,
14 질서가 없고 법도가 없고 기준이 없는
자들이 이 세상을 통제하고 다스려 왔
으니, 이 세상이 그리 무너져 무법천
지가 되었으며, 도둑이 들끓는 세상이
되었으며,
15 하다 하다 너희들이 안 되니, 이제 그
저 산 채로 들림을 받으며 하늘에 온
다는 그 사기극을 벌이는 그와 같은
역사가 이루어지며,
16 너희들이 질서가 없으며 기초가 없으
며 기본이 없으며 순서가 없는 자들이
요, 오늘의 이 세상을 만든 것이 오늘
의 종교 집단 지도자요, 그리고 너희
들이 구원을 받았다 울고불고 맹신하
는 너희들이 만든 것이요,
17 그리하여 너희들이 그 대가를 받을 것
이며 너희들이 만든 만큼 그를 치른다
는 것을 그들에게 깨우쳐 주라, 사랑
하는 나의 아들아!
18 그리하여 내가 모든 질서 속에, 모든
계획 속에 너희들이 준비된 그와 같은
삶이요, 준비된 역사를 이루고자 하
여, 내가 새로운 160권의 성경을 세상
에 내려보내 그 역사를 이룸이니,
19 그리하여 이를 보고 깨우쳐 너희들이

하늘에 오르는 길을 알며, 질서를 알며, 지켜야 할 법도를 알며, 너희들이 지키고 가야 할 그 해야 할 일들을 알게 되는 그와 같은 은혜를 얻게 되는 것이라 함이니 그리 알라.

부 록

【하나님께서 가르쳐 주신 운동】

천재지변이 일어날 때, 동물이나 미물들은 미리 알고 대피하지만, 인간은 알지 못하고 큰 화를 당합니다. 하나님께서 인간에게 가장 높은 지혜를 주시고 완벽하게 창조해 주셨기에 동물들보다 더 잘 알 수 있지만, 욕심으로 마음이 혼탁해져서 한 치 앞을 보지 못하는 것입니다.

마찬가지로, 인간은 누구나 스스로 필요한 운동을 해서 건강을 지킬 수 있도록 하나님께서 만들어 주셨습니다. 우리의 머리에서 우리 몸에 필요한 동작을 해 달라고 끊임없이 신호를 보내지만, 인간이 혼탁하게 살아서 그 신호를 알아채지 못합니다. 그러니 자연스럽게 자기 몸이 원하는 그 신호를 따라서 운동하는 것이 하나님께서 가르쳐 주신 운동 방법입니다. 바로, 우리의 영이 육을 이끄는 운동입니다.

▶ 하나님 운동법

1. 눈을 감고, 발을 어깨너비로 벌리고 바르게 선다.
2. 몸에 힘을 풀고, 허리를 숙이면서 손과 머리를 아래로 내린다.
3. 허리를 펴고 싶을 때, 천천히 펴면서 하고 싶은 동작을 하면 운동이 시작된다. (사람마다 다르다.)
4. 멈추지 말고, 어떤 동작이든지 자기 몸의 느낌대로 계속 이어서 한다.

▶ 참고 사항

① 눈을 감은 상태로 아무 생각 하지 않고, 자기 몸의 느낌대로 움직입니다.

② 마음을 비우고, 욕심을 버리고, 지난날의 잘못을 반성하면서 몇 차례 시도하다 보면, 자기도 모르게 하고 싶은 동작이 끊임없이 생깁니다.

③ 운동 장소는 방 안이든 운동장이든 관계없으며, 걷거나 달리고 싶을 때는 눈을 떠도 됩니다.

④ 매일 40분 이상, 주 4회 이상, 3개월 이상 하면 음식 조절에 들어갑니다.
- 음식으로 생긴 병은 음식으로 치료하게 되며, 어떤 음식을 먹어야 하는지 스스로 알게 됩니다.
(자기 몸에 필요한 음식만 먹고 싶어집니다.)

⑤ 사랑하는 사람과 함께 운동하면 서로 치료해 주기도 합니다.

⑥ 운동을 하다가 몸의 어느 한 부분을 계속 손으로 자극한다면 그쪽에 이상이 있는 것이니, 의사에게 상담을 받고 적절한 치료를 받으면 됩니다.

⑦ 다이어트 및 기타 건강관리에 효과적입니다.

⑧ 꾸준히 운동하여 영이 맑아지면, 자신의 과거와 미래를 스스로 보게 됩니다.

누구나 스스로 하실 수 있습니다.

간 행 사

《새로운 성경》은:

· 새로운 성경은, 하나님께서 선량하고 선한 자를 선택하여 십계명을 암송하도록 하시고, 십계명을 암송한 다음에 음성으로써 들려주시는 말씀을 듣고 그대로 카세트테이프에 녹음해서 받아쓴 책입니다.

· 90분짜리 녹음테이프 700여 개에 달하는 말씀으로, 1999년 8월부터 2004년 7월까지 총 160권(권당 288쪽)을 완성하였으며, 그 이후에도 현재까지 계속 말씀을 내려 주고 계십니다.

· 새로운 성경은 "하늘을 두루마리 삼고 바닷물을 먹물 삼아 쓰고 써도 다 못 쓴다"는, 끝없이 방대한 하나님의 말씀이 두루마리로 직접 내려오는 것입니다. 이러한 새로운 성경은 구약과 신약을 폐하려는 것이 아니라 "인봉된 성서의 비유의 뜻"을 상세히 설명하여 완성하고자 하나님께서 직접 내려 주신 말씀입니다.

《새로운 성경》의 구성:

· 제 목: 2013년, 160권 모음집을 발간하면서, 본 도서의 제목을 "하나님! 말씀하옵소서"에서 《새로운 성경》으로 명해 주셨습니다.

· 단행본: 각 권당 288쪽(신국판) 책이 160권까지 시리즈로 출판됩니다.
(모음집은 단행본을 16권씩 묶어서, 총 10부로 구성됩니다.)

《새로운 성경》의 성경적 근거:

· 신약 성경 [요한복음] 16장 13절에 "진리의 성령이 오시면 그가 너희를 모든 진리 가운데로 인도하시리니 그가 자의로 말하지 않고, 오직 듣는 것만을 말하며" 하신 말씀처럼 하나님의 음성을 들은 것만 기록하였으며,

· "장래 일을 너희에게 알리시리라" 하신 말씀과 같이 개인, 나라, 인류의 "장래"일을 하나님께서 알려 주시는 것만 기록하여 책으로 만들었습니다.

《새로운 성경》의 기록 방법:

· 1999년 8월부터 하나님께서 저에게 들려주시는 음성을 기록하였습니다. 처음에는 제가 들은 말씀을 불러 주면 저의 아내가 기록하여, 2000년 1월 29일에 1권 초판이 세상에 나왔습니다. 2000년 4월부터는 주시는 말씀을 받아 녹음기에 기록하기 시작하였습니다.

· 녹음을 시작하면서 하나님의 말씀을 받는 데 가속도가 붙었고, 2001년 5월 3일에 1부(1~16권까지)를 인쇄하여 출판하였으며, 2004년 7월까지 총 160권 분량의 말씀을 받아 기록하였습니다.

하나님께서 저에게 주신 것은:

· 첫째, 만백성을 상대로 내려 주시는 "기도", 둘째, 수시로 내려 주시는 "묵상", 셋째, 개인의 과거, 현재, 미래를 알려 주시는 "개인 기도", 넷째, 개인의 건강을 위해서 내려 주시는 "음식 처방", 다섯째, 하나님께서 가르쳐 주신 "운동"등이 있습니다. 이 중에 첫 번째, "기도"를 책으로 편찬하였습니다. 사람의 생사, 개인의 미래에 관한 천기는 수록하지 말라 하셨습니다.

강론 안내:

· 하나님께서는 지금도 매일 저에게 새로운 하늘의 비밀의 말씀을 내려 주고 계십니다. 수시로 내려 주시는 말씀을 정리해서 제자를 육성하라는 말씀에 따라 매주 강론을 하고 있습니다. 누구나 무료로 들으실 수 있습니다. (book160.com)

《새로운 성경》을 읽는 분들에게 드리는 선물:

· 개인 기도: 개인의 과거, 현재, 미래에 관하여 말씀을 내려 주십니다.

· 음식 처방: 사람은 음식을 먹고살다가 건강을 잃으니, 음식과 운동으로 건강을 되찾는 방법을 알려 드립니다. 단, 하나님이 계심을 믿고, 십계명을 지키겠다고 진실로 서약하는 분들께 알려드립니다.

《새로운 성경》의 은혜와 기적:

· 새로운 성경 전160권은 16권씩 묶어서 총 10부의 모음집으로 구성됩니다. 모음집 한 부를 읽고 깨우치는 자에게 하나님께서 다음과 같은 기적이 있다고 하셨습니다.

· "첫째, 그가 죽어 하늘에 갔을 때 그의 죄를 묻지 아니하며, 구원을 받는 위대한 은혜가 있으며, 둘째, 그의 소원과 소망이 이루어지고, 셋째, 죽은 자(부모, 형제, 자식, 사랑하고 은혜 입은 분)의 이름으로 구입한 책을 읽고 누군가 한 사람이 깨우칠 때, 그 죽은 자가 지옥에서 천국으로 구원을 받게 되며, 넷째, 유산, 중절 수술 등으로 태어나지 못한 아이를 위하여 구입한 책을 보고 한 명이 깨우쳤을 때, 그 아이가 사람으로 다시 한 번 태어나는 은혜를 받는다."

· "새로운 성경"을 3회 이상 정성을 다해 정독하는 자, 성서의 비밀을 알게 되고, 세상의 이치를 알게 되며, 세상을 지배하고 통제할 수 있는 지혜를 다 얻게 된다고 하셨습니다. 이 책은 만백성이 정독하고 이웃에게 전하여, 평생 가슴에 묻은 슬픔과 고통의 짐을 벗고 미래를 위한 힘찬 삶을 살아가도록 하는 책입니다.

끝으로

· 하나님께서는 흰 눈이 세상을 덮듯이 새로운 성경을 온 세상에 전하라고 하셨습니다. 《새로운 성경》을 각국어로 번역해서 온 인류에게 구원의 길을 깨우쳐 주고, 그 수익으로 가난하고 어려운 백성을 구제하여, 만백성의 영과 육을 함께 구원하는 선지자의 임무를 수행하라고 저에게 명하셨습니다.

· 하늘에서 내려 주신 말씀의 보화를 만백성에게 나누어 주는 것이 선지자의 임무라고 하셨습니다. 새로운 성경을 통해서 얻는 재물을 사용할 곳도 하나님께서 일일이 명해 주십니다. 모든 재물은 저의 자의로 쓸 수 없고, 하나님께서 명하시는 대로만 쓰여집니다.

· 어떤 명분으로든 십일조나 각종 헌금을 거두어들이지 말라 하셨으며, 국내뿐 아니라 각국에 성전과 단독 서점을 운영하며, 한국의 많은 젊은이들을 전 세계에 지도자로 내보내라고 하셨습니다.

· 우리는 세계적으로 새로운 성경을 보급하며 어려운 이들을 돕는 역사를 해 나갈 것입니다. 지금까지 비록 몇 명 안 되는 제자들과 함께 이러한 일을 역사했지만, 앞으로도 계속 하나님께서 기뻐하시는 일들을 해 나갈 것입니다. 부족한 저희에게 여러분들의 지혜와 성원을 보내 주시기를 바랍니다. 많은 분들의 참여와 도움을 간절히 기다립니다. 감사합니다.

한국어로 내려온 《새로운 성경》 단행본을 출간하며
2016년 4월 10일

발행인 **김 용 철**

한국어로 내려온

새로운 **성 경** · 10부 · 제149권

지은이 하나님 말씀
대역자 김용철

초판인쇄 1쇄 2017년 2월 1일
2쇄 2017년 6월 21일

펴낸 곳 도서출판 하얀마음
등록번호 제 10-2107호 (2001년 2월 14일)
주소 서울시 노원구 덕릉로86길 5, 2층
전화번호 02) 313-1114
팩스 02) 393-5554
전자우편 book160@hanmail.net
편집위원 조나영 김미향 이석교
제작지원 김서영 이상빈

도서상담 1600-7527
ISBN 978-89-5875-249-3 (04230)
978-89-5875-100-7 (세 트)

값 10,000원
잘못된 책은 구입하신 곳에서 바꾸어 드립니다.

※이 책은 10부로 제작되며, 각 부 16권씩 총160권으로 구성됩니다.※

1부	2부	3부	4부	5부	6부	7부	8부	9부	**10부**
1권	17권	33권	49권	65권	81권	97권	113권	129권	145권
2권	18권	34권	50권	66권	82권	98권	114권	130권	146권
3권	19권	35권	51권	67권	83권	99권	115권	131권	147권
4권	20권	36권	52권	68권	84권	100권	116권	132권	148권
5권	21권	37권	53권	69권	85권	101권	117권	133권	149권
6권	22권	38권	54권	70권	86권	102권	118권	134권	150권
7권	23권	39권	55권	71권	87권	103권	119권	135권	151권
8권	24권	40권	56권	72권	88권	104권	120권	136권	152권
9권	25권	41권	57권	73권	89권	105권	121권	137권	153권
10권	26권	42권	58권	74권	90권	106권	122권	138권	154권
11권	27권	43권	59권	75권	91권	107권	123권	139권	155권
12권	28권	44권	60권	76권	92권	108권	124권	140권	156권
13권	29권	45권	61권	77권	93권	109권	125권	141권	157권
14권	30권	46권	62권	78권	94권	110권	126권	142권	158권
15권	31권	47권	63권	79권	95권	111권	127권	143권	159권
16권	32권	48권	64권	80권	96권	112권	128권	144권	160권